Heinz Meynhardt · Schwarzwild-Report

Rosenfeld, y

Heinz Meynhardt

SCHWARZWILD-REPORT

Mein Leben
unter Wildschweinen

Verlag J. Neumann-Neudamm

Melsungen · Berlin · Basel · Wien

Das Foto zum Schutzumschlag
stellte Hans Reinhard zur Verfügung.

Alle Fotos des Innenteils,
die größtenteils unter extremen
Lichtverhältnissen entstanden, lieferte
der Verfasser

4., erweiterte Auflage 1982
Alle Rechte vorbehalten
Verlag J. Neumann-Neudamm, Melsungen · Berlin · Basel · Wien
Lizenzausgabe aus dem © Neumann Verlag, Leipzig · Radebeul 1982
Gestaltung: Peter Lohse
Printed in the GDR
Gesamtherstellung: Karl-Marx-Werk,
Graphischer Großbetrieb, Pößneck V 15/30
ISBN 3-7888-0270-7

Geleitwort

Die Verhaltensforschung hat ihre Grundlage in der Vielfalt der Wechselbeziehungen zwischen Organismus und Umwelt, die zu jener Mannigfaltigkeit geführt hat, die uns immer wieder beglückt. Ohne die Notwendigkeit der experimentellen Forschung in Frage zu stellen, bleibt die Forderung nach der Erweiterung und Vertiefung unseres Wissens über den natürlichen Zusammenhang zwischen Verhalten und Lebensraum ein Auftrag, der hohen persönlichen Einsatz, Einfühlungsvermögen, Fähigkeiten und Kenntnisse voraussetzt. Nimmt man hinzu, daß in unserem Lebensraum, unserer eigenen, von uns mitgestalteten Umwelt, jede Tierart eine bestimmte Bedeutung hat, so müssen wir es um so mehr begrüßen, wenn, wie in diesem Buch, ein umfassendes Beobachtungsmaterial für eine dieser Arten vorgelegt wird, das unser gegenwärtiges Wissen in nicht geringem Umfang erweitern hilft.

Es überrascht immer wieder, wie lückenhaft unsere Kenntnisse gerade über die Säugetiere unserer Heimat, ja selbst über unsere großen Nutztiere, noch sind. Für das Wildschwein gewinnt eine solche Untersuchung zusätzlich an Gewicht, da diese Tierart als jagdbares Wild eine nicht geringe ökonomische Bedeutung hat und zudem die Kenntnisse über das Verhalten der Stammart unseres Hausschweines auch das Verständnis für die Besonderheiten der Haustierform fördern können.

Wir beglückwünschen den Autor zu seinen unter hohen persönlichen Opfern gelungenen Beobachtungen und Erfahrungen, die sich durchaus vergleichen lassen mit den gediegenen Studien, wie sie etwa die Goodalls in Afrika an Schimpansen, an Hyänenhunden und Fleckenhyänen durchgeführt haben.

Die hier gewonnenen Kenntnisse lassen sich in vielfältiger Weise verwenden, auch die Grundlagenforschung, die sich mit dem tierischen Verhalten befaßt, nimmt derartige Befunde gern entgegen, sie enthalten manches, das Schlüsse vom Besonderen zum Allgemeinen zuläßt. Hier liegt ein »Tierbuch« vor, das Text und Bilder der Begeisterung, Zielstrebigkeit und einem Verantwortungsgefühl für die lebendige Natur um uns verdankt. Man gibt ihm gern alle guten Wünsche mit auf den Weg.

G. Tembrock

Einführung

Mit Begeisterung habe ich seinerzeit die Berichte der Goodalls verfolgt, die von ihrem Leben unter einer wilden Horde von Schimpansen berichteten. Gleichermaßen faszinierten mich die Schilderungen Schallers von seinem Leben unter Gorillas wie auch die Verhaltensbeobachtungen Kruuks unter »seinen« Fleckenhyänen. Damals wußte ich noch nicht, daß ich selbst einmal mit freilebenden Wildschweinen »auf du und du« stehen würde. Diese Art der Verhaltensforschung, Mitglied eines Sozialverbandes, einer Gemeinschaft von in Sozialverbänden lebenden Tierart zu werden, führt naturgemäß am schnellsten und sichersten zur Erweiterung unseres Wissens über die freilebenden Tiere.

Mittlerweile konnte ich selbst in Wort und Bild vom Leben in »meiner« Wildschweinrotte berichten. Vielen Lesern bin ich sicher bereits durch meine Fernsehsendungen bekannt geworden. Sie wissen also schon, worum es geht. Keine Gelegenheit hatte ich jedoch bisher, denen zu danken, die mir notwendige Wege geebnet, die diese Sache großzügig unterstützt haben und ohne die es mir nicht möglich gewesen wäre, die Lebensweise des Schwarzwildes in freier Wildbahn so gründlich kennenzulernen.

An erster Stelle möchte ich meinen Freund und Mitarbeiter, den Jagdleiter Rudolf Merseberg, Grabow, mit seiner Gattin nennen, die es in einmaliger Weise verstanden haben, die Voraussetzungen für diese Forschungsarbeit zu schaffen. Jederzeit ein offenes Ohr für meine Probleme fand ich bei dem Landforstmeister und Sekretär des Jagdbeirates im Bezirk Magdeburg, Herrn J. Slawinski.

Bedanken möchte ich mich weiter bei meinem Freund, dem Weidgenossen Dr. med. vet. U. Weber, Burg, der die Sektionen und

7

Untersuchungen von verendeten Stücken vorgenommen hat. Großen Anteil an dem Entstehen dieses Berichtes hat das Institut für Forstwissenschaften, Abteilung Jagdwirtschaft, Eberswalde-Finow, mit den Herren Dr. Briedermann und Forstmeister Dr. Möller. Ihre Forschungsergebnisse, z. B. die der Magenuntersuchungen von erlegten Stücken und der Markierung, sind wichtige Erkenntnisse für die Schwarzwildbewirtschaftung, die ich in den entsprechenden Kapiteln verarbeiten durfte.

Nicht zuletzt möchte ich den Forstwirtschaftsbetrieb Nedlitz und dessen Direktor für Produktion, den Weidgenossen H. J. Lietze, nennen, die durch ihre aktive Unterstützung erheblich dazu beigetragen haben, daß im Revier Grabow eine Ablenkfütterung eingerichtet werden konnte.

Viel Verständnis wurde mir von der Jagdgruppe Grabow entgegengebracht, die zeitweise auf einen Teil ihres Jagdgebietes zu meinen Gunsten verzichtete. Ihnen allen sei nochmals herzlich gedankt.

Heinz Meynhardt
Burg, im Herbst 1977

Inzwischen sind weitere Jahre ins Land gegangen. Ich habe nun acht Generationen meiner Wildschweine vom Frischlingsalter an aufwachsen sehen, ihr Verhalten genau beobachtet und dabei vor allem über ihre Verständigung untereinander, ihre Kommunikation, viel Neues kennengelernt. Der Schwarzwildreport erscheint deshalb in der vierten Auflage in erweiterter und aktualisierter Fassung. Dem Neumann Verlag danke ich für die wiederum schnelle Drucklegung und das großzügige Entgegenkommen, das er meiner Sache angedeihen läßt.

Burg, im Winter 1980/81

Allgemeine Lebensweise

Die Wildschweine gehören zoologisch zu den nicht wiederkäuenden Paarzehern. In Europa gibt es nur einen einzigen Vertreter, das Wildschwein. Als Sammelbegriff werden sie Schwarzwild genannt, obwohl auf Grund ihrer verschiedenen Farbvarianten dieser Name nicht immer zutrifft. Jäger haben eine eigene Sprache. Da viele Begriffe in diesem Buch immer wieder benutzt werden, sollen am Anfang die wichtigsten Ausdrücke, die das Schwarzwild betreffen, erklärt werden. Weidmännisch heißen Wildschweine Sauen, scherzhaft auch Schwarzkittel. Die Jungen nennt man im ersten Jahr Frischlinge und bis zur Vollendung des zweiten Jahres Überläufer. Die Überläufer werden schon nach Geschlechtern benannt, und zwar Überläuferkeiler und Überläuferbache. Ab dem dritten Lebensjahr sagt man zweijähriger Keiler oder Bache. Mit vier Jahren wird aus dem Keiler ein angehendes Schwein, mit fünf bis sechs Jahren ein hauendes und ab sieben Jahren ein Haupt- oder grobes Schwein. Die Bache wird nach vier Jahren nur noch als alte oder grobe Bache bezeichnet.

Die Weidmannssprache hat auch für verschiedene Körperteile unseres Schwarzwildes eigene Namen. Die Ohren werden Teller oder Gehöre genannt. Zum Rüssel sagt man Gebrech, und das Fell ist die Schwarte. Der Schwanz wird als Pürzel bezeichnet. Mehrere Sauen bilden eine Rotte. Das Nest bei den Wildschweinen ist der Kessel, hier frischen sie ihre Frischlinge, die bald von den Bachen geführt werden. Von besonderer Bedeutung für den Jäger sind die Zähne der Sauen, kann man doch anhand der Größe und des Abschliffes der Waffen beim Keiler bzw. der Haken bei der Bache ungefähr das Alter der Tiere bestimmen. Die unteren Eckzähne des

Keilers, die Gewehre, sowie die Haderer aus dem Oberkiefer sind darüber hinaus eine sehr begehrte Trophäe.

Wildschweine werden überall dort, wo sie vorkommen, wegen der Schäden, die sie der Landwirtschaft zufügen, ständig von uns Menschen verfolgt. Daß sie es trotzdem verstanden haben, bis zum heutigen Tage zu überleben, ja sich in verschiedenen Ländern bzw. Gebieten sogar noch zu vermehren, zeugt von ihrer großen Anpassungsfähigkeit. Die in unseren Breitengraden lebende mitteleuropäische Art Sus scrofa Linné zählt zu den größten Vertretern der Gattung Sus. Starke Keiler können das beachtliche Gewicht von 150 bis 200 kg erreichen.

Inzwischen (»Jäger« Heft 10/79) wurde von einem Rekord-Keiler berichtet, der aufgebrochen das erstaunliche Gewicht von 258 kg auf die Waage brachte. Das geschätzte Lebendgewicht des in der Lüneburger Heide erlegten Stückes betrug 320 kg. Es soll der stärkste Keiler sein, der in der BRD zur Strecke kam. Sein Alter wurde mit etwa 7 Jahren angegeben.

Normalerweise ergreifen Wildschweine vor dem Menschen die Flucht. Ein angeschossenes Stück oder eine Bache, die ihre Frischlinge bedroht sieht, kann aber auch für uns ein äußerst gefährlicher Gegner sein. Die beim Keiler aus dem Unterkiefer ragenden Gewehre sowie die kleineren Haderer des Oberkiefers sind messerscharfe, fürchterliche Hiebwaffen, die er auch einzusetzen versteht. Die Bache hingegen weiß sich auch ohne diese Waffen durch reißende Bisse zu verteidigen.

Ich selbst habe von einem Keiler sowie auch von Bachen einige ernsthafte Angriffe erlebt. Nur durch jahrelange Erfahrungen im Umgang mit Schwarzwild sowie durch mein Wissen über die Rangordnung war es möglich, diese sehr kritischen Sekunden unverletzt zu überstehen. So kann ein harmloser Waldspaziergänger im März bis April, wenn er zufällig in die Nähe eines Kessels gerät, in arge Bedrängnis kommen. Eine überraschte ältere Bache wird grundsätzlich, wenn eine gewisse Distanz zum Kessel unterschritten ist, angreifen. Es sollten aus diesem Grunde während dieser Zeit unübersichtliche Waldgebiete, in denen Schwarzwild vorkommt, nicht sorglos begangen werden.

Ein besonderes Biotop wird von unseren mitteleuropäischen Wildschweinen nicht bevorzugt. Die Hauptsache ist, daß genügend Deckung und Nahrung vorhanden sind. Auch benötigen sie für ihre Körperpflege kleine Tümpel, Gräben oder Moräste zum Suhlen.

Oftmals wird die Frage gestellt, ob Wildschweine innerhalb einer Kulturlandschaft nützliche oder schädliche Tiere sind. Ich meine, sie gehören zu unserer Landschaft und dürfen nicht rücksichtslos, wie es in einigen europäischen Ländern bereits seit langer Zeit geschehen ist, ausgerottet werden. Mit meiner Arbeit möchte ich auch belegen, daß dann, wenn die Jäger bei ihrer Schwarzwildbewirtschaftung von realen Beständen ausgehen und die Sauen durch Ablenkfütterungen in ihren Einstandsgebieten beschäftigt werden, wir sie zu den nützlichen Wildarten zählen können. Durch massenhaftes Vertilgen von Kulturschädlingen sowie Auflockerung des Waldbodens erfüllen sie eine wichtige Funktion im Rahmen des biologischen Gleichgewichts unserer Natur. So lohnt es sich, wie wir es später tun wollen, eine Aufrechnung der Schäden gegenüber ihrer Nützlichkeit zu machen.

Die Tragzeit wird von Erna Mohr mit 112 bis 120 Tagen angegeben, die ich auf Grund eigener Erfahrungen bestätigen kann. 15 bis 20 Jahre soll das Höchstalter sein, welches aber in der freien Wildbahn selten erreicht werden dürfte. Die Anzahl der Nachkommen pro Bache ist sehr unterschiedlich und vom Alter des Muttertieres abhängig. Nach meinen Beobachtungen schwankt die Zahl zwischen 1 bis 10 Stück. 12 oder 14 Frischlinge pro Wurf, wie teilweise behauptet wird, konnten von mir nie festgestellt werden. Die Bache ist überhaupt nicht in der Lage, mehr als 10 Frischlinge maximal aufzuziehen. Sie besitzt nur fünf Zitzenpaare, wovon das vorderste sehr wenig Milch produziert. Jeder Frischling verlangt aber seine eigene Zitze. An 135 Würfen in der freien Wildbahn habe ich festgestellt, daß höchstens acht Frischlinge überlebten. Nach acht Jahren Aufzeichnungen ergab sich ein Durchschnitt von nur 5,45 Frischlingen pro Bache. Würden wir die leergebliebenen Bachen der Rotte in unsere Statistik einbeziehen, ergäbe sich eine noch niedrigere Durchschnittszahl, nämlich nur 3,9 pro weibliches Stück. Wenn wir davon ausgehen, daß bereits in den ersten 9 Lebensmonaten fast 60% der Frischlinge eingehen bzw. erlegt werden, so ist daraus zu ersehen, daß die Vermehrungsrate bei Schwarzwild oftmals zu hoch eingeschätzt wird. Nur zwei Jungtiere bleiben in der Regel pro Bache übrig, wovon in einer Rotte wiederum nur ein ganz geringer Prozentsatz die Geschlechtsreife erlangt.

Die Frischlinge sind bereits einige Stunden nach ihrer Geburt äußerst verspielte und muntere Tiere. Überhaupt ist es ein Vergnügen, solch eine niedliche, quicklebendige Gesellschaft zu beobachten. Mit ihrer gelbbraunen Streifenzeichnung, ihrer Tarnfarbe, sind sie kaum zu entdecken, wenn sie sich bei Gefahr drücken. Diese Zeichnung ist übrigens bei allen Frischlingen sehr unterschiedlich. Sie hat aber für die Erkennung von Bache und Frischling mit Sicherheit keinerlei Bedeutung.

Schweine sind oftmals das Sinnbild für Unreinlichkeit. Wer sich jedoch näher mit ihnen befaßt, wird genau das Gegenteil feststellen. Wenn wir bedenken, daß ihr Schlammbaden in der Suhle eine Körperpflege ist, die sie wie andere Säuger auch für ihr Wohlbefinden benötigen, müssen wir ihnen sogar das gleiche Maß an Reinlichkeit zusprechen wie anderen Tieren.

Ihr stark ausgeprägter Familiensinn geht sogar so weit, daß Ammentätigkeit ausgeübt wird. Die Frischlinge einer Bache, die aus Versehen erlegt wird oder verendet, werden von den anderen Bachen der Rotte genauso bewacht und aufgezogen wie die eigenen. Sie bleiben aber in ihrer Entwicklung zurück, da ihnen keine eigene Zitze zur Verfügung steht. Sie müssen sich, wie man so sagt, durchschlagen und sich oftmals mit den abgesaugten Zitzen begnügen. Die schwächsten werden dabei eingehen.

Auch andere soziale Verhaltensweisen konnten im Laufe der Jahre in solchen Familienverbänden von mir beobachtet werden. Doch darauf soll später ausführlich eingegangen werden.

An der Ablenkfütterung

Zu den schönsten Erlebnissen meines Lebens zählt ohne Zweifel die jahrelange tägliche Arbeit am Schwarzwild.

Tausende Meter Film und Hunderte Fotografien, in freier Wildbahn »geschossen«, belegen viele neue Erkenntnisse über das Verhalten dieser Wildart.

Sie werden fragen, wie es möglich ist, mit einer so intelligenten, scheuen, dämmerungs- und nachtaktiven Tierart in freier Wildbahn Kontakt zu bekommen? Ein Idealfall wäre, sich in solch einen Familienverband aufnehmen zu lassen, ihn überall begleiten zu können, ja möglichst wie ein Artgenosse behandelt zu werden. Davon träumt wohl jeder Verhaltensforscher. Als im Herbst 1973 ein mir bekannter Jagdleiter in seinem Revier im Kreis Burg bei Magdeburg eine sogenannte Ablenkfütterung für Schwarzwild einrichtete — es sollten durch Fütterung im Bestand die Sauen von unseren landwirtschaftlichen Nutzflächen abgehalten werden — ahnten wir noch nicht, daß zwei Jahre später dieser Traum in Erfüllung gehen sollte. Bekannt ist aus der Gefangenschaftshaltung, daß gerade bei Tierarten, die in Familienverbänden leben, so etwas möglich ist, z. B. bei Affen, wo der Wärter als Ranghöchster wie ein Artgenosse aufgenommen wird. Aber nicht nur in der Gefangenschaft gelangen solche Sozialkontakte. Die Goodalls lebten unter Schimpansen, Schaller unter Gorillas, und Kruuk machte in ähnlicher Art Verhaltensbeobachtungen bei Fleckenhyänen.

Bei uns fing es völlig normal, wie in vielen anderen Revieren auch, mit dieser Ablenkfütterung an. Die Fütterung wurde angenommen. Aber nach einigen Monaten — im März 1974 — stürmte bei der Ankunft des Pferdefuhrwerkes, mit dem der Jagdleiter Rudolf

13

Meseberg täglich in sein Revier fuhr, eine Schar Frischlinge aus dem dichten Kiefernbestand heraus und nahm den ausgestreuten Mais sofort und begierig an. Die Überraschung war bei diesem erfahrenen Jäger natürlich groß, da die kleinen Kerle kaum Scheu vor Mensch und Pferd zeigten. Die beiden zweijährigen Bachen beobachteten argwöhnisch vom Rande der Kiefernschonung aus das Treiben ihrer Frischlinge. Von Woche zu Woche steigerte sich das Vertrauensverhältnis, und nach einigen Wochen warteten sie morgens bereits an der Fütterung. Auch die Bachen verloren langsam ihre Scheu, hielten jedoch immer eine gewisse Distanz. Im Juli, ich kam gerade von einer längeren Filmexpedition zurück, erfuhr ich von dem Jagdleiter, daß er Kontakt mit einer Rotte Sauen in freier Wildbahn hatte. Wir beschlossen, dieses Experiment zusammen weiterzuführen.

Vom Verhalten unseres Schwarzwildes in freier Wildbahn war bisher nur wenig bekannt. So ergab sich hier eine einmalige Möglichkeit des Studiums, besonders weil ich als Tierfilmer bemüht war, alle Erkenntnisse durch Bild und Film belegen zu können.

Geduld und Ausdauer sind die Voraussetzungen, die ein Kameramann haben muß, der bestimmte Verhaltensweisen freilebender Tiere filmen oder fotografieren will. Wenn ich aber daran denke, daß allein für eine Elchaufnahme von 30 Sekunden drei Wochen tägliches Ansitzen nötig war oder daß ich neun Monate an einem Film über Rallen gearbeitet habe, so war mir damals noch nicht bewußt, daß das Schwarzwild mir Jahre abverlangen würde.

Täglich 2 bis 3 Stunden, manchmal auch länger, war ich mit der Rotte unterwegs. Die größten Schwierigkeiten bei den Dreharbeiten in den Dickungen bereiteten oftmals die schlechten Lichtverhältnisse. Sauen meiden tagsüber grundsätzlich offene Bestände. Nur mit den lichtstärksten Objektiven sowie vielen technischen Raffinessen der Fotografie wurden diese Probleme gelöst.

Wie sollte aber das Verhältnis zwischen mir und der Rotte, ohne einen zweiten Kameramann einsetzen zu können, dokumentiert werden? Hier mußten vorerst modernste Technik und Elektronik eingesetzt werden. Ein Sender und ein Empfänger mit einer Auslösetechnik für Filmkamera und Fotoapparat wurden konstruiert, so daß ich nun selbst die Kamera inmitten der Rotte per Funk auslösen konnte. Da bei solchen Aufnahmen, bedingt durch oftmals nicht einwandfreie Schärfe oder schlechten Bildausschnitt, meist mit viel

14

Verschnitt zu rechnen ist, machte ich später meinen Freund, den Jagdleiter Meseberg, mit der Kameraführung vertraut. Nur wir beide hatten Kontakt mit der Rotte und wurden akzeptiert.

Um die weiteren Forschungsarbeiten nicht zu gefährden, wurde es ermöglicht, die unmittelbare Umgebung und natürlich auch die Futterstelle nicht mehr zu bejagen. Damit wir aber auf reale, statistisch auswertbare Zahlen für die Schwarzwildbewirtschaftung kamen, wurde die Rotte im übrigen Revier nicht geschont. Natürliche Feinde haben unsere Sauen in der europäischen Fauna nicht mehr, wenn man von kleineren Beständen von Wölfen, Luchsen und Bären in Osteuropa absieht. Das zwingt uns Menschen dazu, die Funktion der Auslese und Regulierung zu übernehmen. Wie hoch sind aber die Nachwuchszahlen? Wie groß sind die Versluste? Mit welcher Zuwachsrate ist pro Jahr zu rechnen? Das sind Kernfragen, die für die richtige Schwarzwildbewirtschaftung von ausschlaggebender Bedeutung sind. Denn trotz ständig erhöhter Abschußzahlen scheinen sich die Bestände in verschiedenen Revieren laufend zu erhöhen. Aufschlußreiche Beobachtungen der bis zum Jahre 1976 auf 80 Stücke angewachsenen Rotten – die ursprüngliche hatte sich nämlich in der Zwischenzeit geteilt – werden uns in einem späteren Kapitel darüber Auskunft geben.

Um das natürliche Verhalten der Sauen an der Ablenkfütterung beobachten und filmen zu können, wurde ein gut getarntes Versteck aufgebaut. Obwohl wir zu den Frischlingen schon einen guten Kontakt hatten, uns also offen zeigen durften, zog ich es vor, für meine Filmarbeiten und Beobachtungen das Versteck aufzusuchen. Die Frischlinge benahmen sich dadurch natürlicher und konnten sich völlig ungestört fühlen. Die beiden zweijährigen Bachen führten zusammen 12 Frischlinge und hielten sich fast ständig in unmittelbarer Nähe der Futterstelle auf. Waren sie einmal nicht anwesend, dann genügte ein Rufen, um sie zur Fütterung zu locken. Unsere Stimmen kannten sie jetzt schon sehr genau. Auch darf nicht unerwähnt bleiben, daß wir anfangs immer die gleiche Kleidung tragen mußten. Nicht gerade zur Freude unserer Frauen verboten wir jegliches Waschen der Jacken und Hosen. Es war nicht leicht, sie davon zu überzeugen, daß der Geruch, den wir nun schon verbreiteten, für den Kontakt mit unseren Sauen unbedingt nötig war.

Erstaunlich war, wie ruhig und gelassen das Pferd die Nähe der Wildschweine duldete. Das Pferdegespann spielte von nun an überhaupt eine wichtige Rolle. Das Klappern des Wagens wurde inzwischen mit dem Begriff »Futter« verknüpft. Es war sozusagen für unsere Rotte ein weit hörbares Signal, um den Futterplatz aufzusuchen. Sehr wichtig war für die weitere Arbeit und Beobachtung, diese Rotte von ihrer nächtlichen Aktivität auf tagaktive Lebensweise umzustellen. Es bereitete keine großen Schwierigkeiten. Alle paar Tage wurde die Futterzeit um ½ Std. verlegt, so daß die Sauen vermutlich überhaupt nicht bemerkten, wie ihr Tagesrhythmus verändert wurde. Voraussetzung für Tagaktivität ist allerdings unbedingte Ruhe im Revier, aber die war bei uns gegeben. An der Fütterung waren die inzwischen herangewachsenen Frischlinge schon völlig vertraut und ließen sich von uns anfassen. Sie wußten genau, daß ihnen hier an der Fütterung nichts geschieht. Begegneten wir der Rotte allerdings im Revier, flüchteten sie, und es nützte kein Rufen und Locken. Es war aber sehr wichtig, ihre Lebensgewohnheiten überall kennenzulernen, und wir mußten deshalb versuchen, auch dort Kontakt mit den Sauen zu bekommen.

Wildschweine kamen früher in ganz Europa vor, sie sind aber in Großbritannien und Skandinavien seit längerer Zeit ausgestorben. Während meiner Reisen in Wildschutzgebiete, Nationalparks usw. durchstreifte ich in Rumänien innerhalb von 9 Jahren jeweils einige Monate lang das Donau-Delta. Dieses 4500 km² große, phantastische Naturreservat hat uns viele Tierarten, speziell Vögel, in Europa erhalten. Man nennt dieses Gebiet auch den größten Zoo Europas in freier Natur.

Nur eine Wildart kommt dort fast nicht mehr reinrassig vor, das Wildschwein. Die im Delta ansässigen Fischer aus dem Volksstamm der Lipowaner brachten schon vor ca. 200 Jahren aus ihrer russischen Heimat Hausschweine mit. Sie bereicherten damit ihren einseitigen Speisezettel, der ja fast ausschließlich Fischgerichte aufwies. Diese einfachen Menschen erkannten schon früh die außergewöhnliche Lernfähigkeit der Schweine. Jährlich, auch heute noch, werden diese Tiere innerhalb von 2 Monaten auf einen bestimmten Ruf oder Pfiff abgerichtet und dann in die freie Natur, d. h. in die Sümpfe, entlassen. Dort bekommen sie ihre Ferkel. Auch die Rotten halten sich genauso in Revieren getrennt auf, wie wir das von unserem Schwarzwild kennen. Sie entfernen sich 10 bis 15 km von den kleinen Ansiedlungen innerhalb des Deltas. Regelmäßig werden sie von ihren Besitzern aufgesucht — die kennen ja ihre Reviere —, um sie mit kleinen Leckerbissen, wie z. B. Mais, an ihren Herrn zu erinnern. Sie sind völlig verwildert und ansonsten scheu vor jedermann. Sie müssen sich selbst ihre Nahrung suchen, die aus Wasserpflanzen, Wurzeln, Muscheln und Würmern besteht. Während der Rauschzeit paaren sie sich regelmäßig mit den dort noch in größeren Beständen vorkommenden Wildschweinen. Die Einheimischen bezeichnen sie als Sumpfwildschweine. Wir wußten, wenn wir Rotten begegneten, nie, sind es Haus- oder Wildschweine.

Im Dezember werden sie mit ihren Nachkommen von den Fischern nach Hause geholt. Wochen vorher müssen sie mit Futter möglichst nahe zur Ansiedlung gelockt werden. Die letzte Strecke, manchmal 3 bis 4 km, schwimmen sie hinter den Booten her und gehen dann freiwillig in ihre Gatter. Diese Beobachtungen und Erfahrungen der Fischer sollten mir später von großem Nutzen sein.

In ihrem äußeren Erscheinungsbild haben diese Tiere mit einem Hausschwein fast nichts mehr gemein. Sie ähneln einem Wildschwein, wobei die verschiedensten Farbvarianten, wie braun, schwarz oder gescheckt, auftreten können. Auch haben sie die Stehohren, die lange Schnauze und das dichte, lange Borstenkleid ihrer Vorfahren durch die ständige Vermischung mit ihnen wieder vererbt bekommen. Das Gewicht unserer domestizierten Schweine erreichen sie niemals, die oberste Grenze ist 60 bis 70 kg. Das Fleisch der unter natürlichen Bedingungen aufwachsenden Schweine ist allerdings außergewöhnlich zart und schmackhaft. Von diesem Ausflug nach Südosteuropa, der nur die Anpassungsfähigkeit, das Gedächtnis und die Lernfähigkeit der Schweine andeuten sollte — wir werden diese Fähigkeiten später eingehend behandeln —, zurück zu der von uns betreuten Rotte.

Im Januar 1975 kam es zu einem jagdlichen Eingriff, dem wir mit gemischten Gefühlen entgegensahen. Eine Drückjagd war angesetzt, wobei das Einstandsgebiet unserer Sauen auf Grund seiner geographischen Lage nicht ausgeschlossen werden konnte. Wieviel werden überleben? Werden sie das Revier wechseln, und sollte damit unsere zweijährige Arbeit umsonst gewesen sein? Das waren Fragen, die uns nun tagelang beschäftigten. Keiner der Weidgenossen nahm es meinem Freund übel, obwohl er die Jagd leiten mußte, daß er an diesem Tage seine Waffe nicht mit sich führte. Ich dagegen war »bewaffnet«. Mit der »schußbereiten« Kamera wählte ich einen Stand, vor dem »unsere« Rotte mit einiger Wahrscheinlichkeit über eine große Lichtung wechseln mußte. Ich sollte mich nicht ge-irrt haben. Angeführt von der ältesten, erfahrensten Bache, ich kannte sie ja genau, überquerte die Rotte dieses offene Gelände auf kürzestem Wege, um dann sofort wieder im dichten Bestand Dek-kung zu suchen. Es wird mir niemand verübeln, wenn ich zugebe, daß ich die Schüsse zählte, es waren über 60, die nun hintereinander abgegeben wurden. Meine Hoffnung, einige Stücke lebend wieder-zusehen, war sehr gering. Ich sollte mich aber getäuscht haben.

Plötzlich, das Treiben war noch in vollem Gange, es war kaum zu glauben, trat unsere dreijährige Bache, gefolgt von der Rotte, aus der Dickung und führte sie sicher auf dem gleichen Wechsel zurück in ihr Einstandsgebiet.

Wie hatte sie es geschafft, die Hunde und die dichte Treiber-kette zu durchbrechen? Auch ein späteres Befragen der Jagdhelfer ergab keinerlei Aufschluß darüber, sie hatten nichts bemerkt. Am Nachmittag gegen 15 Uhr, die Jagd war seit 2 Stunden abgeblasen, hielt es mich nicht mehr bei meinen Jagdfreunden. Eine besonders große Ration Mais wurde eingeladen, und ich fuhr besorgt, aber doch erwartungsvoll zur Futterstelle. Nichts deutete mehr auf die Hektik der vergangenen Stunden, das Bellen der Hunde oder das laute Gehen der Treiber hin. Für ein Jahr war wieder Ruhe in das Revier eingekehrt. Mein Rufen, drei- bis viermal, »kommen, Lor-chen, komm« – so kannten es die Sauen –, wurde auf der Stelle be-folgt. Als ob nie etwas Besonderes vorgefallen wäre, schoben sie sich aus dem Bestand und machten sich sogleich über den Mais her. Auch ließen sie sich sofort wieder anfassen.

Drei Überläufer, zwei Keiler und eine Bache, fehlten. Waren sie noch versprengt oder erlegt worden?

Am späten Nachmittag hatten wir Gewißheit. Die 12 Sauen, so groß war die Strecke, wurden von uns untersucht. Wir hatten einen Tag vorher alle Überläufer mit gelber Ölkreide hinter dem Teller ge-kennzeichnet. Sie waren alle drei dabei. Bei den beiden dreijährigen Bachen war eine Kennzeichnung nicht möglich, sie ließen sich von uns nicht anfassen.

Dieses Verhalten beweist, daß von unserem Schwarzwild kei-nerlei Zusammenhänge von Jagd, Abschuß oder Knall der Büchse mit dem Menschen erkannt werden.

Die Rotte, die nun noch aus neun Bachen und zwei Überläufer-keilern bestand, hatte also das Revier nicht gewechselt, sondern es auf schnellstem und kürzestem Wege wieder angenommen. Reviere werden nur dann aufgegeben, wenn durch irgendwelche Umstände laufend Unruhe herrscht oder das Biotop sich grundsätzlich, z. B. durch Waldbrände oder große Kahlschläge, verändert.

Schwarzwild kennt sein Einstandsgebiet überhaupt sehr genau. Ein Schießstand z. B., der sich in unmittelbarer Nähe unserer Ablenkfütterung befand und fast täglich benutzt wurde, wo Fahrzeuge ständig an- und abfuhren, bedeutete für unsere Sauen keinerlei Gefahr. Das hatten sie lange erkannt. Das leiseste Geräusch aber aus einer anderen Richtung veranlaßte sie, sofort zu flüchten.

Ende Februar 1975, von unseren neun Bachen waren sechs Stück beschlagen, erwarteten wir Nachwuchs. Ab 20. Februar blieben die beiden Dreijährigen von der Fütterung weg, drei Wochen später auch die vier Überläuferbachen.

Anfang März nahmen erstmals die beiden ältesten Bachen die Fütterung wieder an. Sie hatten Gesäuge, brachten aber die Frischlinge noch nicht mit, da das Wetter außergewöhnlich naß und kalt war. Ihren Nachwuchs hatten sie im warmen Kessel abgelegt. Endlich, eine Woche später, das Wetter hatte sich noch nicht geändert, wurden die Frischlinge mitgebracht, zusammen 15 Stück, die keinerlei Scheu vor uns zeigten. Zwei Tage später stellten sich dann der Rest der Rotte und die noch fehlenden vier Überläuferbachen ein. Sie hatten auch gefrischt, jedoch war die Anzahl ihrer Nachkommen deutlich geringer. Eine von ihnen führte drei Frischlinge, während die anderen drei Überläufer nur je ein Stück hatten.

Von nun an waren sie wieder pünktlich jeden Tag zur Stelle. Zu unserer Überraschung waren auch drei schwarz-weiß gescheckte Frischlinge darunter. Sie gehörten zu einer der dreijährigen Bachen. Wildschweinschecken, die in der freien Wildbahn durchaus nicht selten vorkommen — es gab schon Nachweise im Mittelalter —, geben auch heute noch den Jägern einige Rätsel über ihre Entstehung auf. Ob die Scheckenzeichnung auf Kreuzungen mit Hausschweinen, bei Weidehaltung durchaus denkbar, oder Mutation zurückgeht, ist zunächst eine offene Frage. Einige Erkenntnisse über die genetischen Zusammenhänge haben sich jedoch nach der Geburt der zweiten Generation ergeben. Der Vater dieser Frischlinge war mit Sicherheit gescheckt. Dieser drei- bis vierjährige, schwarz-weiß gezeichnete Keiler wurde von uns während der Rauschzeit mehrfach bei der Rotte gesehen, bevor er später erlegt wurde.

19

Unsere Bache mußte also von diesem Keiler beschlagen worden sein. Die drei abnorm gezeichneten Frischlinge erhielten die »Scheckengene« also von ihren Eltern vererbt.

Untersuchungen in Polen ergaben, daß solche Schecken wenig Lebenskraft besitzen, zurückbleiben und später eingehen. Die Feststellung konnte ich hier nicht machen. Genau das Gegenteil war der Fall, was durch Filmaufnahmen bewiesen werden konnte. Sie waren die stärksten und kräftigsten Frischlinge der Rotte und blieben es auch später. In ihrem äußeren Erscheinungsbild lagen sie ganz, wenn man von ihrer Zeichnung absieht, im Typ eines Wildschweines.

Da der Scheckungsfaktor gegenüber der Normalfarbe bei den Wildschweinen rezessiv, d. h. verdeckt vererbt wird, hat diese Farbvariante in der freien Wildbahn wenig Chancen, sich zu vermehren. Hinzu kommt, daß Schecken nachts besonders auffallen und häufig bei der Jagd zuerst zur Strecke gebracht werden. Den Beweis für das Vorliegen einer rezessiven Erbanlage erhielten wir ein Jahr später. Die nun vierjährige Bache und auch die einjährige Schecke wurden von einem normalfarbenen Keiler beschlagen. Alle Frischlinge, auch die der Schecke, hatten eine normale Farbe.

Nach den neuesten Erkenntnissen können wir heute sagen, daß die europäischen Schwarzwildbestände mit diesem Erbfaktor belastet sein müssen, so daß immer wieder mit dem Auftreten solcher Schecken gerechnet werden muß. Interessant ist in diesem Zusammenhang, daß bereits Lucas Cranach um das Jahr 1530 solche Schecken gezeichnet hat.

Erschreckend hoch waren die Verluste, die ich im Jahre 1975 in den ersten drei Tagen bei den Frischlingen zu registrieren hatte. Wassergräben, dazu das naßkalte Wetter waren die Ursachen. Die Gräben, die von den Bachen übersprungen wurden, konnten von einigen Frischlingen nur schwimmend durchquert werden. Unterkühlung war die Folge, so daß bereits nach so kurzer Zeit von 21 Frischlingen 9 Stück verendet waren.

Anfang Mai, die kleinen Keiler fochten nun schon täglich spielerisch Rangordnungskämpfe aus, war das Verhältnis der Rotte zu uns schon so weit fortgeschritten, daß wir uns völlig frei und ungezwungen zwischen den Tieren bewegen konnten. Mit Ausnahme der beiden dreijährigen Bachen ließen sich alle von uns anfassen. Die Frischlinge konnten sogar hochgenommen werden, ohne daß wir angegriffen wurden.

In dieser Zeit wurde immer deutlicher, daß die zwei übriggebliebenen Überläuferkeiler nicht mehr lange Mitglied dieser Rotte sein durften. Sie waren jetzt die Rangniedrigsten, wurden von allen Bachen bei jeder Gelegenheit hart attackiert und hatten unter ständiger Verfolgung zu leiden. Sie müssen nun demnächst den Rottenverband verlassen. Drei Wochen später war es soweit, die Keiler blieben weg. Etwa 1 Kilometer von der Futterstelle entfernt hielten sie sich ständig auf und wurden von uns dort weiter mit Fraß versorgt.

Überläuferkeiler werden grundsätzlich, spätestens im Alter von 18 Monaten, aus dem Familienverband von den Bachen ausgestoßen. So wurde es in jedem Jahr von uns beobachtet und dürfte daher die Regel sein. Diese Keiler bleiben dann einige Monate in lockeren Keilergemeinschaften zusammen und werden während der darauffolgenden Rauschzeit, da sie sich gegenseitig als Rivalen betrachten, endgültig Einzelgänger. Unsere beiden erreichten dieses Alter nicht. Bereits 4 Wochen später waren sie erlegt.

Dadurch, daß sie auf die Erfahrungen der alten Bachen verzichten müssen und gezwungen sind, sich ein anderes Revier zu suchen, welches sie außerdem noch nicht genau kennen, werden Überläuferkeiler in dieser Altersstufe am häufigsten erlegt. Diese Zeit scheint eine der kritischsten Phasen im Leben des männlichen Schwarzwildes zu sein. Da die Keiler auch ganzjährig jagdbar sind, im Gegensatz zu den führenden Bachen, die ja den größten Teil des Jahres geschont werden, ist der Bestand von männlichen Stücken in unseren Revieren deutlich geringer als der der Bachen. Aus unserer Rotte zum Beispiel hat kein Keiler das zweite Jahr überlebt.

Diejenigen aber, die diese Phase überstanden haben und später zu Einzelgängern geworden sind, können die Jäger zur Verzweiflung bringen. Sie haben kein festes Einstandsgebiet mehr, sind heute hier und morgen dort. Bei ihnen gibt es fast keine Regel. Auch wir, die ja täglich im Revier waren, mußten diese Erfahrung machen. Wenn wir nicht genau gewußt hätten, daß einige Keiler im Bestand stecken, wir kannten sie ja von der Rauschzeit her, hätte man annehmen können, daß es männliches Schwarzwild in diesem Revier überhaupt nicht gibt. Ihre vorsichtige und heimliche Lebensweise geben sie nur während der Paarung auf.

In die Rotte »aufgenommen«

Ab Mai 1975 ergab sich für die weitere Forschungsarbeit an unserer Rotte Sauen eine grundlegende Veränderung. Mein Freund und Mitarbeiter, der Jagdleiter Meseberg, mußte aus beruflichen Gründen die täglichen Fahrten mit dem Pferdefuhrwerk zur Ablenkfütterung einstellen. Auch konnte er mich nur noch selten dorthin begleiten. Ich fuhr nun täglich mit einem PKW in das Revier und mußte versuchen, die Rotte an das neue Fahrzeug zu gewöhnen. Diese Umgewöhnung sollte schwieriger sein, als ich mir das vorgestellt hatte. Es dauerte fast 6 Wochen. Anfangs ließ ich das Fahrzeug ungefähr 200 m von der Futterstelle entfernt stehen und ging den Rest des Weges zu Fuß. Auf mein Rufen und Klappern mit dem Futtereimer kamen die Sauen wie sonst auch. Dann fuhr ich immer näher mit dem Wagen zur Futterstelle heran. Als er nur noch ca. 50 m von dort entfernt stand, lockte ich die Rotte mit Futter zum PKW. Nach einigen Tagen hatten sich die Sauen daran gewöhnt. Nun übte ich mit ihnen, daß ich ein- und aussteigen konnte, ohne daß sie flüchteten. Das Klappen der Türen veranlaßte sie anfangs zur Flucht. Sie begriffen sehr schnell, daß ihnen von diesem neuen Gefährt keine Gefahr drohte. Der Wagen wurde nun auch, gleich dem Pferdefuhrwerk, mit dem Begriff »Futter« verknüpft. Fuhren zufällig andere Fahrzeuge in der Nähe vorbei, ergriffen die Sauen sofort die Flucht. Nachdem sie wieder pünktlich und regelmäßig die Ablenkfütterung annahmen, wollte ich damit beginnen, eine neue Phase im Verhältnis der Rotte zu mir einzuleiten. Mitte Juni 1975 wurde der erste Versuch gestartet, die Sauen mittels Futter zu einer ca. 500 m entfernten Suhle mitzunehmen. Dieser Versuch gelang nur zum Teil. Einige Stücke folgten mir, entschlossen sich aber nicht, eine größere

Lichtung zu überqueren. Sie kehrten schließlich um. Täglich wurde nun mit ihnen weitergeübt. Einige Tage später folgte ein Teil der Rotte, der dann an der Suhle mit Futter belohnt wurde. Von jetzt ab ging ich immer in unterschiedlichen Richtungen mit ihnen durch das Revier, um sie daran zu gewöhnen, mich auch an anderen Orten zu akzeptieren. Es begann nun die Zeit, in der ich das natürliche Verhalten des Schwarzwildes in freier Wildbahn überall kennenlernen konnte. Einem Oberstudienrat aus Oberviechtach gelang es übrigens 1960 in ähnlicher Weise, Kontakt mit einer freilebenden Wildschweinrotte zu bekommen. Sein Erlebnisbericht, der in der Illustrierten »Das Tier« 1973 in den Heften 10 und 11 veröffentlicht wurde, sagt aus, daß diese Rotte Sauen nicht tagaktiv geworden ist. Sie hatte ihre Aktivitätsperiodik beibehalten, so daß genaue Beobachtungen bestimmter Verhaltensweisen nicht möglich und wohl auch nicht beabsichtigt waren. Mein Ziel bestand dagegen darin, ohne das Lockmittel Futter in die Rotte völlig gleichberechtigt aufgenommen zu werden, sie auf ihren Wanderungen zu begleiten, ihren Fraß, ihr Verhalten am Schlafkessel usw. beobachten und möglichst filmen zu können. Es sollte erst 6 Monate später gelingen. An einem kleinen, idyllisch gelegenen Waldtümpel, der ihre Suhle war, gelangen mir die bisher eindrucksvollsten Filmaufnahmen, die ich vom Schwarzwild machen konnte.

Eigentlich wollte ich Szenen von einem typischen Verhalten der Wildschweine drehen, und zwar das Suhlen. Diesen Gefallen taten sie mir aber nicht. Plötzlich waren alle mitten im Tümpel, rupften geschickt die Wasserpflanzen heraus (Typha sp.), gingen damit an das Ufer und fraßen schmatzend den Wurzelstock. Die Blätter selbst wurden nicht genommen, sie blieben unbeachtet liegen.

Obwohl ich vielfach mit der Rotte an diesem Tümpel war, gelang es mir nicht, auch nur einen Meter Film vom Suhlen zu drehen. War das Licht gut, dann zeigten die Tiere das Verhalten nicht. Suhlten sie sich, reichte das Licht nicht aus. Es war wie verhext! Ich gab es vorläufig an diesem Tümpel auf, aber nicht mein Vorhaben, Sauen bei diesem wichtigen Verhalten aufzunehmen. Ich mußte mir etwas Besseres einfallen lassen. Hunde wälzen sich ja bekanntlich in verschiedenen übelriechenden Dingen, warum sollte es nicht möglich sein, auch Wildschweine mit Hilfe eines bestimmten Geruchstoffes zum Suhlen zu veranlassen?

Während einer Besprechung zur Vorbereitung einer Fernsehsendung gab mir der Redakteur einer Jagd-Fernsehserie einen guten Tip; er hätte in ähnlicher Weise mit einem solchen Trick ausgezeichnete Erfolge bei Dreharbeiten erzielt. Das Wundermittel sei Dieselöl. Er sollte recht behalten. Einige Tage später fuhr ich mit Spaten, Schippe, Wasserkanister und etwas Dieselöl ausgerüstet, in das Revier. Ein für Filmarbeiten günstiger Platz wurde ausgewählt und eine Suhle ausgehoben, Wasser hineingefüllt und Dieselöl am Rande verspritzt. Der Erfolg war durchschlagend.

Als die Sauen erschienen, drängten sie sich sofort, um an dieser Stelle zu suhlen. Dieser Geruch muß auf Schwarzwild einen außergewöhnlichen Reiz ausüben. Endlich wurde meine Geduld belohnt. Im Jahr darauf sind mir dann auch ohne jede Vorbereitung noch Belegaufnahmen am eingangs erwähnten Waldtümpel gelungen.

Leider machen Umweltverschmutzer selbst vor solchen entlegenen, kleinen, für die Natur aber sehr wichtigen Gewässern nicht halt. Der Tümpel wurde später als Müllkippe benutzt, was umso verwerflicher war, da es sich um die einzige Wasserstelle im Revier handelte. Wenn nicht schnellstens harte Strafen für ein derart unverantwortliches Handeln ausgesprochen werden, dann haben wir in kürzester Zeit das Wild vergrämt. Schwarzwild, das Wasserlöcher oder Gräben in seinem Biotop unbedingt benötigt, wird mit Sicherheit solch ein Revier verlassen. Alle Jäger sollten in ihrem eigenen Interesse das Jagdgebiet, welches sie bewirtschaften, vor diesen Biotopveränderungen schützen.

Um die Stücke innerhalb der Rotte auch später noch für meine Aufzeichnungen voneinander unterscheiden zu können, vergab ich Namen, die sich auf die individuelle Farbe, Zeichnung oder andere markante Merkmale bezogen. Das war bei den Schecken am einfachsten. Nach ihrer unterschiedlichen Zeichnung an den Tellern bekamen sie ihre Namen »Schwarzohr«, »Weißohr« und »Schwarz-Weißohr«. Sie waren unverwechselbar. Eine Bache, die etwas abnorm fuchsbraun gefärbt war, erhielt den Namen »Fuchsi«. Die zutraulichste zweijährige Bache verdankte ihren Namen einem für sie nicht gerade glücklichen Erlebnis. Eines Morgens erschien sie mit abgesengten Borsten quer über das Haupt, und aus ihrem rechten Teller fehlte ein Stück. Sie hatte in der Nacht einen Schuß bekommen, der sie an der Stirn streifte und dabei in ihrem Teller eine große Kerbe hinterließ. Sie hieß von nun an »Kerbohr«. Ihre Vertrautheit mir gegenüber war aber trotzdem völlig normal. Kerbohr

24

und Fuchsi, beide waren ständig zusammen, wurden ab August 1975 plötzlich von der Rotte abgebissen. Fuchsi war zu dieser Zeit gerade am Vorderlauf schwer verletzt. Hier bemerkte ich zum ersten Mal, wie sich bei Verletzung eines Stückes sofort die Rangordnung zu dessen Ungunsten veränderte. Fuchsi mußte nach einigen Tagen die Rotte verlassen, und Kerbohr begleitete sie freiwillig. Seit Monaten beochtete ich schon die enge Bindung dieser zwei Bachen. Ließ eine der beiden ihre Frischlinge saugen, legte sich die andere sofort eng angeschmiegt daneben. Eine Rangordnung bestand natürlich auch zwischen beiden Bachen. Fuchsi war die Ranghöhere. Das konnte man bei der Fütterung eindeutig feststellen.

Von beiden Bachen sah und hörte ich dann einige Monate nichts. Später erfuhr ich, daß sie sich in der Nähe eines ca. 3 km entfernten Dorfes aufhielten. Sie wurden dort von fast allen Bewohnern gefüttert und marschierten am hellen Tage auf der Asphaltstraße entlang. Jeder kannte sie. Pünktlich mittags um 13 Uhr stellten sie sich an einer Betriebsküche ein, um ihre Mahlzeit vom Koch in Empfang zu nehmen. Ihre Frischlinge bekamen sie im Februar 1976 in einem Dornengestrüpp unmittelbar am Rande des Dorfes, 20 m neben der Straße. Anfangs waren sie mißtrauisch und wollten vorübergehende Fußgänger aus der Nähe ihres Wurfkessels verjagen. Drei Wochen später zog die gesamte Sippe zur Freude der Bewohner im Dorf umher, und über Nahrungsmangel konnten sie sich nicht beklagen. Anfassen ließen sie sich jedoch nicht.

Jetzt war ich gespannt, wie sie sich mir gegenüber nach so langer Zeit verhalten würden. Ich fuhr dorthin, sprach sie wie früher an, und sofort erkannten sie mich. Fuchsi wie auch Kerbohr kamen angestürmt und ließen sich wie früher anfassen, streicheln und auch putzen. Die 4 Wochen alten Frischlinge, die mich überhaupt noch nicht kannten, folgten ihren Müttern, und ich war sehr erstaunt, daß auch sie sich von mir anfassen ließen.

Die Anwohner staunten nicht schlecht, als sie das sahen, da sie wochenlang Ähnliches ohne Erfolg versucht hatten. Diese Gewöhnung an Menschen sollte sich später für die Sauen einschließlich ihrer Nachkommen todbringend auswirken. Grundsätzlich muß eine vollständige Gewöhnung von Wildtieren an Menschen verurteilt werden, und sie ist auch nicht statthaft. Das verlangt schon die Möglichkeit der Übertragung von Krankheiten, z. B. der Tollwut. Gerade Wildschweine, die auch als Gesundheitspolizei innerhalb der Natur fungieren und anderes verendetes Wild beseitigen, können sich sehr schnell infizieren, ganz abgesehen davon, daß sie selbst dabei großen Gefahren ausgesetzt sind. Das gilt für andere Wildtiere auch. Ich mußte diese Erfahrung bereits vor 20 Jahren machen, als ich eine nestjunge Saatkrähe aufzog und sie so zähmte, daß sie frei fliegen durfte. Jedem fremden Besucher führte ich sie voller Stolz vor und freute mich, wenn sie von Kopf zu Kopf flog und darauf herumhackte. Das ging nur einige Wochen gut, denn auf der Straße landete sie eines Tages auf den Köpfen ahnungsloser Spaziergänger. Sie geriet dann an einen nicht wenig erschrockenen Mitbürger, der keinen Spaß verstand und ihr den Garaus machte. Die Schuld am Tode dieses Vogels lag nicht bei dem Spaziergänger, der ihn tötete, auch nicht bei dem Vogel — er kannte es ja nicht anders —, sondern bei mir. Diesen Vorwurf machte ich mir selbst. Genauso sollte es diesen gezähmten Sauen ergehen. 4 km von der Ansiedlung entfernt war das Randgebiet meiner Kreisstadt Burg. Im Juli, als das Korn in der Milchreife stand, machten Fuchsi und Kerbohr größere Ausflüge, die sie bis zum Stadtrand führten. Ein fleißiger Eigenheimbesitzer, der abends nach Feierabend seinem Zaun einen neuen Anstrich gab, bekam einen Stoß in den Rücken und erschrak fast zu Tode, als er sich umsah und ein ausgewachsenes Wildschwein hinter ihm stand. Er konnte ja nicht wissen, daß das harmlose Tier nur einen Leckerbissen von ihm erwartete. Es war Fuchsi. Schreiend lief er zum nächsten Jäger, der diese Bache prompt erlegte. So ähnlich erging es fast der gesamten Rotte.

Mein Bestreben war, »meine« Rotte mit keinem fremden Menschen in Kontakt kommen zu lassen. Zahlreichen Interessenten, die von meinen Experimenten wußten, sowie Jagd- und Forstleuten, die diese Arbeit unterstützten, habe ich trotzdem die Sauen zeigen können. Meine Begleiter hatten grundsätzlich im PKW zu bleiben. Das Fahrzeug gehörte dazu und auch, was sich darin befand, es störte die Rotte nicht. Der PKW erfüllte auch sehr gut seinen Zweck als fahrendes Versteck. Mein zweiter Kameramann, der das Verhältnis von mir und den Sauen filmen sollte, konnte nun sehr gut Aufnahmen an verschiedenen Orten im Revier drehen.

Leider war diese Arbeit durch Presse und Fernsehen so bekannt geworden, daß ich mich vor sogenannten »Naturfreunden« kaum noch retten konnte. Jeder wollte einmal Wildschweine in freier Wildbahn zu sehen bekommen. Viele wollten wissen, wo ich mich mit der Rotte treffe. Es ging so weit, daß ich verfolgt wurde, da man auf diese Weise den genauen Ort ausfindig zu machen hoffte. An den Wochenenden standen oftmals Fahrzeuge an der Futterstelle, und ganze Familien suchten nach Wildschweinen. Sie störten meine Arbeit erheblich, denn die Rotte blieb an diesen Tagen aus. Kurz entschlossen wechselte ich den Platz und besorgte mir für die Zufahrtswege zur neuen Fütterung Sperrschilder, die für einen Schießplatz gedacht waren. Großzügigerweise wurden sie mir von den zuständigen Stellen zur Verfügung gestellt, und auch der Förster, der dieses Revier bewirtschaftete, erlaubte die Aufstellung. Nun hatte ich wieder Ruhe.

Der Sommer und der Herbst vergingen, und ich erlebte, filmte und fotografierte alle interessanten Verhaltensweisen, z. B. die Rauschzeit, die Eichelmast usw., die ich in speziellen Kapiteln behandeln werde. Das Verhältnis zwischen uns entwickelte sich immer besser, bis im November 1975 eine weitere, noch höhere Stufe des Vertrauens entstand. Die Sauen kamen in dieser Zeit sehr unregelmäßig zur Fütterung, und es konnte vorkommen, daß ich einige Stunden warten mußte, bis sie auf mein Rufen erschienen. Das Jahr 1975 hatte eine außergewöhnlich reiche Eichelmast, so daß die Sauen — träge und vollgestopft — aus ihren Schlafkesseln nicht herauskamen. Meine Geduld wurde arg strapaziert. Ich nahm etwas Mais als Lockmittel mit und begann sie zu suchen. Unter ständigem Erzählen und Rufen folgte ich ihrem Wechsel. Er führte durch einen Douglasienbestand bis in eine dichte Kiefernschonung. Plötzlich hörte ich in unmittelbarer Nähe eine Antwort. Sofort setzte ich mich auf den Waldboden und verstärkte mein Locken. Im nächsten Moment war ich von meinen Sauen umringt. Ihr Vertrauen wurde mit einigen Maiskörnern belohnt. Als ich mir die nächste Umgebung näher betrachtete, sah ich, daß sie kaum 20 Schritte von mir entfernt ihre Schlafkessel angelegt hatten. Mit abgebissenen Kiefernzweigen und Gras waren sie trocken und warm ausgepolstert. Nachdem sie ihren Leckerbissen, den Mais, aufgefressen hatten, schoben sie sich wieder in ihre Kessel und schliefen weiter, ohne mich zu beachten. Die meisten von ihnen legten sich sogar mit dem Haupt von mir abgewandt nieder, was als großer Vertrauensbeweis gilt. Ich gehörte vermutlich schon zur Rotte. Um ihre Meinung noch zu bestärken, tat ich es ihnen gleich und legte mich auch flach auf die Erde. Diesen Erfolg hatte ich nicht erwartet. Während ich dort lag, dachte ich,

27

was wohl meine Freunde dazu sagen würden, wenn ich mein heutiges Erlebnis berichtete, ohne es belegen zu können. Sie würden es wohl für Jägerlatein halten. Die Filmkamera wurde ausgepackt, aber die Lichtmessung ergab in diesem dichten Bestand Werte, die es normalerweise unmöglich machten, einen Film ausreichend zu belichten. In diesem Fall — die Sauen lagen ja ohne jede Bewegung in ihren Kesseln — drehte ich trotzdem im Zeitraffertempo 30 m Film. Während sonst 24 Bilder pro Sekunde einen natürlichen Bewegungsablauf auf der Leinwand zeigen, drehte ich liegend, die Kamera aufgestützt, um ruhige Aufnahmen zu bekommen, nur mit 8 Bildern pro Sekunde. Der Film wurde somit länger belichtet. Bei bewegten Objekten ist so etwas natürlich nicht möglich, denn bei der Projizierung würden die Bewegungen dreimal schneller ablaufen als normal. Um es kurz zu sagen, es wären Bilder aus der Stummfilmzeit. Hier bei den schlafenden Sauen gelang es einwandfrei.

Am gleichen Abend habe ich den Film noch entwickelt, und stolz wurde er am nächsten Tag vorgeführt. Meine Freunde waren ehrlich, ohne diesen Filmstreifen gesehen zu haben, hätten sie mir dieses Erlebnis nicht abgenommen.

Von jetzt ab war es mir immer möglich, die Rotte an ihren Schlafplätzen aufzusuchen, und später entstanden davon noch viele Meter Film und Fotografien.

Ein Problem war es, die Rotte in ihrem großen Revier zu finden, da Sauen sich fast immer neue Schlafkessel anlegen. Selten werden die gleichen benutzt. Ich habe hierbei auch feststellen können, wie das Schwarzwild je nach Witterung oder Wind bestimmte Schlafplätze auswählt. Nach einigen Wochen wußte ich dann genau, wo sie steckten.

War es warm, so lagen sie in einer Kiefernschonung, die lichte Stellen hatte. Dort sonnten sie sich. Bei Regen waren sie 3 km weiter in einem dichten Fichtenbestand, der sie wie ein Dach vor Nässe schützte. Bei eisigem Ost- oder Nordwind suchten sie immer den Windschatten eines mit Kiefern bewachsenen Hügels. Bei Schnee fand ich sie in einem fast undurchdringlichen Dickicht, welches Kiefernstangen sowie Birken und einen reichlichen Unterwuchs im Bestand hatte. Dort waren sie vor Wind und Schnee geschützt. Ein siebenjähriger Keiler, den ich im Revier hatte und genau kannte, machte eine Ausnahme. Er benutzte monatelang denselben Schlafkessel. Ob dieser Keiler — er war der stärkste in der Umgebung —

nun allein diese Angewohnheit hatte oder es bei stärkeren männlichen Stücken grundsätzlich so ist, kann ich nicht beurteilen. Auf meinen zahlreichen Kontrollgängen war er tagsüber immer dort anzutreffen. Dieser Basse war übrigens der Vater aller Nachkommen meiner Rotte im Jahre 1976. Er mußte mich auch kennen, denn er flüchtete nie. In dichter Deckung folgte er mir, ständig blasend, auf 40 bis 50 Schritte. Während der Rauschzeit war ich sogar Zeuge, wie er nur 20 m entfernt von mir eine Bache beschlug.

Einen ernsthaften Angriff hatte ich von ihm auch zu überstehen. Völlig überraschend für mich war er im Juni 1976 mitten in der Rotte. Blitzschnell startete er mit hochgestellten Federn und offenem Gebrech wutschnaubend einen Angriff auf mich. In den ersten Sekunden stand ich wie gelähmt, an eine Flucht war nicht mehr zu denken. Dann reagierte ich sehr schnell. Laut schreiend rannte ich ihm mit erhobenen Armen einige Schritte entgegen. Sein Schreck war so groß, daß er sich kurz vor mir fast überschlug. Er drehte ab und verschwand im Bestand. Interessant war, daß die Rotte keinen Anteil daran nahm und ruhig weiterfraß.

Die Ursache, daß der Keiler zu dieser nicht üblichen Zeit, also außerhalb der Rauschzeit, sich in der Rotte aufhielt, klärte sich auf, nachdem ich mich von meinem Schrecken einigermaßen erholt hatte. Eine der gescheckten Überläuferbachen war nachrauschig geworden, und nun betrachtete er mich wahrscheinlich als Nebenbuhler. Für den wütenden Angreifer wirkte ich durch die hochgerissenen Arme größer, und er fühlte sich vermutlich nicht stark genug, mich zu besiegen. Er ließ sich in der Rotte nicht wieder blicken. Der Schreck mußte ihm sehr in die Glieder gefahren sein, mir natürlich auch.

Meiner Frau verschwieg ich wohlweislich dieses Erlebnis. Aus verständlichen Gründen traute sie meinen Sauen nicht, da Bekannte von uns sie ständig fragten, ob sie keine Angst um ihren Mann hätte.

Ein riskantes Experiment wagte ich im Juli 1976. Ich wollte feststellen, wie weit das Vertrauen der führenden Bachen zu mir gewachsen war. Mitten in der Rotte nahm ich einen Frischling auf den Arm. Es gefiel ihm absolut nicht, und er strampelte und quiekte sehr. Die anderen Bachen, auch die Mutter, reagierten nicht und griffen mich nicht an.

Dieser Versuch war deshalb nötig, weil ich den Auftrag hatte, einen kleinen Keiler zur Blutauffrischung für ein Gatter zu fangen.

29

Es war also möglich, ohne großes Risiko einen Frischling in dem vorbereiteten Käfig im Auto mitzunehmen. Schweine mögen es im allgemeinen nicht, hochgenommen zu werden. Sie sind es von ihren Müttern nicht gewöhnt, denn sie werden grundsätzlich nicht getragen. Es ist auch nicht nötig, da die Frischlinge bereits einige Stunden nach der Geburt äußerst beweglich sind und notfalls ihren Müttern schon folgen können. Im Gegensatz dazu sind z. B. junge Hunde oder Katzen vom ersten Tag an daran gewöhnt, von ihren Müttern herumgetragen zu werden. Aus diesem Grunde benehmen sie sich in einem solchen Fall völlig anders und lassen sich das Hochnehmen gefallen.

Ein anderer Versuch, einen 18 Monate alten Überläuferkeiler zu fangen, mißlang. Ich wollte ihn durch eine Injektion betäuben. Eine Impfpistole mit Schlauch, an dessen Ende die Nadel befestigt war, wurde vorbereitet, und voller Erwartung fuhren wir hinaus in das Revier. Einige Helfer blieben in gebührender Entfernung, so daß sie uns nicht stören konnten, mit Käfig und Transportmittel zurück. Mein Freund, der Tierarzt Dr. Weber, und ein Kameramann blieben bei mir im Fahrzeug, um notfalls Hilfe leisten zu können und alles im Bilde festzuhalten. Ein hoffnungsvoller Keiler wurde ausgesucht und mit Futter angelockt. In die Nackenmuskulatur führte ich die Nadel ein und spritzte sofort. Er sprang einige Meter zurück und sah mich mißtrauisch an. Gespannt warteten wir auf die Wirkung, jedoch zeigte er nach einer Stunde noch keinerlei Reaktion. Die durch den schmerzhaften Einstich verursachte Fluchtreaktion bewirkte vermutlich, daß ein Teil des Betäubungsmittels danebenlief. An diesem Tage war er mir gegenüber sehr zurückhaltend und ließ sich nicht mehr anfassen. Am nächsten Morgen hatte er alles vergessen und vertraute mir wieder.

Oftmals wurde ich während meiner Vorträge über Schwarzwild belächelt, wenn ich behauptete, daß ich innerhalb der Rotte Sauen wie ein Artgenosse behandelt würde. Das Lächeln der Zuhörer verschwand sehr schnell, wenn sie die Bilddokumente zu sehen bekamen.

Das Putzverhalten ist bei Schwarzwild sehr stark ausgeprägt und nimmt einen großen Teil ihres Tagesablaufes in Anspruch. Die Bachen putzen ihre Frischlinge, die Frischlinge ihre Mütter, die Frischlinge sich untereinander, und auch die Bachen befreien sich gegenseitig von Schmutz und Ungeziefer. Mein Verhältnis zur Rotte war im Jahre 1976 so weit gediehen, daß sich die meisten Bachen, Überläufer und auch die Frischlinge von mir putzen ließen.

Das war natürlich noch kein Beweis, daß diese Wildschweine mich als einen Artgenossen betrachteten. Erst als ich mich innerhalb der putzenden Rotte niederlegte und sofort von einer Bache ebenfalls geputzt wurde, war ich sicher, daß sie mich nun als ihresgleichen ansahen. Diese unglaubliche Reaktion provozierte ich des öfteren, und es gelang mir, auch dieses Verhalten in Filmaufnahmen festzuhalten. Im gesamten Einstandsgebiet der Rotte wurde ich nun akzeptiert. Kein Schwarzkittel warnte oder flüchtete mehr, wenn ich mich im Revier bewegte oder aufhielt. Ich gehörte von jetzt ab auch ohne das Lockmittel Futter zur Rotte.

Revier und Rotte

Schwarzwild stellt an sein Biotop keine besonderen Ansprüche. Voraussetzung ist aber, daß Dickungen und Wasser im Bestand vorhanden sind. Überwiegend nasse oder feuchte Reviere mag es nicht. Belauscht man Besucher in zoologischen Gärten, wo oftmals die Sauenanlagen arg vermodert sind, so hört man sie sagen: »Hier müssen sich aber die Wildschweine wohlfühlen«; doch ist genau das Gegenteil richtig. Schwarzwild hält sich größtenteils in trockenen Dickungen auf. Tümpel, Gräben oder sumpfige Plätze dürfen allerdings nicht fehlen, da es diese für seine Körperpflege benötigt.

Wie groß die Anpassungsfähigkeit des Schwarzwildes ist, zeigt, daß Sauen am Meer genauso vorkommen wie im Gebirge. Allerdings sind bei Vergleichen anatomische Unterschiede, die auf die Umwelt zurückzuführen sind, nicht zu übersehen. Die in Südosteuropa unmittelbar am Schwarzen Meer lebenden Wildschweine stehen höher auf ihren Läufen, ihr Körper ist länger, und die Schwarte ist nur spärlich mit Borsten besetzt. Das Klima verlangt von ihnen keine besondere Anpassung in diesen Breitengraden. Im Gewicht liegen sie deutlich niedriger als der mitteleuropäische Schlag. Ihre Reviere sind dort, z. B. in den Sumpfgebieten des Donau-Deltas, abgegrenzt. Das Biotop verlangt aber vollkommen andere Lebensgewohnheiten von ihnen als von den bei uns beheimateten Sauen. Sie leben auf großen schwimmenden Schilfinseln, sogenannten Plaur. Sie bestehen aus stark verflochtenem Wurzelwerk des Schilfrohres und können mehrere Quadratkilometer groß sein. Je nach den Strömungsverhältnissen bewegen sie sich im Delta. Auf diesen riesigen schwimmenden Inseln finden die Sauen die von ihnen verlangten

Seite 33
Vorbereitung einer Fernsehsendung

An der Ablenkfütterung

Beschickung der Ablenkfütterung mit Mais
und Eicheln anfangs mit einem Pferdefuhrwerk, später mit dem PKW

linke Seite
oben
2jährige Bache beim Schöpfen

unten
Es ist nicht immer leicht, der Mutter
zu folgen

rechte Seite
oben
Malbäume zur Körperpflege

Mitte
Malbäume zur Reviermarkierung

unten
Suhle

linke Seite, links
Die Führungsbache sichert

rechts Kot- und Harnplatz

unten
Die Rotte wartet auf das Signal
der Führungsbache

rechte Seite
oben und rechts
Beim Aufnehmen von Gräsern

Mitte links und unten
Forstschädlinge werden gern aufgenommen

folgende Seite Unterm Mastbaum

trockenen Plätze, auf denen sie ihre Frischlinge zur Welt bringen. Dadurch, daß die Luft- und Wassertemperaturen dort im Frühjahr schon Werte von +20 bis 25 Grad C erreichen können, verlassen die führenden Bachen bereits nach einigen Tagen ihre Wurfkessel und ziehen mit ihrem Nachwuchs schwimmend von Insel zu Insel, um Fraß zu suchen. Es ist eindrucksvoll zu sehen, wie diese kleinen, niedlichen Kerle, nur mit dem Haupt aus dem Wasser herausragend, ihren Müttern folgen. Weite Strecken, es können täglich einige Kilometer sein, legen sie dabei zurück.

Sauen, die im Gebirge bis zur Laubholzgrenze und höher leben, sind ungleich kürzer und gedrungener in ihrem äußeren Erscheinungsbild. Sie sind robuster und weitaus stärker im Wildbret. Von der Färbung ihres dichten Borstenkleides her machen sie ihrem Namen »Schwarzwild« alle Ehre. Es soll die dunkelste Farbvariante der Wildschweine sein. Hitze, Trockenheit, Kälte oder Nässe machen ihnen wenig aus, sofern sie ausreichende Lebensbedingungen in ihrem Biotop vorfinden. Beim Fraß stellen sie sich auf das ein, was das jeweilige Biotop zu bieten hat. Kaum eine andere Wildart ist in der Lage, sich dort den örtlichen Gegebenheiten so anzupassen wie das Schwarzwild.

Die verbreitete Meinung, daß das Schwarzwild unstet durch die Reviere zieht, heute hier und morgen dort ist, kann ich nach meinen Erfahrungen nicht bestätigen. Im Gegenteil, läßt man es in Ruhe und bietet das Revier genügend Fraß, dann ist es sehr reviertreu. Über Jahre behält es seinen Einstand, wobei drei bis vier Drückjagden pro Jahr, in maßvollen Abständen durchgeführt, absolut nicht übelgenommen werden. Je belebter das Revier ist, desto unruhiger gestaltet sich das Benehmen der Sauen. Unter solchen Umständen wird z. B. die Suhle morgens sehr früh aufgesucht, in ungestörten Revieren dagegen ziehen sie sogar mittags dort ein. Die verbreitete Ansicht, daß bei Drückjagden weit auseinandergesprengte Rotten manchmal Tage oder Wochen benötigen, um sich wieder zusammenzufinden, daß sie eventuell vorübergehend sogar andere Reviere annehmen, habe ich nicht beobachten können. Vielfach war es so, daß sie sich während des Treibens bereits wieder in ihre Standdickungen einschoben.

Schwarzwild verhält sich in Dickungen, in denen es sich sicher fühlt, nicht gerade leise. Es kann sich aber selbst bei Jagden völlig geräuschlos bewegen. Unhörbar, oftmals schleichend, wird es flüchtig. Es ist überhaupt erstaunlich, wie geräuschlos sich eine größere Rotte im dichtesten Bestand bewegen kann.

Vielfach, wenn ich meine Sauen in ihrem Tageseinstand aufsuchte und sie rief, standen plötzlich, ohne daß ich etwas bemerkt hatte, 40 bis 50 Stück um mich herum. Es war wie ein Wunder, obwohl ich sehr genau auf das leiseste Rascheln oder Knacken eines Zweiges achtete.

Dickungen sind für Schwarzwild eine Lebensnotwendigkeit. Ohne diese kann es im wahrsten Sinne des Wortes nicht bestehen. Ein ganzes Netz von Wechseln ist von den Sauen dort angelegt, denn sie wissen sehr genau, daß sie sich da sicher fühlen können. Aus diesem Grunde lockern sich die Rotten in solchen Beständen auf, und die Sauen ziehen auch einzeln darin herum. Völlig anders ist ihr Verhalten, wenn sie die Deckung verlassen. Ältere, lichte Waldbestände werden dicht aufgeschlossen auf dem kürzesten Wege in schneller Flucht durchquert. Dort verläuft meistens nur ein gerader Wechsel, der direkt zur nächsten Dickung führt. Wie ich mehrfach beobachten konnte, treffen sich an den Mastbäumen oftmals verschiedene Rotten, wobei jede ihren eigenen Wechsel benutzt. Aus allen Richtungen führen sie auf diese Bäume zu, und es kommt dort häufig zu harten Auseinandersetzungen. Die revieransässige Rotte konnte immer die fremden Stücke abschlagen und war die stärkere. Hochinteressant erscheinen mir die Schilderungen von Boback in »Das Schwarzwild« (1957) über die Wanderungen des Schwarzwildes in Frankreich. Er schreibt: »In Frankreich begannen die Wanderungen mit dem Auftauchen einzelner Aufklärer, denen bald Sauen aller Altersstufen folgten. Duflot berichtete, daß die Sauen unverständliche Umwege in waldfreiem Gelände machen, ehe sie nach ihrem Austritt aus einem Gehölz in ein anderes wechseln. Aus alten Geländekarten ergibt sich, daß die Tiere Stellen längst abgeholzter Wälder aufsuchen. Man kann wohl annehmen, daß es sich um Jahrhunderte alte Wechsel des Schwarzwildes handelt, die trotz der Abholzung vom Schwarzwild auf seinen Wanderungen eingehalten werden. Wir kennen dies auch von anderen Wildarten. Wie wir hier im großen bestimmte Straßen annehmen können, die immer wieder benutzt werden, obwohl sie das einzelne Tier niemals kennengelernt hat, so hat das Schwarzwild in seinem Territorium seine bestimmten Straßen, die man Wechsel nennt«.

Zu gleichen Erkenntnissen kam auch ich während meiner Untersuchungen, so daß ich diese Meinung bestätigen kann. Zwischen zwei größeren Schwarzwildrevieren, welche durch eine ca. 4 km breite Feldflur völlig getrennt voneinander waren und zusätzlich noch durch einen Fluß abgegrenzt wurden, zog sich ein Wechsel, der nach Befragen von älteren Weidgenossen schon »ewig« bestanden haben soll. Auch ihre Väter, Großväter und Urgroßväter, so berichteten sie, kannten diesen Wechsel schon. Im März bis April saß ich oft dort in der Nähe an, um die Kranichbalz zu beobachten und zu filmen, wobei ich feststellen konnte, daß eine größere Rotte Sauen im 2-Tage-Rhythmus diesen als Ein- und Auswechsel benutzte. Ihre Einstandsgebiete waren also beide Reviere. Alte Karten wiesen auch hier nach, daß es früher zusammenhängende Waldgebiete waren. Für den Bau von Autostraßen z. B. ist die Kenntnis von solchen alten, festen Wechseln von großer Bedeutung. Es müßte berücksichtigt werden, daß solche Wechsel durch Überführungen erhalten bleiben. Viele schwere Unfälle und Kosten für kilometerlange Windschutzzäune könnten vermieden werden.

Auch in der Frage der Reviertreue und des Einhaltens der Wechsel kann ich Boback zustimmen. Er sagt: »Es ist vielfach behauptet worden, daß das Schwarzwild keine Wechsel halte, da es zu unstet sei. Dies trifft aber durchaus nicht zu. Es hält ganz ausgezeichnet seine Wechsel inne, jedoch weiß der Jäger nicht im voraus, welchen der mehreren Wechsel das Tier annehmen wird. Bei der Auswahl der Wechsel meidet das Schwarzwild, soweit irgend möglich, das Freie. Diese Wildschweinwechsel ähneln darin denen des Fuchses, und Kiesling gibt an, daß in Revieren, in denen kein Rot- und Damwild vorkommt, die besten Fuchswechsel auch die besten Schwarzwildwechsel sind, während dieser Umstand in Rotwildrevieren nicht so auffällt. Von anderen Schalenwildwechseln unterscheiden sich die Schwarzwildwechsel nicht viel. Sie sind jedoch tiefer und breiter ausgetreten als beim Rotwild, zumal die Sauen, wenn sie langsam ziehen, den Wechsel oft zu zweit nebeneinander halten. In der Wahl der Wechsel hält das Schwarzwild oft einen gewissen Turnus ein. Auch bei den Sauen finden wir Hauptwechsel, d. h. solche, die bevorzugt werden. Des weiteren gibt es Nebenwechsel, die seltener angenommen werden, dann aber oft zwei bis drei Tage hintereinander«.

In älterer Literatur ist oft zu lesen, daß das Schwarzwild sich »zusammenrottet«, womit ausgedrückt werden soll, daß sich Sauen

43

wahllos zu einer Gemeinschaft zusammenfinden und eine Rotte bilden. Diese auch heute noch bei vielen Jägern verbreitete Ansicht ist völlig falsch und bedarf einer generellen Klarstellung. *Alle angetroffenen Rotten Sauen sind Familienverbände!*

In all den Jahren meiner Beobachtungen ist es nie vorgekommen, daß ein fremdes Stück Mitglied dieser Rotte werden durfte. Genau wie an den Mastbäumen, halten sich Rotten in den großen Getreideschlägen getrennt auf und vermischen sich nie. Ich selbst hatte Gelegenheit, aus nächster Nähe zuzusehen, daß sich sogar die Frischlinge unterschiedlicher Rotten hart bekämpften. Da diese Feldflächen nicht zum Revier bestimmter Gruppen Sauen zählen, sind die Bedingungen für alle gleich, und es kommt dort nicht, wie z. B. an den Mastbäumen, zu Revierkämpfen. Der stärkere Familienverband behauptet sich, was nicht bedeutet, daß die unterlegene Rotte diese Fläche verlassen muß. Eine Distanz von ungefähr 50 Schritten ist schon ausreichend, um sich nicht gegenseitig zu behelligen. Das Wort »Familienverband« bedarf noch einer näheren Erklärung: Da eine Zusammenrottung von fremden Stücken nach meinen Beobachtungen nicht vorkommt, muß man davon ausgehen, daß die Mitglieder einer Rotte Sauen *grundsätzlich miteinander verwandt sind*. Der Aufbau einer Rotte kann von einer einzelnen Bache oder einem ganzen Wurf weiblicher Stücke ausgehen. Das gesamte männliche Schwarzwild scheidet für die Rottenbildung aus, da es ausgestoßen wird und als Einzelgänger weiterlebt. Dadurch wird vermieden, daß diese robuste Wildart durch Inzucht oder Inzestzucht degeneriert. Das ist auch der Grund, weshalb die ausgestoßenen Überläuferkeiler nicht nur den Familienverband, sondern auch das Revier, in dem sie geboren sind, für immer verlassen müssen.

Ich habe acht Jahre lang in allen Details verfolgen können, wie sich eine Rotte bildet, entwickelt und auch teilt. Nach sechsmaliger Teilung der ursprünglichen Rotte kann ich sagen, daß die Rangordnung, die Rottenstärke und das Nahrungsangebot dafür von Bedeutung sind.

Die Ausgangstiere waren im Jahre 1973 zwei zweijährige Bachen, die aus einem Wurf stammten, also Geschwister waren. Im März 1974 brachten sie zwölf Frischlinge zur Welt. Alle weiblichen Stücke blieben zusammen, so daß ein Jahr später, nach Abzug der erlegten und verendeten Frischlinge, der Bestand auf acht Bachen angewachsen war. Die männlichen Frischlinge waren alle erlegt worden.

Von diesen Bachen frischten im März 1975 sechs Stücke 21 Nachkommen. Das Geschlechterverhältnis war 9 Stück männlich und 12 Stück weiblich. 13 Frischlinge war der Abgang, so daß sich der Bestand nun aus 3 männlichen Frischlingen und 13 Bachen zusammensetzte.

Im August des gleichen Jahres hatte eine der Überläuferbachen eine Verletzung und wurde von der Rotte ausgestoßen. Eine gleichaltrige Bache folgte ihr, ohne daß dafür ein Grund erkennbar war. Ich glaube, daß bestimmte, bisher unbekannte Bindungen hierbei eine große Rolle spielen. Diese beiden Bachen hielten sich immer zusammen. Verletzung oder Krankheit eines Stückes ist also mit Sicherheit eine der Möglichkeiten, wodurch sich eine Rotte teilen kann. Die abgeschlagenen Bachen bildeten nun eine neue Rotte. Dieses Verhalten wird manchem sehr hart und unsozial erscheinen, doch hat auch hier die Natur dem Schwarzwild einen Instinkt gegeben, der z. B. eine Ansteckung durch Krankheiten verhindern kann. Ähnliche Beobachtungen lassen sich übrigens bei anderen sozial lebenden Tierarten auch machen.

Im Januar 1976 war die Rottenstärke 11 weibliche Stücke und 3 männliche Frischlinge. 9 Bachen davon waren hochbeschlagen, wovon später eine der Frischlingsbachen während des Geburtsvorganges verendete. Es verblieben somit 8 Bachen, die im März zusammen 55 Frischlinge zur Welt brachten.

Die andere Rotte, die sich aus den zwei ausgestoßenen Bachen gebildet hatte, frischte zur gleichen Zeit 13 Nachkommen. Zum Jahresschluß war dieser Familienverband jedoch durch natürliche Abgänge und Abschüsse auf 3 Stücke dezimiert.

Meine große Rotte hatte nun im Frühjahr 1976 eine beängstigende Stärke erreicht, und ich wagte nicht, daran zu denken, welchen Schaden sie anrichten könnte, wenn sie auf die umliegenden Felder heraustreten würde. Meine Bedenken waren unbegründet. Nachweisbar verursachte diese Rotte keine Schäden, was mit Sicherheit auf die Ablenkfütterung und die große Trockenheit des Jahres 1976 zurückzuführen war.

Alle Weidgenossen der dafür in Frage kommenden Jagdgebiete waren verständigt worden, mich sofort zu informieren, wenn diese durch die 3 gescheckten Bachen deutlich erkennbare Rotte außerhalb ihres Einstandsgebietes gesichtet würde. Bis zum September des gleichen Jahres hatte sie niemand zu Gesicht bekommen, dann aber nahm sie einen Luzerneschlag an, der am Rande ihres Tages-einstandes angesät worden war. Zwei Tage hintereinander wurde nun ein Frischling aus dieser Rotte herausgeschossen, was zur Folge hatte, daß die erfahrene Führungsbache es ängstlich vermied, ihre Rotte aus dem sicheren Waldgebiet herauszuführen; sie wurde dann nicht mehr gesehen. Im gleichen Monat blieben plötzlich, ohne je-den erkennbaren Grund, zwei ältere Bachen trotz des guten Fraßes an der Ablenkfütterung aus. Es waren eine vierjährige, die Rang-zweite der Rotte, und eine zweijährige Bache, die innerhalb ihrer Gruppe an letzter Stelle der Rangfolge lag. Das geschah, wie bereits gesagt, ohne Kampf. Vielleicht vermute ich trotz aller Spekulation richtig, daß dieses zweitrangige Stück eine Spitzenposition einneh-men wollte, die es in dieser Gruppe vermutlich nicht erreichen konnte. Meine Meinung wird dadurch bestärkt, daß das andere Stück — es war das schwächste der Gruppe der Zweijährigen — von seinen in der Körpermasse deutlich überlegenen Geschwistern stän-dig vom Fraß abgeschlagen wurde. Es hatte nun in der neuen Rotte den zweiten Rang eingenommen. Wenn wir davon ausgehen, daß das Alter vor der Körpermasse dominiert, so wird auch diese Posi-tion in der neu gebildeten Gemeinschaft nicht gefährdet sein. Die Rotte hatte sich also zum zweiten Male geteilt. Sie war auf dem be-sten Wege, sich selbst auf eine normale Stärke zu reduzieren. Der Bestand war nun im September 1976 folgender: Vier weibliche Überläufer, drei zweijährige und eine vierjährige Bache, die noch zusammen 32 Frischlinge führten. Klammern wir die männlichen Frischlinge aus, sie werden ja später ausgestoßen, und kalkulieren noch den natürlichen Abgang sowie den Abschuß einiger Stücke ein, dann war damit zu rechnen, daß die Rotte ihren ursprünglichen Ausgangsbestand zu Beginn des neuen Jagdjahres nicht übersteigen würde. Als Erkenntnis kann man aus diesem Beispiel schließen, daß sich eine Rotte Sauen grundsätzlich nicht ständig vergrößert, son-dern sich teilt, wenn sie eine bestimmte Stärke erreicht hat. Nach meinen Erfahrungen kann die Zahl zwischen 2 und maximal 30 Stück variieren. Zusammenfassend können folgende Gründe für eine Teilung einer Rotte Sauen angenommen werden:

1.   zu große Rottenstärke,
2.   eine ungünstige Position in der Rangfolge,
3.   Nahrungsmangel im Revier,
4.   Verletzung oder Krankheit eines Stückes.

Die verbreitete Meinung, daß die schwächsten Stücke einer Rotte ausgestoßen werden, kann ich dagegen nicht bestätigen.

Um eine vertretbare Schwarzwilddichte innerhalb eines Reviers festzulegen, sind viele Faktoren zu berücksichtigen. Der Bestand kann in einem Gebiet zu hoch, in einem anderen Revier zu niedrig sein. Er muß, je nach dem Nahrungsangebot des Biotops, der Ruhe im Revier und der angrenzenden Feldflur, sehr variabel eingeschätzt werden. Die verursachten Wildschäden werden bald darüber Auskunft geben, wo eine Überhege für ein bestimmtes Gebiet vorhanden ist. Die von mir beobachtete Rotte beanspruchte für ihr Einstandsgebiet eine Waldfläche von ca. 2500 ha, welche mit älteren Kiefernbeständen, Dickungen, kleineren Fichtenanpflanzungen, Stangengehölzen mit reichem Unterwuchs sowie ausreichenden Eichen-Mastbäumen besetzt war. Eingefaßt war dieses Gebiet von landwirtschaftlichen Nutzflächen. Daß hier kaum nennenswerte Wildschäden zu beklagen waren, zeugt davon, daß das Gebiet diesen Schwarzwildbestand tragen konnte. Wie eine Rotte Sauen sich in ihrem Einstandsgebiet verhält, wie sie den Tag verbringt, welche Aktivität sie entwickelt usw. hatte ich ausreichend Gelegenheit zu beobachten, da ich die Tiere begleiten konnte. Werden sie in ihrem Revier wenig gestört, so wird sich die Aktivität der Sauen immer mehr in den Tag hinein verlagern. Sie waren früher, wie ich es bereits andeutete, tagaktive Tiere. Den Beweis dafür hat das Verhalten der von mir betreuten Rotte eindeutig erbracht. Diese Tagaktivität bringt in vielfacher Weise Vorteile für die Bewirtschaftung wie auch für die Wildschadenverhütung. Rotten, die am Tage in ihren Einstandsgebieten auf Nahrungssuche gehen können, werden, da sie bestimmte Ruhepausen in ihrer Aktivitätsperiodik haben, weit weniger Schäden verursachen als scheue, rein nachtaktive Sauen. Außerdem sind sie, wenn sie noch im Hellen aus ihren Dickungen heraustreten, leichter anzusprechen und auch zu erlegen.

Die Aktivitätsperiodik des europäischen Wildschweines wurde in einer Arbeit von Dr. Briedermann, Institut für Forstwissenschaften Eberswalde, Abt. Wildforschung, 1971 eingehend dargestellt. Auch seine Untersuchungen brachten im Prinzip das gleiche Resultat. Er stellte fest, daß nach Ausschluß des Feindfaktors Mensch (andere Feinde haben die Wildschweine in Mitteleuropa nicht mehr) das Schwarzwild im Gatter leicht zur Tagaktivität zurückkehrt. Auch geben diese Untersuchungen Auskunft darüber, daß der

Aktivitätsverlauf einem ziemlich genauen Rhythmus zwischen Ruhe- und Bewegungsphasen unterworfen ist. Eine Abhängigkeit von der Jahreszeit war feststellbar. Meine Beobachtungen decken sich weitgehend mit den Ergebnissen dieser hochinteressanten Forschungsarbeit.

Ein weiterer wichtiger Grund dafür, daß das Schwarzwild seinen Aktivitätsrhythmus von heute auf morgen ändern kann, ist ein plötzlicher Witterungsumschlag. Gerade während der Trockenperiode im Sommer 1976 lieferte diese Rotte mir mehrfach Beweise dafür. Nach einem Gewitterguß in der Nacht war sie plötzlich dunkelaktiv und verlegte ihre Ruhephase auf die Zeit, in der sie üblicherweise an der Ablenkfütterung erschien. Ich traf sie dann grundsätzlich in ihrem Schlafkessel an. Da meine Sauen an diesen Tagen verhältnismäßig wenig Appetit zeigten, mußten sie in der Nacht reichlich Fraß aufgenommen haben. Nach Abfährten des Revieres stellte ich fest, daß sie sich in solchen Nächten fast ausschließlich von Regenwürmern und Kerbtieren ernährt hatten, was ich später auch selbst beobachten konnte. Angrenzende Wiesen oder mit Grasnarbe bewachsene Waldwege wurden umgebrochen, um im frischen Erdreich nach diesen Leckerbissen zu suchen. Geschickt fingen sie die von der Feuchtigkeit angelockten Würmer, wenn diese ihre unterirdischen Gänge verlassen hatten. Sauen haben offensichtlich die Erfahrung gemacht, daß Dunkelheit und Feuchtigkeit Regenwürmer an die Erdoberfläche locken und die Jagd darauf dann besonders erfolgreich ist. Eine Verlagerung ihrer Aktivität trat auch ein, als im Oktober ganze Scharen von Pilzsuchern das Revier durchstreiften. Darauf reagierte die Rotte sehr empfindlich und wurde sofort dämmerungsaktiv.

Aber nicht nur ihre Bewegungsaktivität steht mit der Witterung oder der Jahreszeit in einem engen Verhältnis, sondern auch die Phase der Ruhe. Ständig wechseln sie ihre Standdickungen, je nach dem Wetter legen sie die Schlafkessel immer in solchen Beständen an, wo es am zweckmäßigsten ist.

Bei trockenem, warmem Wetter bauen sie diese in lichtere Dickungen, wobei das Wort »bauen« übertrieben ist. Meistens schieben sie sich einfach in den lockeren Sand ein, ohne irgendwelche Unterlagen zu benutzen. War es jedoch sehr heiß, dann suchten sie luftige, schattige Bestände auf. Meine Sauen bevorzugten Adlerfarne als Unterwuchs, woraus sie in wenigen Minuten ihre Schlafkessel anlegten. Oftmals begleitete ich sie während der heißen Tage im Jahre 1976 dorthin, um ihr Verhalten zu beobachten. Diese Unterlage erfüllte einen ausgezeichneten Zweck. Da Sand sich im Laufe des Tages von der Sonne aufheizt und die Wärme sehr langsam wieder abgibt, benutzten die Sauen die Farne als Isolator; außerdem entwickelte sich durch die mit Feuchtigkeit angereicherten Pflanzen wahrscheinlich eine gewisse Verdunstungskälte. Die Wirkung wurde noch erhöht, wenn die Sauen vorher naß und schlammig aus der Suhle kamen. Es war eine willkommene Kühlung für sie.

Bei Regenwetter brauchte ich meistens nicht lange zu suchen, um die Rotte zu finden. An solchen Tagen steckten die Schweine mit Sicherheit in einem dichten Fichtenbestand, an deren Stämmen sie, eng angeschmiegt, ihre mit trockenen Gräsern ausgepolsterten Kessel angelegt hatten. Dort waren sie weitgehend vor Nässe geschützt.

Interessant war die Beobachtung, wie sich das Verhalten der Bachen gegenüber anderen Frischlingen der Rotte sowie auch der Frischlinge untereinander an den Schlafkesseln veränderte. Lagen die Frischlinge von mehreren Bachen an der Fütterung fast immer eng aneinander, wie sich auch die Bachen beim Ruhen dort sehr nah duldeten, so legten sie ihre Schlafkessel grundsätzlich mit einer gewissen Distanz voneinander an. Dort durfte kein anderer Frischling es wagen, sich mit einzuschieben. Auch die Bachen respektierten gegenseitig einen Abstand. Nur ich war anfangs aus Unkenntnis so respektlos, diese Regeln zu mißachten, und wurde prompt angegriffen und in eine gebührende Entfernung verwiesen. Die Bachen verfolgten mich ca. 4 bis 5 m, kehrten dann um, und ich wurde nicht mehr beachtet. Diesen Zwischenraum verlangten sie voneinander und natürlich auch von mir. Ich richtete mich für die Zukunft danach und hatte an diesen Plätzen dann keinerlei Schwierigkeiten mehr.

Schwarzwild zeigt sich überhaupt beim Anlegen der Schlafkessel sehr variabel und anpassungsfähig. Bei eisigem Nordwind z. B. bauten die Schweine diese immer am Südhang eines Hügels, so daß sie im Windschatten lagen. Hier benutzten sie Kiefernzweige als Unterlage; ein anderes Mal waren es Birkenreiser. Auch Laub wurde mit den Vorderläufen zusammengescharrt. Wir sehen aus diesen Schilderungen, daß Sauen hierbei nicht wählerisch sind, aber doch immer auf Zweckmäßigkeit achten.

Nicht bekannt war bisher, daß das Schwarzwild für seine Bedürfnisse im Revier bestimmte Kot- und Harnplätze, also regelrechte »Toiletten« benutzt. Diese Plätze haben eine sehr wichtige Funktion. Sie markieren das Revier. Fremde Rotten, die darauf stoßen, akzeptieren diese Grenze. In all den Jahren meiner Beobachtungen habe ich nie andere Sauen, natürlich außer den Keilern zur Rauschzeit, im näheren Einstandsgebiet festgestellt. Fremde Stücke oder Rotten wechselten auf schnellstem und kürzestem Wege durch das Revier, um z. B. zu bestimmten Feldflächen zu gelangen. Erst im Sommer 1976 fiel mir auf, daß ich nie beobachtet hatte, daß ein Stück an der Ablenkfütterung kotete oder harnte. Meine Wißbegier war nun geweckt. Bei über 60 Sauen mußte doch nach einigen Stunden ein Bedürfnis vorliegen! Aber es tat sich dort nichts. Bisher hatte ich nicht darauf geachtet, wenn von der Futterstelle eine Bache oder ein Frischling in der angrenzenden Dickung verschwand. Nun ging ich mit und stellte dabei fest, daß sie in der Dickung ihr »Geschäft« erledigten, wobei immer die gleiche Stelle benutzt wurde. Jetzt beobachtete ich ständig auf unseren kilometerweiten Wanderungen dieses Verhalten der Sauen sehr genau und kam dabei zu folgender Erkenntnis: Die Kot- und Harnstellen waren ziemlich regelmäßig im Einstandsgebiet angelegt. Wechselten die Tiere über solch eine Stelle, koteten und harnten sie sofort. Mein Interesse wuchs noch mehr, da ich wußte, daß dieses Verhalten bisher unbekannt war. Ich führte nun die Rotte. Ging ich mit ihr an diesen Stellen 40 bis 50 m entfernt vorbei — ich kannte diese Plätze nun schon sehr genau —, so passierte nichts. Führte ich sie jedoch darüber, so hockten sich alle 60 Sauen hin und erledigten ihr »Geschäft«. Solche Stellen lösen mit Sicherheit einen Reiz aus, wie wir es z. B. auch von Hunden oder anderen Tieren kennen, die ihr Revier damit markieren wollen. Dieser Versuch wurde 15mal wiederholt, immer mit dem gleichen Resultat. Selbstverständlich wurden davon auch Belegaufnahmen gemacht, um dieses Verhalten zu beweisen. Die Frischlinge erlernen es von ihren Müttern und benutzen auch sofort nach dem ersten Ausführen diese »Toiletten«. Die Suhlen sind für das Schwarzwild in mehrfacher Hinsicht wichtig. Da über deren Bedeutung in Fachkreisen unterschiedliche Meinungen bestanden, habe ich mich damit besonders gewissenhaft beschäftigt. Snethlage schreibt in »Das Schwarzwild« (1934) dazu: »Nicht alle Suhlen werden das ganze Jahr regelmäßig angenommen. Das richtet sich ganz nach dem Feuchtigkeitsgehalt und dem Wasserstand. Sobald das blanke Wasser darin steht, schätzen es die Sauen nicht, ebenso wenn sie zu trocken werden. Die Suhle muß am liebsten in gut schlammigem Zustand sein, so daß der Schlamm auf der Schwarte kleben bleibt. Dies ist augenscheinlich der Zweck der Übung. Die Läuse und Holzböcke, mit denen das Schwarzwild reichlich gesegnet ist, werden beim Eintrocknen der Kruste gewissermaßen eingekapselt und festgebacken. Die Kühlung allein scheint mir nicht das Ausschlaggebende zu sein, denn man findet angenommene Suhlen von März ab, bis sie wieder zufrieren«.

Nicht in allen Punkten kann ich diesem ausgezeichneten Schwarzwildkenner zustimmen. So halte ich die Feststellung, daß das Schwarzwild reichlich mit Läusen und Holzböcken gesegnet sei, für recht übertrieben. Außer ab und zu einem Holzbock sind von mir keine anderen Parasiten festgestellt worden. Die Sauen haben es meiner Ansicht nach nicht nötig, Ungeziefer durch eine schlammige Schicht abzutöten, da, wie ich Hunderte Male beobachten konnte, sie sich in gegenseitiger sozialer Körperpflege davon befreien.

Vielmehr kann diese Schutzschicht die Funktion haben, lästige Fliegen und Stechinsekten von der Schwarte abzuhalten, denn Wildschweine haben es sehr schwer, diese Plagegeister mit ihrem verhältnismäßig unbeweglichen Hals, ihrem kurzen Pürzel oder den Läufen von ihrem Körper abzuwehren. Daß Suhlen in der warmen Jahreszeit häufiger angenommen werden, ist unbestritten; so darf man aber annehmen, daß die schlammig-feuchte Schwarte für die Wärmeregulierung eine große Rolle spielt. Auch hier entwickelt sich eine Verdunstungskälte, wie das schon am Schlafkessel festgestellt wurde. Noch wichtiger scheint mir der Zusammenhang der Suhlen mit den Malbäumen zu sein. Boback kommt in seinem Buch »Das Schwarzwild« meiner Ansicht nach einer richtigen Deutung am nächsten. Er schreibt: »Der Grund für das Malen hat naturgemäß die Gemüter bewegt. Eine endgültige Antwort ist auf die Frage noch nicht möglich. Man kann vermuten, daß der Harzfluß bzw. der aromatische Geruch die Tiere anzieht. Möglicherweise dient dieses Beschmieren auch der Ungezieferbekämpfung. Eine Panzerung mit Harz ist kaum anzunehmen, da dazu wohl die Harzmengen nicht ausreichen. Vielleicht handelt es sich bei dem Malen um eine gewisse Markierung die dem Zusammenhalt der Rotte dient, denn versprengte Rotten finden sich sehr schnell wieder zusammen. Künstliche Malbäume, die mit Holzteer bestrichen sind, nimmt das Schwarzwild auch an. Beobachtungen zeigen, daß es sich selbst auf zur Wildschadensverhütung ausgelegten Abwehrmitteln wälzt. Es handelt sich dabei um starke Geruchsstoffe, so daß die Annahme durchaus berechtigt erscheint, daß dieses Malen dem besseren Sichfinden dient«. Diesen Vermutungen kann ich nur zustimmen, da ich sie eindeutig bestätigt gefunden habe. Mehr noch, die Malbäume dienen gleich den Kot- und Harnplätzen der Reviermarkierung und werden von fremden Stücken nicht angenommen.

Wie viele andere Tiere, zeigen auch die Wildschweine ihre Stimmungslage durch ihre Mimik an, die man nach langjähriger Beobachtung auch deuten kann. So kann ich hier zusätzlich feststellen, daß das Scheuern an den Malbäumen mit dem Ausdruck des Wohlbehagens verbunden ist, denn ich hatte oft Gelegenheit, es mit anzusehen. Sauen benutzen für bestimmte Körperteile oft auch verschieden gewachsene Malbäume: einen geraden Stamm für die Weichen, einen schrägen für den Bauch oder das Gebrech und einen liegenden für das Hinterteil. Schon in der zweiten Lebenswoche beginnen die Frischlinge mit dem Malen, sie scheinen es ihren Müttern abzusehen.

Nahrung

Wildschweine werden als Allesfresser bezeichnet. Es ist aber nicht so, daß sie alles in sich hineinfressen, was sie vor ihr Gebrech bekommen, womit ausgedrückt werden soll, daß es viele Dinge gibt, die sie nicht anrühren. Je nach der Jahreszeit unterscheiden sie sehr genau, was ihrem Gaumen am besten zuträglich ist. Die Landwirte bekommen das genügend zu spüren. In gewisser Weise, so habe ich festgestellt, sind sie Feinschmecker. Daß das Schwarzwild aber auch für die Schädlingsvernichtung eine nicht unbedeutende Rolle spielt, ist unbestritten. Umfangreiche Untersuchungen und Analysen des Mageninhaltes von erlegten Sauen in verschiedenen Teilen Europas haben verständlicherweise auf Grund der unterschiedlichen Biotope auch zu unterschiedlichen Ergebnissen geführt. So sind die Arbeiten von Lebedewa besonders interessant, weil sie sich mit einem ursprünglichen Waldgebiet, dem sowjetischen Teil des Urwaldes von Bialowesh, befassen. Janda untersuchte 24 Mägen von im Mittelgebirgsgebiet von Stiavnica (ČSSR) erlegten Sauen. Für uns jedoch sind die Arbeiten des Institutes für Forstwissenschaften Eberswalde, das bis 1967 die Mageninhalte von 216 Sauen aus verschiedenen Bezirken der DDR analysiert hat, von besonderer Bedeutung. In seiner Arbeit, die Briedermann in kleinen Beiträgen in »Wildforschung und Jagdwirtschaft« 1967 veröffentlichte, werden die Ergebnisse aus drei verschiedenartigen Landschaften untersucht und gegenübergestellt. Briedermann schließt sich darin der Einteilung der Nahrungskomponenten von Lebedewa in folgenden Gruppen an:
1. unterirdische pflanzliche Nahrung, wie Wurzeln, Knollen, Zwiebeln usw.,
2. grüne Pflanzenteile,

3. Früchte, Beeren, darunter auch die verschiedenen Getreidearten und Hülsenfrüchte,
4. animalische Nahrung.

Im Urwald von Bialowesh stellte Lebedewa fest, daß die unterirdische pflanzliche Nahrung bei dem dort lebenden Schwarzwild mit 56% im Jahresdurchschnitt überwiegt, dann folgen die grünen Pflanzenteile mit 24%. Die Früchte und Beeren (überwiegend Eicheln) erreichten durchschnittlich 7,6%. Der Anteil der animalischen Nahrung wird mit 12,4% angegeben.

Die Ergebnisse von Janda, der von 1953 bis 1956 die Mägen erlegter Sauen aus dem Mittelgebirge von Stiavnica (ČSSR) untersuchte, sehen folgendermaßen aus:
1. 45,1% Kräuter einschließlich Gräser,
2. Laub- und Nadelholzarten, darunter auch die Mast, 26,4%,
3. Getreide- und Hackfrüchte 14,3%,
4. der animalische Anteil der Nahrung belief sich auf 13,2%.

Zu anderen Resultaten führten jedoch die Untersuchungen von Briedermann. Er schreibt: »Unsere bisherigen Untersuchungen ergeben gegenüber den zitierten Arbeiten ein anderes Bild, und zwar um so mehr, je stärker das Gebiet unter dem Einfluß intensiver Land- und Forstwirtschaft steht. Die unterirdische pflanzliche Nahrung beträgt im Jahresdurchschnitt lediglich 21%. Der größte Prozentsatz wird mit 39% im März bis April aufgenommen. Zu dieser Zeit ist auch bei Lebedewa der Anteil dieser Komponenten sehr groß, wird bei ihnen im Winter jedoch noch übertroffen.

Die grünen Pflanzenteile beliefen sich bei uns nur auf etwa 4%, jedoch mit einem Gipfel (16,5%) etwa zur gleichen Jahreszeit wie in Bialowesh. Von überragender Bedeutung sind mit 71% die Früchte und Beeren, welche bei uns durch Bucheln, Eicheln, Getreide und Hülsenfrüchte dargestellt werden. In Bialowesh betrug dieser Anteil nur etwa $\frac{1}{10}$ (7,6%), das Maximum liegt aber etwa zur gleichen Jahreszeit. Diese Komponente hatte bei uns zu allen Jahreszeiten überragende Bedeutung.

Der Anteil der animalischen Nahrung ist mit etwa 4% gering und während des ganzen Jahres verhältnismäßig konstant. Mit Ausnahme der Periode Mai bis Juni ist die animalische Nahrung und der Anteil grüner Pflanzenteile praktisch kaum von Bedeutung. Im Jahresdurchschnitt bestreiten die beiden anderen Komponenten 92% der gesamten Nahrungsmenge«.

In allen Gebieten, so wurde weiter festgestellt, war der Anteil der unterirdischen pflanzlichen Nahrung fast ausschließlich durch die Kartoffel vertreten. Daß diese Feldfrucht überraschenderweise zu fast allen Jahreszeiten, mit einem Gipfel von 34% im März bis April, in den Mägen zu finden war, führt Briedermann auf die Großflächenbewirtschaftung und die damit verbundene Technisierung der Kartoffelernte zurück. Es verbleibt gewöhnlich ein hoher Anteil der Knollen im Boden. Er schreibt weiter: »Wirtschaftlich ist die Aufnahme dieser Kartoffeln unbeträchtlich, allerdings werden die Nachfolgekulturen auf diesen Flächen — gewöhnlich Getreide — durch das Brechen häufig empfindlich geschädigt. Zur Zeit der Kartoffelernte und -reife liegt der Anteil unter dem Durchschnitt, wohl deshalb, weil zu diesen Zeiten ein reiches Angebot an Getreidearten und später oft der Baummast vorliegt«.

Da der Hauptanteil der Nahrung aus Wald- und Feldfrüchten besteht (71%), scheint mir das Untersuchungsergebnis von Briedermann sehr interessant zu sein. Danach entfallen 49% auf Waldfrüchte (Eicheln und Bucheckern) und 22% auf Getreidearten und Hülsenfrüchte. Zum Anteil der anderen Komponenten meint er: »Die grünen Pflanzenanteile sind mit 4% im Jahresdurchschnitt ziemlich unbedeutend. Lediglich im Mai bis Juni stellen sie mit fast 17% einen größeren Anteil an der Nahrung. In dieser Zeit werden etwa 4% durch landwirtschaftliche Produkte wie Blattmasse von Hülsenfrüchten und vom Mais gestellt. Im übrigen handelt es sich vorwiegend um Süßgräser der verschiedensten Art, darunter besonders häufig Calamagrostis spec. und Deschampsia flex.; des weiteren Weidenröschen, Löwenzahn, Kleearten, Blatt- und Stengelteile von Schilfgewächsen, Buchenkeimlinge und -blattknospen sowie auch fertile Sprosse vom Schachtelhalm. Eine größere Bedeutung hatten nach unserer Feststellung alle diese Arten nicht ... Die animalische Nahrung betrug ebenfalls etwa 4% der Gesamtmenge und ist während des ganzen Jahres ziemlich konstant mit einem geringen Anstieg im Mai bis Juni. Soweit definierbar, wird mengenmäßig etwa die Hälfte durch Reste größerer Säuger dargestellt, im Herbst und Winter vorzüglich durch Aufbrüche von erlegtem Wild sowie durch Fallwild, im Mai bis Juni auch durch Jungwild. Kleinsäuger sind in geringerer Menge vertreten. In 34 Mägen stellten wir mäuseartige Nager fest, also in etwa 16% aller Fälle. Die Höchstzahl in einem Magen betrug 6 Stück, gewöhnlich sind nur 1 bis 2 Mäuse enthalten. Eine gewisse Bedeutung haben noch Regenwürmer und Larven der Tipulidae, welche fast ständig, aber in geringen Mengen, vorkommen. Der Anteil forstschädlicher Insekten war, im ganzen gesehen, bedeutungslos. Noch am häufigsten enthalten waren Raupen von Erdeulen und Engerlinge von Maikäufern sowie vereinzelt Puppen des Kiefernspanners.« Abschließend kommt Briedermann zu der Erkenntnis, daß das Schwarzwild keine bedeutende Rolle bei der Bekämpfung von forstschädlichen Insekten zu spielen vermag. Allerdings — und das muß entsprechend berücksichtigt werden — trat im Untersuchungszeitraum in keinem Gebiet ein Schädling verstärkt auf. Haber kam 1950 zu anderen Ergebnissen. Er führte mehrere Jahre lang im Auftrage des polnischen Forschungsinstitutes der Staatsforstverwaltung umfangreiche Untersuchungen auf diesem Gebiete durch. Er fand unglaubliche Mengen forstschädlicher Insekten in den Mägen des dortigen Schwarzwildes, so u. a. in je einem Magen: 1462 zweijährige Maikäferengerlinge, 1890 Puppen der Forleule, 2250 Kokons der Kiefernbestands-Gespinstblattwespe, 2500 Engerlinge, 2130 Puppen des Kiefernspanners, 1,34 kg Puppen des Kiefernschwärmers usw.

Aus diesen unterschiedlichen Untersuchungsergebnissen läßt sich unschwer entnehmen, daß dafür Gründe vorliegen müssen. Ein Grund ist vermutlich der, daß in unseren Waldbeständen eine intensivere Bekämpfung dieser Forstschädlinge mittels Pflanzenschutzmitteln vorgenommen wird als in der Volksrepublik Polen. Ein anderer besteht darin, daß in den Untersuchungszeitraum keine Schädlingsgradation gefallen ist.

Innerhalb mehrerer Jahre konnte natürlich auch ich interessante Erkenntnisse sammeln, auch wenn meine Beobachtungen unter den Bedingungen einer Ablenkfütterung entstanden sind. Für die Sättigung hatte diese Fütterung jedoch kaum Bedeutung, wenn wir den Futtereinsatz von 1 bis 2 Eimern Mais zu der Rottenstärke von ca. 60, später 40 Stücken Schwarzwild ins Verhältnis setzen. Mir diente diese Fütterung als Kontaktmittel, den Schweinen gegenüber war sie eher als »Beschäftigungstherapie« anzusprechen.

Nach meinen Beobachtungen rangierten von allen Futtermitteln an erster Stelle die Eicheln; sie scheinen der größte Leckerbissen für Schwarzwild zu sein. Zu jeder Jahreszeit wurde diese Frucht allem anderen Fraß vorgezogen. Die Sauen wählten, wenn ich ihnen ein Gemisch von Mais und Eicheln anbot, grundsätzlich zuerst die

Eicheln. Selbst halbreife Maiskolben blieben so lange liegen, bis die letzte Eichel aufgenommen war. Erstaunlich ist, wie die Sauen herunterfallende Eicheln trotz Dunkelheit auf Anhieb finden. An einem Mastbaum rupfte ich welche ab und warf sie auf die Erde. Obwohl die Sauen nichts sehen konnten, orteten sie die Eicheln sofort, ohne zu suchen. Auf Grund des Aufpralls bestimmten sie genau die Stelle, wo die Eichel lag. An zweiter Stelle tritt dann ihr Geruchssinn in Aktion. Interessant ist es, zu beobachten, wie geschickt sie die Eicheln von den Schalen befreien. Ähnlich einem Papagei, der Sonnenrosenkerne frißt, stoßen sie die Schalen mit der Zunge aus. Kastanien dagegen werden abgelehnt und nicht angerührt. Über 6 Monate lagen sie an der Ablenkfütterung, ohne daß sie aufgenommen worden waren. Animalische Kost scheint meiner Ansicht nach gleich an zweiter Stelle zu stehen. Um die von mir angebotenen Schlachtabfälle entwickelten sich regelrechte Verfolgungskämpfe. Snethlage bezweifelt, daß Schwarzwild Aufbrüche von Artgenossen aufnimmt. Er meint: »Sauen nehmen keine Luder und Aufbrüche der eigenen Art auf. Nur unter den unnatürlichen Verhältnissen eines Wildparks oder Gatters mag es vorkommen.« Ich dagegen konnte feststellen, daß z. B. Abfälle von geschlachteten Hausschweinen begierig aufgefressen wurden. Ein mir bekannter Oberförster, der in seinem Jagdgebiet an einem Luderplatz zwei Sauen auslegte, um Kolkraben zu fotografieren, mußte feststellen, daß sie in wenigen Tagen verschwunden waren. Auf Grund der Trittsiegel war leicht erkennbar, daß nur Artgenossen dieses Luder aufgenommen haben konnten.

Im Rahmen meiner Kommunikationsuntersuchungen stellte ich jedoch zu dieser Problematik etwas Erstaunliches fest. Wildschweine scheinen selbst nach dem Tode eines ihrer Gruppenmitglieder dessen Familienzugehörigkeit noch zu erkennen. Daß sie verendete Tiere der eigenen Art aufnehmen, dafür liegen zahlreiche Beweise vor. In jedem Jahr habe ich einzelne verendete Frischlinge bzw. Überläufer im Einstandsgebiet meiner Rotten gefunden und zur Sektion weitergeleitet. Erst im Jahr 1978 fiel auf, daß sie eigentlich dort, wo meine Sauen ihren Tageseinstand hatten, nicht hätten liegen dürfen. Kein verendetes Stück war von ihnen angeschnitten worden. Systematisch wurde nun die gesamte Rotte mehrfach an solche verendeten Familienmitglieder herangeführt. Nach einer Geruchskontrolle durch eines der Tiere erfolgte ein kurzer Warnlaut, worauf alle Sauen zurückwichen. Dieselben verendeten Stücke, in einem ca. 12 km entfernten Saueneinstandsgebiet an einem Luderplatz ausgelegt, waren jedoch zweifelsfrei wenige Tage danach von der eigenen Art angenommen worden. Diese Versuche belegen, daß Wildschweine verendete Stücke der eigenen Art aufnehmen, jedoch Mitglieder der Familie davon ausschließen.

In der Fachliteratur werden manchmal als Fraß auch Pilze angegeben. Meine Beobachtungen über Jahre waren die, daß weder giftige noch ungiftige Pilze gefressen werden. Im Gegenteil, es wird peinlichst genau um diese herum gebrochen. Ein ererbter Instinkt scheint den Verzehr zu verbieten. Sauen mit ihrem außergewöhnlichen Geruchsorgan würden Nacht für Nacht diese Stellen absuchen und einem Pilzesucher kaum eine Chance lassen, zu dieser begehrten Delikatesse zu kommen. In gewisser Weise sind Wildschweine, wie ich es bereits andeutete, Nahrungsspezialisten. Ihr Speiseplan richtet sich in der freien Wildbahn nach festen Regeln, wobei sich zufällig anbietende Nahrung nicht verschmäht wird. Auf ihren Wanderungen im Revier, auf denen ich sie begleitete, suchten sie zu bestimmten Zeiten immer gleiche Stellen auf. Hier gab es Käfer, Larven, Würmer, dort Wurzeln verschiedener Gräser, dann ging es zum Leidwesen der Landwirtschaft auf einen Stoppelacker. Er wurde regelrecht umgepflügt, nicht aber, um ausgefallene Körner zu suchen, sondern um eine großangelegte Mäusevernichtungsaktion zu starten. Auf diesen oft unnötig lange nicht umgebrochenen Flächen vermehren sich diese Schädlinge sprunghaft. Den Sauen entgeht dabei kein Mäusenest. Mit ihrem Geruchsvermögen werden die Gänge zentimetergenau verfolgt. Zurück bleibt meistens eine Kraterlandschaft.

Das abnorm trockene Jahr 1976 hat gezeigt — als diese Flächen zur schnellen Futterversorgung unserer Nutztiere über Nacht mit Zwischenfrüchten bestellt wurden —, daß diese Schäden 100%ig vermieden werden konnten. Während der monatelangen Trockenperiode dieses extremen Jahres hatte das Schwarzwild wenig Möglichkeiten, seinen Fraß auszuwählen. Die Feldfrüchte waren noch nicht reif, das Erdreich trocken und staubig, so daß Würmer, Larven und andere Kerbtiere unerreichbar waren. Die Sauen stellten sich darauf ein und ernährten sich von April bis August fast ausschließlich von grünen Pflanzenteilen, wobei der Hauptanteil Gras war. Wie eine Schafherde weideten sie große Flächen ab. Auch nahmen sie enorme Mengen Blätter von Eichenverjüngung auf. Blätter von anderen Laubgehölzen wurden nicht angerührt.

Ein weiterer bedeutender Anteil des Fraßes waren in dieser Zeit die Wurzeln verschiedener Kräuter und Gräser. Auch wurden von einem Stück die Samenträger der Drahtschmiele sehr gern genommen — eigenartigerweise nicht von allen Mitgliedern der Rotte.

Nie konnte ich beobachten, daß die Wurzelstöcke des Adlerfarns gefressen wurden, obwohl er reichlich im Bestand vorkommt. Der Farn wurde lediglich als Unterlage in den Schlafkesseln benutzt. Diese Feststellung deckt sich fast mit den Ergebnissen von Briedermann. Da nun aber in seinen Untersuchungsergebnissen doch vereinzelt geringe Bestandteile dieser Wurzeln in den Mägen vorgekommen sind, ist erwiesen, daß einige Stücke Schwarzwild sich zu Nahrungsspezialisten entwickeln. Ich selbst habe andere Beweise dafür gehabt. Ein Frischling begann z. B. eines Tages plötzlich, äußerst geschickt Grillen zu fangen. Er benahm sich dabei so wie ein Fuchs, der im Gras auf Mäusejagd geht. Ein anderes Beispiel zeigt uns das Gegenteil: Brot wurde von allen Sauen sehr gern gefressen, nur eine ältere Bache verschmähte es vollkommen.

Erstaunt war ich darüber, daß nur in einem Fall Reste von Kulturrüben im Magen eines erlegten Stückes von Briedermann nachgewiesen werden konnten. Die von mir beobachtete Rotte nahm Futterrüben ohne Ausnahme in größeren Mengen auf. Auch wurden mehrfach in unserem Kreisgebiet Wildschäden durch andere Rotten auf Futterrübenflächen verursacht. Allerdings konnte ich niemals beobachten, daß Zuckerrüben angenommen wurden. Versuche mit dieser Rübenart an der Ablenkfütterung bestätigten später diese Feststellung.

Im Jahre 1975 brachten wir aus einer Großküche mehrere Kübel abgekochter Knochen zur Fütterung. Täglich wurde von allen Sauen eine gewisse Menge davon aufgenommen. Mit ihrem kräftigen Gebiß zermalmten sie Knochen. Das ist vielleicht ein Hinweis darauf, daß das Schwarzwild einen gewissen Anteil Kalk aufnehmen muß. Eine Vorliebe scheint das Schwarzwild für die Wurzeln verschiedener Wasserpflanzen zu haben. Einen Waldtümpel, in dem Typha wuchs, weidete es in wenigen Stunden vollständig ab. Die Sauen, die in dem Tümpel teils wateten, teils schwammen, rupften diese Pflanzen heraus, trugen sie an das Ufer und fraßen davon nur den Wurzelstock. Die grünen Teile blieben unberührt liegen.

Bedingt durch die abnorme Trockenheit des Jahres 1976, hatte die Landwirtschaft unter einem bisher nie gekannten, massenhaften Auftreten von Erdraupen zu leiden. 60 bis 70% aller Kartoffeln waren bei uns von ihnen befallen. Es konnte beobachtet werden, daß, als die Kartoffelschläge abgeerntet waren, diese Schädlinge zu Tausenden sofort am nächsten Tage über eine Asphaltstraße in eine Rübenkultur überwechselten. Bei Wildschadensermittlungen konnten wir feststellen, daß fast keine Kartoffel oder Rübe von den Sauen gefressen worden war, sie wurden lediglich mit den Zähnen gespalten, um an die Raupen heranzukommen. Zum Klagen hatten die Landwirte also in diesem Fall wenig Grund, denn die Magenuntersuchungen erlegter Sauen während dieser Zeit gaben eindeutig darüber Auskunft, welchen »Nutzen« sie erbracht hatten. Unglaubliche Mengen dieser Raupen wurden von ihnen vernichtet. Bei drei erlegten Frischlingen fanden wir fast 2 Liter dieser Schädlinge in den Mägen. Daß hier noch von Wildschaden die Rede sein kann, wage ich zu bezweifeln.

Daß Wildschweine sich, wenn ein genügendes Nahrungsangebot vorhanden ist, zu Feinschmeckern entwickeln können, ist allgemein in Fachkreisen bekannt. So wissen wir z. B., daß sie bestimmte Kartoffelsorten anderen Züchtungen dieser Knollen vorziehen. Sie unterscheiden beispielsweise an den Mastbäumen sehr genau die Früchte der heimischen von denen der amerikanischen Roteiche. Letztere werden nach meinen Beobachtungen erst dann gefressen, wenn die anderen Eicheln nicht mehr zur Verfügung stehen. Diesen Umstand, daß das Schwarzwild einige Sorten bestimmter Früchte lieber mag als andere, könnte die Landwirtschaft für die Wildschadensverhütung ausnützen.

In den Jahren 1978/79 führte ich mit Herrn Dr. H. J. Böhmig, wissenschaftlicher Mitarbeiter der Akademie der Landwirtschaftswissenschaften der DDR am Institut für Kartoffelforschung Groß Lüsewitz, Fütterungs- und Anbauversuche mit den wichtigsten z. Zt. in der DDR benutzten Kartoffelsorten durch, um das Wahlvermögen des Schwarzwildes zu testen. Als Grundlage für unsere Versuche nutzten wir die Erfahrungen, die Briedermann bereits 1968 (Nachrichtenblatt für den Deutschen Pflanzenschutz 1/68) bei gleichen Untersuchungen sammeln konnte. Die Ergebnisse der Arbeit von Briedermann beziehen sich jedoch auf Sorten, die Mitte bis Ende der 60er Jahre in der DDR zugelassen waren.

Die zweijährigen Fütterungs- und Anbauversuche, welche mit fünf verschiedenen Rotten und acht verschiedenen Stücken Schwarzwild der Altersklasse Überläufer bis sechsjährig durchgeführt wurden, zeigten, daß das Schwarzwild zwischen bestimmten Kartoffelsorten wählt, d. h. einige Sorten bevorzugt und andere ablehnt.

Voraussetzung für ein Wahlverhalten ist jedoch ein gewisser Sättigungsgrad der Tiere; in Notzeiten, wenn keine Auswahlmöglichkeiten bestehen, werden auch sonst abgelehnte Sorten aufgenommen.

Die von Briedermann (1968) empfohlene Methode, je Sorte 25 Knollen im Kreis anzubieten, erwies sich in unseren Testversuchen als nicht geeignet, da sie bei mehr als einem Versuchstier die Rangordnung nicht berücksichtigt. Ranghohe Stücke fraßen die bevorzugten Sorten, während rangniedrige Tiere sich mit sonst abgelehnten Sorten begnügen mußten. Wir wählten aus diesem Grund die Methode des Bevorzugungstestes, d. h. in der ersten Versuchsreihe wurden einzelnen Tieren 2 Knollen unterschiedlicher Sorten angeboten.

Briedermann hat als absolut bevorzugt die niederländische Sorte »Bintje« ermittelt. Das hat sich auch in den eigenen Versuchen voll bestätigt. Mit unserem Verfahren stellten wir fest, daß einige Sorten, z. B. Astilla (frühe Sorte) und Salut N (mittelfrüh), völlig abgelehnt wurden. Aus dem gegenwärtigen Sortiment der DDR erwies sich die Sorte Xenia N (mittelfrüh) dagegen als ebenso bevorzugt wie die Sorte Bintje.

Der nächste Schritt war nun, mit drei Sorten zu arbeiten, wobei jeweils eine Knolle der Sorte Xenia N (bevorzugt) sowie eine Knolle der Sorten Salut N oder Astilla (beide abgelehnt) mit einer Knolle der neu zu testenden Sorte verglichen wurden. Anhand dieser Fütterungsversuche konnte das gesamte Sortiment eingestuft werden. Dabei erwiesen sich die Sorten Fringilla, Adretta, Galina und Sitta ebenfalls als bevorzugt, jedoch wurde die Sorte Xenia N von den Tieren am liebsten aufgenommen. Die Sorten Auralia und Karpina lagen in der Einstufung im Mittelfeld, während die Sorten Salut N, Astilla, Amsel und Mariella die negativsten Geschmackseigenschaften für das Schwarzwild zu besitzen scheinen.

Neben den Fütterungsversuchen wurden in einer Waldschneise die genannten 11 Sorten angebaut. Wir pflanzten je Parzelle 20

Knollen in zwei und vier Wiederholungen, wobei die bevorzugte Sorte Xenia N zum Vergleich zwischen die anderen Sorten gepflanzt wurde. Die Ergebnisse bestätigten erneut die Bevorzugung der Sorte Xenia N sowie die Ablehnung der Sorten Astilla, Salut N, Amsel und Mariella.

Außerdem wurde der Einfluß von Naßfäule (Erwinia-Fäule) auf das Wahlvermögen der Sauen untersucht. Diese Versuche hielten wir für besonders wichtig, da, falls kein verändertes Wahlverhalten auftreten sollte, an Ablenkfütterungen auch Mietenrückstände von bevorzugten Sorten eingesetzt werden könnten. Die Fütterungsversuche, die nach der gleichen Methode des Bevorzugungstestes (je Versuch eine gesunde Knolle und eine angefaulte Knolle) durchgeführt wurden, brachten das erfreuliche Ergebnis, daß kein verändertes Wahlverhalten eintrat. Die Versuchstiere fraßen, wenn ihnen z. B. eine angefaulte Xenia N (bevorzugt) und eine gesunde Astille (abgelehnt) angeboten wurden, grundsätzlich die angefaulte Xenia N und lehnten die gesunde Astilla ab.

Versuche, die ich im Jahr 1978 in Zusammenarbeit mit landwirtschaftlichen Betrieben des Kreises Burg mit »meiner« Schwarzwildpopulation durchführte, bestätigten diese Ergebnisse (siehe Kapitel Wildschadenverhütung). Da nähere Details zu dieser Problematik den Rahmen dieses Buches sprengen würden, möchte ich alle Interessierten auf den Forschungsbericht: »Untersuchungen zum Sortenwahlvermögen des Schwarzwildes (Sus crofa L.) bei Kartoffeln »von H. J. Böhmig und H. Meynhardt (Institut für Kartoffelforschung Groß Lüsewitz, 1980) verweisen.

Aus diesem Grunde war ich auch sehr interessiert, als ich Hinweise von mehreren Landwirten aus verschiedenen Gegenden bekam, die behaupteten, die Wildschweine nähmen eine bestimmte Sorte Mais nicht auf. Ich besorgte mir deshalb verschiedene Sorten Mais, die — wie ich betonen muß — mit unterschiedlichen chemischen Mitteln gebeizt waren, darunter sowjetisches, ungarisches, französisches und deutsches Saatgut. Die gebeizten Körner aus der Sowjetunion verursachten bereits beim Einschütten einen so starken Niesreiz, daß man annehmen durfte, dieser starke Geruch müßte die Sauen unbedingt von der Aufnahme abhalten. Aber weit gefehlt, diese Körner wurden genau wie ungebeizte gefressen. Bei der ungarischen Sorte das gleiche Resultat. Nur bei dem aus Frankreich importierten Mais war eine Reaktion festzustellen. Er blieb bis zum

Schluß liegen, wurde dann aber auch restlos aufgenommen. Diese Versuche führte ich mit unterschiedlichen Tieren durch. Es muß noch bemerkt werden, daß das französische Saatgut durch die Beize eine rote Farbe angenommen hatte. Da, wie ich bereits festgestellt hatte, Sauen die Farbe Rot von anderen Farben unterscheiden können, kann es möglich sein, daß dieser Mais deshalb zuletzt gefressen wurde. Trotz der unterschiedlichen Beize ist das Präparieren der Körner kein wirksamer Schutz gegen die Schäden durch Sauen während der kritischen Phase der Getreideaussaat. Steht ihnen keine andere Fläche zur Verfügung, werden sie alle Sorten annehmen.

Im Jahre 1967 waren auf Grund der Trockenheit kaum Schäden nach der Aussaat zu beklagen. Auf den staubtrockenen Ackerflächen konnten die Sauen nicht brechen. Sie mieden in diesem Jahr ganz allgemein die Äcker. Erst später, als der Weizen in der Milchreife stand, konnte ich beobachten, wie sie diese Flächen heimsuchten. Ab Juli bis August war feststellbar, daß sich die durch die Aufzucht der Frischlinge abgekommenen führenden Bachen erholten und von Tag zu Tag feister wurden, was seinen absoluten Höhepunkt im Oktober bis November, kurz vor der Rauschzeit, fand.

Machen wir eine Aufrechnung und stellen uns die Frage, ist das Schwarzwild nützlich oder schädlich, so muß klar festgestellt werden, daß wir es mit einem nützlichen Wildtier zu tun haben, das uns wertvolle ungenutzte Futterreserven erschließt. Voraussetzung ist natürlich eine richtige Bewirtschaftung, die sich den örtlichen Gegenbenheiten anpassen muß — eine verantwortungsvolle Aufgabe für die Jäger.

Sinnesleistungen

Es ist eine allbekannte Tatsache, daß höhere Tiere über ein Gedächtnis verfügen. Tembrock beschrieb diese Eigenschaft in seinem Buch »Tierpsychologie« 1972 so treffend, daß es unkorrekt von mir wäre, sie mit anderen Worten darstellen zu wollen. Er sagte: »Behalten ist die Leistung eines Gedächtnisses. Gedächtnis ist die Voraussetzung für Lernen. Lernen ist die Fähigkeit, auf Grund von Erfahrungen das Verhalten zu verändern. Es setzt die Speicherung von Informationen voraus. Erfahrungen, die ein Tier im Laufe seines Lebens sammelt, können sinnvoll in sein Verhalten eingebaut werden. Mehr noch: Erfahrungen sind für den Ablauf vieler Verhaltensweisen erforderlich.«

Daß die Wildschweine mit ihren ausgeprägten Sinnesorganen, ihrer Anpassungsfähigkeit und ihrem erstaunlichen Gedächtnis zu den intelligentesten Tieren unserer Erde gezählt werden, ist unbestritten. Verhaltensforscher stellen sie — um einen allgemein verständlichen Vergleich zu geben — mit den Hunden auf eine Stufe. Ich persönlich muß als langjähriger Hundeführer, Züchter und Abrichter jedoch sagen, daß Sauen in bezug auf Witterung und Gehör einem gut abgerichteten Gebrauchshund überlegen sind. Hunderte vergleichbarer Beobachtungen haben es mir bestätigt. Bei günstigem Wind wird etwas Verdächtiges, z. B. ein Mensch, auf 300 m gewittert. Ein weiteres höchst empfindliches Organ ist ihr Gehör. Das leiseste Knacken eines Zweiges auf 80 bis 100 Schritte genügt, um eine Rotte Sauen flüchtig werden zu lassen. Eine glückliche »Symbiose« zweier Sinnesorgane, die für das Überleben dieser z. T. rücksichtslos verfolgten Wildart von ausschlaggebender Bedeutung ist. Zählen wir noch die Fähigkeit hinzu, bestimmte Dinge sehr lange im Gedächtnis zu behalten und aus ihren positiven oder negativen Erfahrungen Lehren zu ziehen, so ist es erklärlich, daß die Sauen sich sogar trotz starker Bejagung noch vermehren können.

Früher waren Wildschweine wie auch andere Wildtiere tagaktiv. Unsere moderne Welt hat sie dazu gezwungen, sich umzustellen. Das Schwarzwild verstand es in überraschender Weise, sich den neuen Lebensbedingungen anzupassen. Wie leicht es ist, gerade diese Wildart wieder auf ihren früheren tagaktiven Rhythmus umzustellen, habe ich bereits beschrieben. Dafür ist allerdings unbedingte Ruhe im Revier eine Voraussetzung.

Im Jahre 1974 begann ich, durch einige Versuche die Fähigkeiten der Sinnesorgane des Schwarzwildes unter den natürlichen Bedingungen der freien Wildbahn zu testen. Wir kamen dabei zu erstaunlichen Resultaten. Die Untersuchungen darüber, ob bestimmte Dinge oder Personen nach längerer Zeit wiedererkannt werden, begannen ungewollt. Im Juli 1974 blieb die Rotte plötzlich weg. Der Mais, der täglich weiter zur Futterstelle gebracht wurde, war aber immer angenommen worden. Noch einigen Kontrollen wurde festgestellt, daß der Fraß aus für uns unverständlichen Gründen nur noch nachts aufgenommen wurde. Nach einem Wolkenbruch wurde das Revier abgefährtet. Wir mußten wissen, wo die Sauen steckten. Zu unserer Überraschung war ihr Tageseinstand jetzt ein riesiger Roggenschlag. Ein Jahr später erkannten wir die Ursache. Im Juli bis August, wenn günstige Voraussetzungen für den Schlupf von Millionen lästiger Insekten gegeben und die Suhlen z. T. ausgetrocknet sind, können sie sich kaum vor diesen Plagegeistern in ihren Standdickungen retten. Sie ziehen hinaus in die Getreideschläge, wo Stechinsekten wenig Lebensmöglichkeiten haben. Fast zwei Monate bekamen wir sie deshalb nicht zu Gesicht. Genau am 1. September, als das Korn gemäht war, schob sich die Rotte wie früher pünktlich aus der Dickung, kam freudig auf uns zu und begann ruhig, als ob sie erst gestern mit uns zusammen gewesen wäre, zu fressen. Es war für sie eine Kleinigkeit, unseren Geruch und den des Pferdes nach dieser Zeit wiederzuerkennen. Diese Leistung hatten wir natürlich erwartet. Ihre weiteren Fähigkeiten auf diesem Gebiet werden aber selbst Fachleute in Erstaunen versetzen.

Ab April 1975 fuhr bekanntlich mein Freund mit seinem Pferdefuhrwerk nicht mehr in das Revier. Genau ein Jahr später wollten wir das Gedächtnis der Sauen prüfen. Werden sie nach so langer

Zeit das Pferd noch erkennen? Wie benehmen sich die Überläufer, die als Frischlinge ein Jahr vorher dem Pferdefuhrwerk nur einige Male begegnet waren?

Das Auto, an das sie inzwischen gewöhnt waren, blieb an diesem Tage zu Hause, wir wollten reale Fakten sammeln. Morgens zur gewohnten Zeit fuhren wir, mit der Kameraausrüstung bewaffnet, auf dem Pferdewagen zur Fütterung. An der Fütterung wurden Pferd und Wagen sofort von den Sauen umringt, und sie warteten auf ihren Fraß. Auch die Überläufer benahmen sich so, als ob sie etwas täglich Gewohntes vor sich hätten. Ob sie das Pferd tatsächlich noch erkannten oder sich nur auf die Unbesorgtheit ihrer Mütter verließen, wage ich nicht zu beurteilen.

Das Gedächtnis des Pferdes muß natürlich auch erwähnt werden. Es erkannte die Sauen, mit denen es ein Jahr vorher täglich Kontakt hatte, sofort und benahm sich ruhig und gelassen. Derselbe Versuch wurde nach 1½ Jahren wiederholt. Er brachte das gleiche Resultat. Sie erkannten sich auch jetzt noch und zeigten keinerlei Scheu voreinander. Da wir wußten, daß diese Rotte Sauen vor jedem fremden Pferdefuhrwerk oder anderen Fahrzeugen bereits auf langer Distanz flüchtete, so dürfte der Beweis erbracht sein, daß das Schwarzwild über ein außergewöhnliches Gedächtnis verfügt. Es ist also in der Lage, bestimmte Dinge über Jahre hinweg in seinem Gedächtnis zu speichern und sich gegebenenfalls daran zu erinnern.

Ein weiterer Versuch wurde mit einer Bache aus der zweiten Rotte im Sommer 1976 gemacht. Aus der großen, von mir betreuten Rotte waren zwei verletzte Bachen mit einem weiblichen Überläufer ausgestoßen worden. Sie mußten ein angrenzendes Revier beziehen, wo sie fast ein Jahr keinerlei Kontakt mit mir hatten. Eine der Bachen wollte vor der Teilung täglich von mir geputzt werden. Sie legte sich vor mir nieder und forderte mich durch Grunzen mit hochgestellten Federn dazu auf. Ich tat ihr gern diesen Gefallen. Nach fast einem Jahr stellte sich diese Rotte mit ihrem inzwischen hinzugekommenen vierzehnköpfigen Nachwuchs an der Futterstelle ein. Die besagte Bache kam sofort auf mich zu und legte sich wie damals vor mir nieder, sah mich genauso an und zeigte das gleiche Verlangen.

Die neuen Frischlinge, die mich noch nie gesehen hatten, folgten ihren Müttern und ließen sich auch von mir nach einigen Minuten anfassen; sie hatten vorher gesehen, daß ihre Mütter dagegen keinerlei Bedenken zeigten.

Auch hieraus ersieht man, daß Schwarzwild die Fähigkeit besitzt, sich Dinge abzusehen und schnell zu erlernen. Porzig schreibt 1969 über die Lernbegabung der Hausschweine in seinem Buch »Verhalten landwirtschaftlicher Nutztiere«: »Schweine können leicht technische Einrichtungen betätigen. Sie können sich z. B. durch das Öffnen einer Tür Zutritt zu einem anderen Raum verschaffen. Diese Fähigkeit wird besonders schnell bei automatischen Einrichtungen zur Versorgung mit Futter und Wasser entwickelt.« Er schildert, daß Schweine in einigen Versuchsreihen in der Lage waren, komplexe Aufgaben zu lösen (Verres und Coburn, 1915). Curtis und Shutherland dressierten Schweine darauf, zwischen akustischen Signalen zu unterscheiden.

Ich selbst habe einen etwas aggressiven Keiler aus dieser Rotte wie einen Hund mit Schmerz und Lob in kürzester Zeit abgerichtet und ihn damit handzahm gemacht.

Aus diesen Versuchen lassen sich natürlich für die Schwarzwildbewirtschaftung, vor allem aber für die Schadensverhütung auf unseren landwirtschaftlichen Nutzflächen, Rückschlüsse ziehen. Wildschweine haben die Angewohnheit, auf Grund ihrer sehr guten Witterung zu bestimmten Zeiten des Jahres, z. B. der Kartoffelpflanzzeit, der Maisaussaat, der Milchreife verschiedener Getreidearten, unvorstellbare Schäden zu verursachen. Eine achtköpfige Rotte mit Frischlingen schaffte es, in einer Nacht einen frisch gesäten, 5 Hektar großen Getreideschlag vollständig zu vernichten. Genau wie sie gesät worden waren, hatten die Sauen die Körner Stück für Stück wieder aufgenommen.

Die Schadensermittlung ergab die stattliche Summe von 5000 M. Die Fläche wurde umgebrochen und neu mit Mais bestellt. Jetzt war die Gefahr der erneuten Vernichtung sehr groß. Es war mit Sicherheit zu erwarten, daß die Rotte gerade den Mais, der für Schwarzwild ein Leckerbissen ist, nicht verschonen würde. Das war den dafür zuständigen Jägern bekannt, infolgedessen wurde diese Fläche jede Nacht von Schützen besetzt. Zunächst war zwei Tage Ruhe, aber dann hatten die Sauen den Mais aufgespürt. Einige Abende wurden nun einzelne Frischlinge aus der Rotte herausgeschossen, oder sie wurde, wenn sie nicht in Schußnähe kam, mit Warnschüssen verjagt. Die Schweine kamen fünf Abende, dann ließ sich kein Stück mehr blicken.

Erfahrene Jäger werden mir jetzt entgegenhalten, daß Sauen

über Wochen, obwohl aus der Rotte einzelne Stücke erlegt worden sind, bestimmte Ackerflächen immer wieder aufsuchen, was ich nicht bestreiten will. Wo liegen aber die Gründe dafür? Der Schuß oder das erlegte Stück, welches in der Rotte fehlt, führen mit Sicherheit nicht dazu, Sauen vom Acker abzuhalten. Selbst die Bache bemerkt nicht, daß ihr z. B. ein Frischling fehlt.

Nur die regelmäßige Unruhe an einer Fläche wird sie dazu bringen, diese zu meiden. Es müssen eben gefährdete Felder in der kritischen Zeit der Aussaat oder Milchreife, zumindest anfangs, ständig von Schützen oder Wächtern besetzt sein.

An dieser Stelle muß ich die Gewissensfrage stellen: Geht man zur Jagd, um ein Stück Wild zu erlegen oder um unsere landwirtschaftlichen Nutzflächen vor Wildschäden zu schützen? Der Idealfall, beides miteinander zu vereinen, läßt sich nicht immer erreichen. Steht das erstere allein im Vordergrund und kommt man nicht zum Schuß, muß man die Sauen unbehelligt auf die Felder ziehen lassen; sie könnten ja morgen nicht wiederkommen. Statt sie zu verjagen, eventuell einen Warnschuß abzugeben, will man sie nicht vergrämen. Da im Vordergrund die Wildschadensverhütung stehen muß und nachweisbar die Bejagung in dieser kritischen Zeit nicht ausreicht, um das Schwarzwild von den Feldern abzuhalten, wäre es unverantwortlich, allein die Wildbretgewinnung in den Vordergrund zu stellen. Würde neben der Beunruhigung am Felde noch eine Ablenkfütterung im Bestand eingerichtet, so könnten die meisten Schäden verhütet werden. Die Regulierung der Sauenbestände müßte durch intensivere Drückjagden im Spätherbst und Winter vorgenommen werden. Weit mehr und qualitativ hochwertigeres Wildbret könnte man dann gewinnen.

Durch den mehrjährigen Kontakt mit Schwarzwild konnte ich auch oftmals ihr erstaunliches Witterungsvermögen beobachten und einschätzen. Im April 1976 hatte ich ein interessantes Erlebnis, das diese Sinnesleistung betrifft. Die Rotte war an der Futterstelle, nahm ihren Fraß auf, und die erst wenige Wochen alten Frischlinge lagen verstreut umher und schliefen. Nach einiger Zeit zog die Rotte ab, und die Nachkommenschaft folgte ihren Müttern. Nur ein Frischling schlief so fest, daß er den Anschluß verpaßte. 20 Minuten ließ ich ihn schlafen, dann weckte ich ihn auf. Er blickte verdutzt auf den leeren Platz, drehte, jämmerlich quiekend, mit tiefem Rüssel eine Runde und rannte zielstrebig mit steil erhobenem Pürzel genau in die Richtung, in die die Rotte abgezogen war. Sofort fuhr ich mit dem PKW auf Waldwegen hinter den Sauen her, die, wie ich wußte, ungefähr 2 km weiter in einem Fichtenbestand ihre Schlafkessel hatten. Als ich nach einigen Umwegen dort eintraf und die Frischlinge zählte, konnte ich feststellen, daß keiner fehlte. Der Nachzügler war schon dort angekommen.

Das Witterungsvermögen scheint nach meinen Erkenntnissen beim Schwarzwild am besten ausgeprägt zu sein. Dann folgt das Gehör. Am schlechtesten ist ihr Sehvermögen. Sie benötigen es auch kaum, da bei einer Gefahr Witterung oder Gehör fast immer ausreichen, um sie rechtzeitig zu erkennen. In der Rotte ist dabei jeder, selbst die Frischlinge, für das Erkennen einer Gefahr verantwortlich. Hierbei spielen Rangordnung, Alter oder Geschlecht keine Rolle. Derjenige, der eine Gefahr bemerkt, warnt kurz, wonach die ganze Gesellschaft blitzschnell Deckung sucht. Sie flüchtet aber meistens nicht sofort. In der dichten Deckung versucht die Führungsbache, die Ursache aufzuklären. Mit erhobenem Pürzel, ständig Wind nehmend, läuft sie vorsichtig auf die vermutete Gefahr zu. War die Warnung grundlos, kehrt sie mit wedelndem Pürzel zurück, was heißt: »Keine Gefahr«. Hat sie jedoch etwas Verdächtiges festgestellt, erfolgt ein zweiter Warnlaut, worauf die Rotte abgeht.

In den Jahren, in denen ich viele Stunden mit den Sauen engen Kontakt hatte, war ich auch einigen Angriffen ausgesetzt. Deshalb mußte ich immer die Stimmung der Sauen deuten, wobei der Pürzel das beste Erkennungszeichen ist. Ich bezeichne ihn als Stimmungsbarometer. Steht er steil hoch, bedeutet das höchste Wachsamkeit; hängt er wedelnd herunter, so ist die Sau unbesorgt.

Daß Schweine im allgemeinen nicht besonders gut sehen können, ist bekannt. Über ihre Fähigkeit, Farben zu unterscheiden, gibt es jedoch sehr unterschiedliche Meinungen.

Porzig schildert Versuchsreihen von Klopfer und Wesley (1954), nach denen Hausschweine große Schwierigkeiten hatten, Schwarz und Weiß zu unterscheiden. Von 18 Versuchstieren waren nur 3 dazu in der Lage. Spätere Versuche von Klopfer und Butler (1964) zeigten aber, daß sie gut Blau, Grün, Gelb und Rot trennen konnten.

Diese unterschiedlichen Feststellungen veranlaßten mich dazu, einige Versuche mit meinen Wildschweinen durchzuführen. Ich wählte dafür eine verhältnismäßig einfache Methode. Meinen

69

Sauen, die mich von der Stimme, von der Witterung und von der stets einheitlichen dunklen Kleidung her genau kannten, stellte ich mich zuerst in einem beigefarbenen Anzug vor.

Auf mein Rufen eilte die Rotte herbei. 10 m von mir entfernt blieben die vordersten Sauen stehen, und die Führungsbache stieß einen kurzen Warnlaut aus. Sofort flüchteten sie vor mir, als ob ich ein Fremder wäre. Rufen und Locken nützten absolut nichts. Eilig zog ich an Ort und Stelle meine gewohnten »Schweinesachen« an und folgte ihnen. Nach ungefähr 200 Schritten hörte ich sie in einer Kieferndickung, und ich näherte mich ihnen unter ruhigem Zureden, wie sie es kannten. Nun war alles in Ordnung. Sie folgten mir zum Auto, wo sie ihren Mais bekamen. Einige Tage später wollte ich sehen, ob sie die Farben Blau, Braun und Schwarz von Grün unterscheiden können. Grün kannten sie von meinen üblichen Jacken und Anzügen her genau. Wenn ich in brauner, blauer oder schwarzer Bekleidung kam, verhielten sie sich mir gegenüber genauso, als ob ich die ihnen gewohnte Kleidung trug. Sie flüchteten nicht und benahmen sich wie immer. Am nächsten Morgen zog ich meine übliche Hose, dazu aber einen hellroten Pullover an. Als die Rotte erschien, äugten mich die Tiere sehr mißtrauisch an, hielten eine Distanz und ließen sich nicht anfassen. Nach vielem Zureden beruhigten sie sich langsam, berühren konnte ich sie jedoch nicht. Auch dieses Mal zog ich mich wieder um. Sofort waren das Verhältnis und der Kontakt normal. Eine Bache ließ sich wieder von mir putzen, was vorher nicht möglich gewesen war.

Diese Versuche zeigen eindeutig, daß Wildschweine wenigstens zwischen intensiven und gedeckten Farben sehr gut unterscheiden können. Hier war die Reaktion am größten, wobei die Farbe Rot auch noch gut von den dunklen Farben unterschieden wurde. Alle dunklen Farben, wie Blau, Schwarz, Braun und Grün, scheinen sie nicht oder zumindest nur schlecht differenzieren zu können. Es ist aber auch möglich, daß ihr Mißtrauen von dunkleren oder gedeckten Farben nicht geweckt wird. Seither machte ich mit meiner Kleidung keine großen Umstände mehr und zog wahllos braune, blaue, grüne Hemden oder Pullover an, ohne daß ich irgendwelche Schwierigkeiten mit der Rotte hatte.

Wie viele Tierarten verfügen auch Wildschweine über ein außergewöhnliches Zeitempfinden. Durch die Jahreszeit oder berufliche Tätigkeit war ich oft gezwungen, meine Zusammenkünfte mit den Sauen zeitlich zu verlegen. Eine Veränderung der Futterzeit vom Morgen zum Abend wurde schon nach drei bis vier Tagen akzeptiert und pünktlich eingehalten. Nach ihrem Erscheinen an der Futterstelle konnte fast die Uhr gestellt werden. War ich früher als üblich dort, konnte mit Sicherheit vorausgesagt werden, wann sie kommen würden.

Mitgenommene Jagdfreunde sahen mich anfangs immer ungläubig an, wenn ich zur Uhr sah und sagte: »In 4 Minuten müssen sie hier sein.« Verspätete ich mich aber, so stand die gesamte Rotte schon erwartungsvoll an der Ablenkfütterung und wartete auf den Mais.

Schätzen wir die Sinnesleistungen der Wildschweine insgesamt ein, so wird die weitverbreitete Ansicht, daß wir es mit einem »dummen Schwein« zu tun haben, völlig widerlegt. Genau das Gegenteil ist richtig.

Kommunikation

Die Biokommunikationsforschung ist zwar bei Insekten und Vögeln weit vorangeschritten, aber bei den meisten Säugetieren steht sie noch in den ersten Anfängen. So hat die Nutztierethologie sich bisher kaum mit der Bedeutung und Wirkung der Informationsübertragung bei Nutztierarten beschäftigt und weitgehend darauf verzichtet, gewünschte Verhaltensweisen durch echte biologische Signale zu steuern. Die Menge der offenen Fragen der Kommunikation in der Tierwelt fordert uns geradezu heraus, soviel wie nur möglich über die Erkennungs- und Verständigungsformen der Tiere zu erfahren.

Allein die Tatsache, daß die Stammform unserer Hausschweine, die Wildschweine sich nicht wahllos zusammenrotten, sondern in engen Familienverbänden leben, also niemals fremde Tiere in die Gruppe aufnehmen, könnte bestimmte Aggressionen in fremd zusammengestellten Gruppen von Hausschweinen erklären. Diese Tatsache bedingt, daß bei Schweinen eine sehr genaue Individualerkennung möglich sein muß. Wie die Individualerkennung unter Wildschweinen erfolgt, untersuchte ich fünf Jahre lang an dieser Schwarzwildpopulation. Alle Details dieser Ergebnisse habe ich unter dem Titel »Untersuchungen zur akustischen, olfaktorischen und visuellen Kommunikation des Europäischen Wildschweines« in »Beiträge für die Forstwirtschaft«, Akademie-Verlag Berlin, Heft 2/80 publiziert. Auf die Bedeutung in jagdwissenschaftlicher und jagdwirtschaftlicher Hinsicht werde ich später noch ausführlich eingehen.

Durch die enge Kontaktnahme mit einer Population freilebender Wildschweine ergaben sich geradezu ideale Möglichkeiten, fast alle Verhaltensabläufe dieser Wildart kennenzulernen und die Voraussetzung für die Kommunikationsforschung zu schaffen. Ohne

Bei der Aufzeichnung des Lautinventars
unseres Schwarzwildes

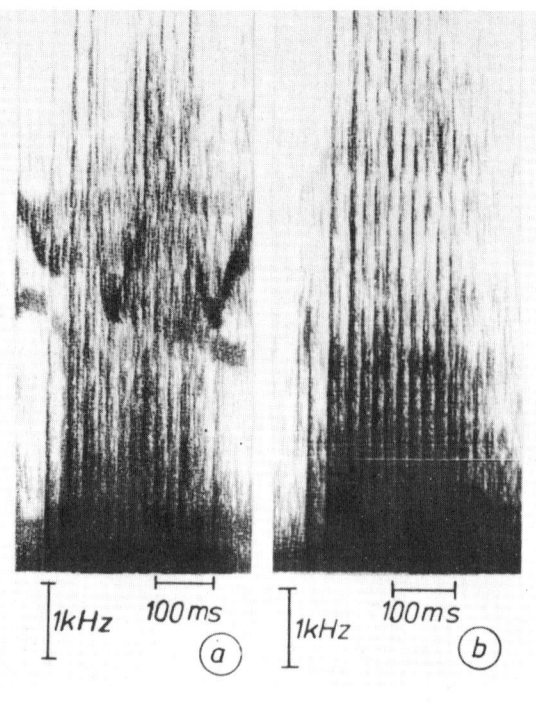

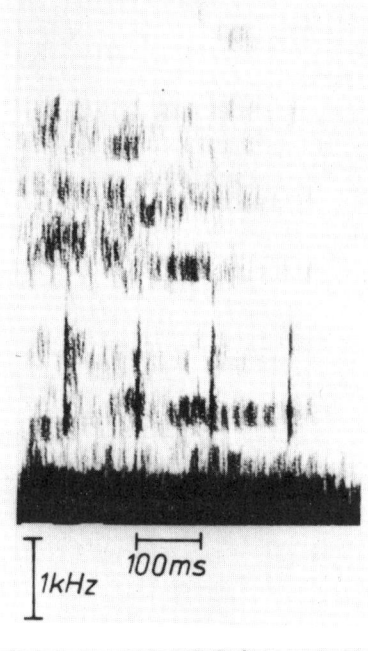

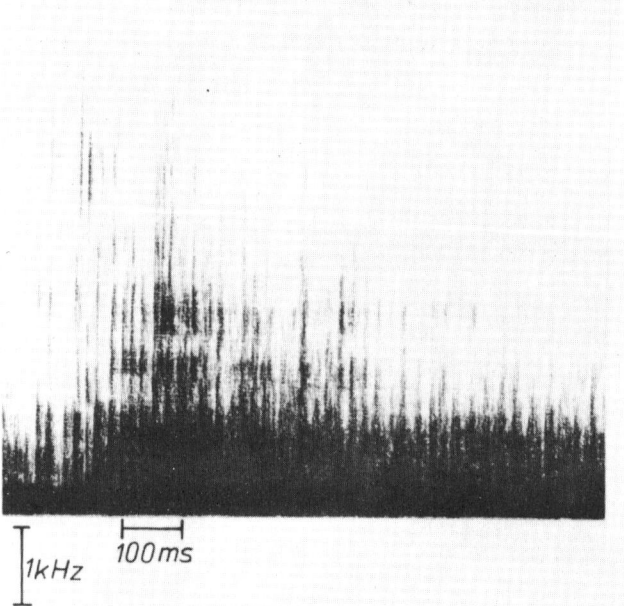

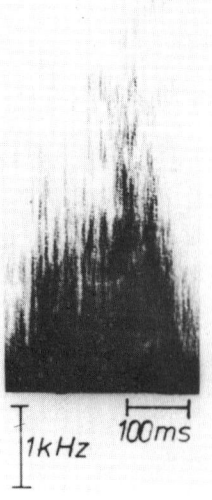

oben links
a Grunzlaut der Bache «Fuchsi» bei der Geburt (Herstellung des Mutter-Kind-Kontaktes)
b Grunzlaut der Bache «Fuchsi» beim Saugen (Stimmfühlung)

oben rechts
Werbelaut eines Keilers (im Hintergrund Kampflaut)

unten links
Warnlaut einer Bache

unten rechts
Alarmlaut einer Bache (G = Grunzanteil, S = stimmhafter Anteil, Sch = Schnaufen)

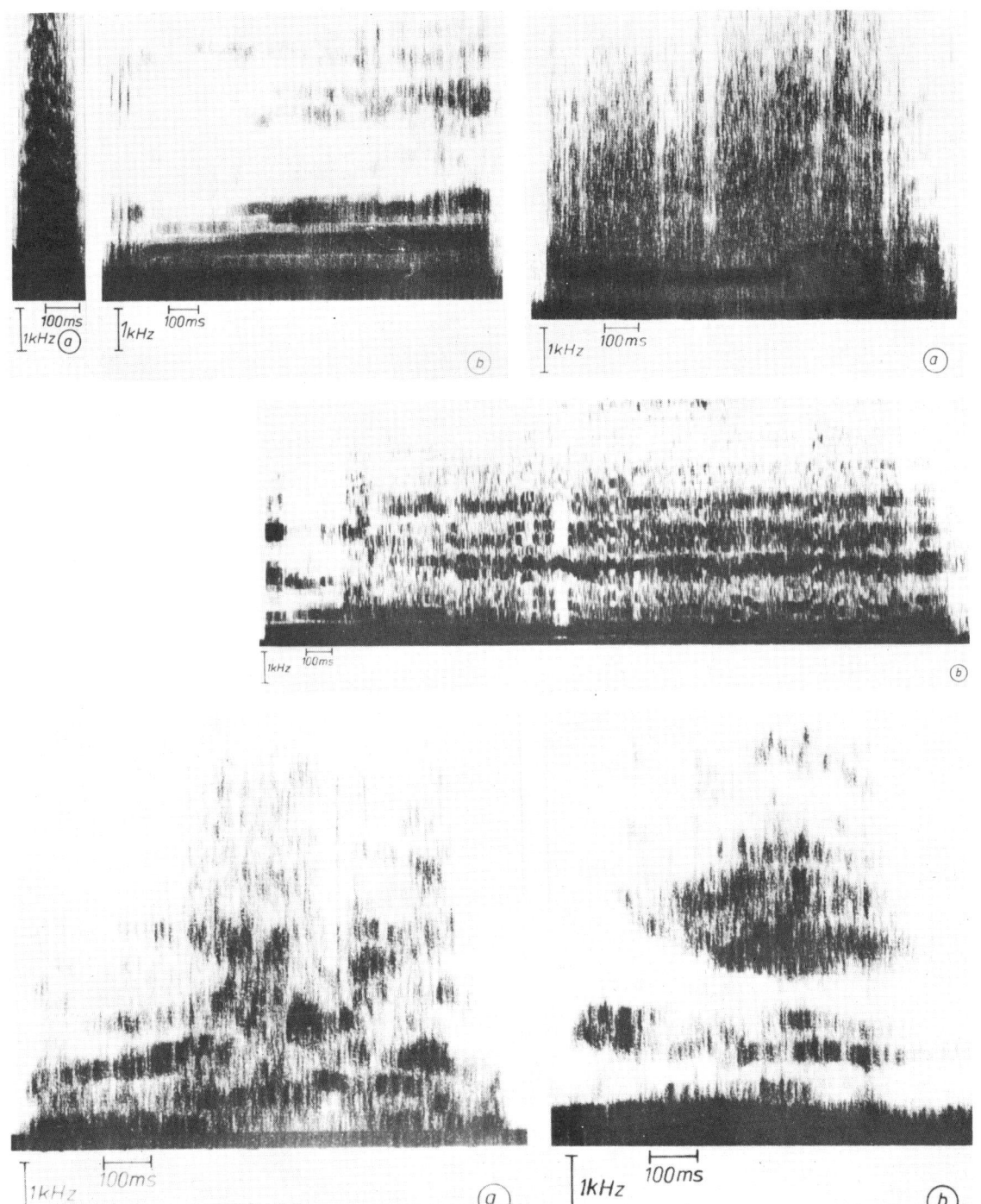

oben links
a Angstlaut eines Frischlings, geäußert
beim Ergreifen und Hochnehmen
b Klagelaut eines Frischlings

oben rechts
a Lautäußerung einer Bache, die von
einem ranghöheren Tier vom Futter
verdrängt wird (Abwehrlaut)

Mitte
b Lautäußerung einer Bache bei der
Abwehr eines sie bedrängenden Keilers

unten
a Kampflaut einer Bache, geäußert bei
einem Rangordnungskampf
b Kampflaut eines Keilers, geäußert bei
einem Rivalenkampf

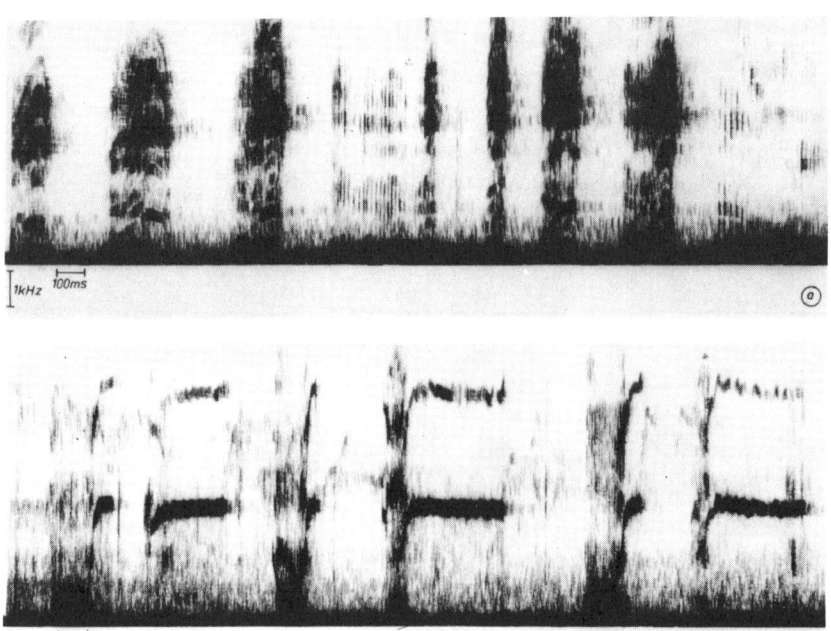

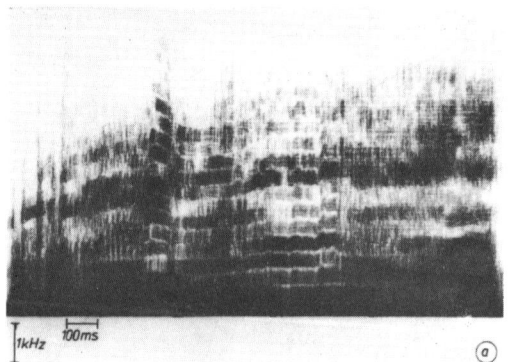
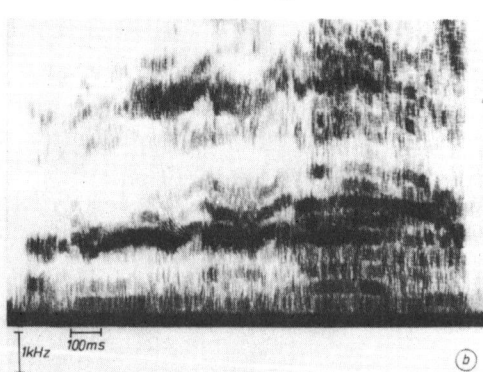

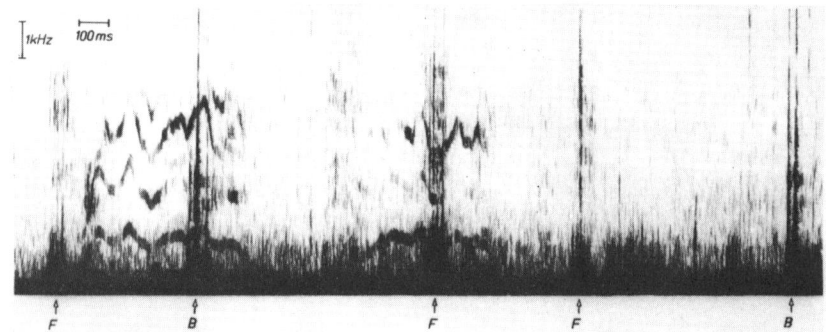

oben
a Suchlaut einer von der Rotte isolierten Bache
b Suchlaut eines von der Rotte isolierten Frischlings

Mitte
a Hungerlaut einer Bache, die bei der Futteraufnahme einem ranghöheren Tier den Vortritt lassen muß
b Hungerlaut eines verwaisten, verhungernden Frischlings

unten
Kontaktlaute der Bache «Kleine» und ihrer Frischlinge (B = Bache, F = Frischlinge)

oben
17 Frischlinge können nicht von einer
Bache sein

Mitte
Durch Nasenkontakt bzw. durch
Kontaktlaute finden die Frischlinge zur
Mutter

unten
Nun ist die Ordnung wieder hergestellt

Wenn keine akustischen Signale gegeben
werden, erfolgt die Individualerkennung
durch den Nasenkontakt

oben
Eine visuelle Individualerkennung unter
Wildschweinen ist vermutlich nicht
möglich. Auf Nahdistanz wird aber mit
Sicherheit der höhere Rang an der
größeren Körpermasse erkannt

unten
Familienfremde Tiere werden
kompromißlos abgeschlagen

oben
Nach der Abhaarung wirken alle Gebreche
lang

unten
Verletzte oder kranke Tiere bleiben
deutlich in der Abhaarung zurück. Beide
Tiere sind Geschwister, wobei das linke
den rechten Unterlauf durch einen
schlechten Schuß verloren hat

Kenntnis der dazu gehörigen Verhaltensweisen haben z. B. aufgezeichnete Lautäußerungen wenig Wert. Erst nachdem ich mehrere Jahre lang das Sozialleben dieser Schwarzwildpopulation beobachtet und kennengelernt hatte, begann ich mit den Untersuchungen ihrer Verständigungs- und Erkennungsformen. Um alle verwandtschaftlichen Beziehungen nachweisen zu können, waren die Markierung und die Führung eines Soziogrammes weitere Voraussetzungen für diese Forschungsarbeit. Ziel der Untersuchungen sollte sein, möglichst alle drei Kanäle der Informationsübertragung unter den Bedingungen der freien Wildbahn darzustellen — den akustischen (hören), den olfaktorischen (riechen) und den visuellen (sehen) Kanal.

Als Versuchstiere wählte ich sieben besonders vertraute Stücke aus, bei denen gewährleistet war, daß sie mich während der Geburt ihrer Frischlinge in naher Distanz dulden würden, so daß alle Phasen der Prägung im Wurfkessel von der Geburt an beobachtet, gefilmt und auf Tonbändern aufgezeichnet werden konnten. Außerdem sollten möglichst alle verfügbaren Altersklassen unter den Versuchstieren vertreten sein.

Systematisch wurden nun 2½ Jahre lang von einzelnen Tieren bzw. Familiengruppen alle Phasen der akustischen und olfaktorischen Prägung bis zum ersten Zusammentreffen im Familienverband mit der Kamera und dem Bandgerät verfolgt und aufgezeichnet. Vermutlich ist es erstmals in der Welt gelungen, ein umfassendes Lautinventar von einer freilebenden Säugetierart zu schaffen.

Es liegen zwar mehrere Arbeiten über das europäische Wildschwein vor (Beuerle, Gundlach, Mohr, Snethlage, Olof u. a.), in denen die Ethologie des Wildschweines behandelt wird; dabei ist jedoch der akustischen Seite der Kommunikation nur wenig Aufmerksamkeit gewidmet worden. Lautäußerungen werden nur vereinzelt und mit verbaler Umschreibung behandelt. Frädrich unterscheidet z. B. zwischen Geräuschen, stimmlosen und stimmhaften Lauten, und Gundlach beschreibt auch Lautäußerungen in bestimmten Situationen (Lockgrunzen, Schreck- oder Warnlaut, Quieken bei Berührung).

Zu bemerken ist, daß es sich bei den bisher in der Literatur beschriebenen Tieren meist um Gruppen handelt, die in Gattern oder Parks lebten und deren soziale Struktur stark gestört war. Es ist daher anzunehmen, daß auch die Kommunikation dieser Tiere durch ihre Lebensbedingungen beeinträchtigt wurde. Erst durch meinen Sozialkontakt zu Wildschweinen war es möglich, in umfassender Weise dieses Material in freier Wildbahn zu sammeln und auszuwerten. Nach dem gegenwärtigen Stand der Untersuchungen reichen den Wildschweinen zehn Grundlaute, die teilweise modifiziert werden, für die Verständigung untereinander aus, und zwar: Kontakt-, Hunger-, Schmerz-, Kampf-, Such-, Angst-, Alarm-, Abwehr- und Werbelaute. Die folgende Tabelle gibt die Zeiten für das Auftreten der spezifischen Laute an.

ab Geburt:	Kontaktlaut, Hungerlaut, Schmerzlaut
ab 3. Tag	Suchlaut, Angstlaut, Kampflaut, Abwehrlaut
ab 3. Woche:	Warnlaut, Alarmlaut
ab 6. Monat:	Werbelaut

Die auf Band gespeicherten Laute wertete ich methodisch aus durch Verhaltensanalysen,
Playback-Experimente und
akustische Analysen.

Dankenswerterweise wurde die spektralanalytische Auswertung des kompletten Lautinventars durch die Herren Dr. sc. med. Siegert und Dr. rer. nat. F. Klingholz an der Friedrich-Schiller-Universität Jena, Abt. Phoniatrie, vorgenommen. Von Siegert und Klingholz wurde nicht das Verhältnis vom akustischen Ausdrucksverhalten zum Gesamtverhalten untersucht, sondern das Lautinventar anhand von Klangspektogrammen dokumentiert sowie akustisch-spektralanalytisch systematisiert und das Problem der Individualerkennung analysiert.

Die auf Band gespeicherten akustischen Signale wurden von den Wissenschaftlern mittels eines Sonagraphen und eines UV-Lichtschreibers dargestellt und anschließend ausgewertet. Siegert und Klingholz ordneten die zehn Laute in drei Gruppen ein.

Gruppe 1: Kontaktlaute.
Diese Laute sind Grunzlaute. Sie tragen im wesentlichen die Information über das Individuum. Ihre akustische Struktur ist von Tier zu Tier verschieden.

Gruppe 2: Kampf-, Abwehr-, Such-, Hunger-, Angst-, Schmerzlaute.
In dieser Gruppe finden sich ausschließlich Laute, die mit Quieken

oder Schreien beschrieben werden. Sie werden in Situationen oder bei Verhaltensweisen geäußert, die mit stark motival oder emotional bedingten Zuständen der Tiere verbunden sind. In der Gruppe 2 konnten bei dem bisher vorliegenden Material keine individuellen Merkmale festgestellt werden. Sie sind aber nicht auszuschließen. Playback-Versuche, die ich 1977 durchgeführt hatte, zeigten aber, daß das Vorspielen von Such- und Hungerlauten bestimmter Frischlinge die dazugehörende Mutterbache veranlaßte, Locklaute auszustoßen bzw. die Seitenlage einzunehmen, um ihren Nachwuchs saugen zu lassen. Alle anderen Tiere der Gruppe blieben eine gewisse Zeit danach inaktiv. Auch belegen Filmaufnahmen, daß z. B. verspätet und quiekend ankommende Frischlinge nach kurzer Differenzierung von der Mutter erkannt und durch Kontaktlaute zur Gruppe geführt wurden. Daraus ergibt sich die Schlußfolgerung, daß in den Such- und Hungerlauten individuelle Merkmale vorhanden sein müssen. Dagegen wurde eine aggressive Reaktion von allen Mutterbachen beim Ausstoßen von Abwehr-, Angst- und Schmerzlauten durch die Frischlinge, die nicht ihre eigenen zu sein brauchten, festgestellt. Ich wurde z. B. von mehreren Bachen angegriffen, als ich einen mutterlosen Frischling hochnahm, um ihn im Auto zur künstlichen Aufzucht mitzunehmen. Bei diesen letztgenannten Lauten scheint keine Individualerkennung notwendig zu sein.

Gruppe 3: Werbe-, Warn-, Alarmlaute.
Diese Gruppe wird von Siegert und Klingholz folgendermaßen beschrieben: »Diese drei Laute nehmen eine Zwischenstellung ein. Der Werbelaut wird wahrscheinlich durch rhythmisches Lösen eines dorsalvelaren Verschlusses erzeugt und ist daher eine Art Grenzfall des Grunzens. Warn- und Alarmlaute tragen keine individuellen Merkmale, d. h. alle Tiere (auch Nichtfamilienmitglieder) fühlen sich davon angesprochen und beeinflussen den motorischen Status der Tiere (Flucht).« Allgemein erfolgt der Nachweis der akustischen Individualerkennung im Tierreich auf unterschiedlichem Niveau. Zuerst beobachtet man mit den eigenen Sinnesorganen und beschreibt, was man gesehen und gehört hat. Da die eigenen Sinne und die menschlichen Umschreibungen jedoch nicht für die Verständigung unter Schweinen eingerichtet sind, besteht die Gefahr, daß man gerade die wesentlichen Kleinigkeiten übersieht. Es bieten sich deshalb Playback-Experimente zur Sicherung bzw. Präzisierung

der ersten Laut- und Verhaltensanalysen an. Dabei werden bei einer passenden Gelegenheit einzelnen Tieren oder auch der ganzen Gruppe über Lautsprecher Tonbandaufzeichnungen ihrer eigenen Laute wieder vorgespielt und die dadurch ausgelösten Aktivitäten mit dem Ursprungsprotokoll verglichen. Die letzte Stufe der akustischen Untersuchung besteht schließlich in der physikalischen Analyse der Laute. Den dabei entstehenden Sonagrammen kann man sogar entnehmen, ob bestimmte Laute individuell verschieden »artikuliert« sind und beispielsweise dem gegenseitigen Erkennen von Mutter und Nachkommen dienen könnten.

Bei intensiver Beobachtung des Schwarzwildes ist der Mensch in der Lage, mit bloßem Ohr verschiedene Tiere an ihren Lautäußerungen zu erkennen, und es scheint sogar, als ob das Lautinventar größer wäre, als hier angegeben. Doch die Sonagramme zeigen, daß tatsächlich nur zehn verschiedene Laute vorhanden sind.

In den Jahren 1977 bis 1979 führte ich eine ganze Reihe von Playback-Experimenten mit den verschiedensten Tieren aller verfügbaren Altersklassen durch, d. h. alle aufgezeichneten Laute wurden ihnen nach einer bestimmten Methode über einen Lautsprecher wieder vorgespielt. Wir wußten z. B. bis dahin nicht, ob eine Mutterbache ihre Frischlinge in jedem Jahr mit den gleichen Lauten auf sich prägt oder für jede Generation andere Prägelaute benutzt. Um diese Frage zu klären, zeichnete ich von Bachen in den Jahren 1977 und 1978 Prägelaute auf. Die ein Jahr später durchgeführten Playback-Experimente zeigten, daß die Mutterbache auf das Vorspielen von Hungerlauten ihrer Frischlinge des Vorjahres genauso reagiert wie auf Hungerlaute der Frischlinge, die sie momentan führte; sie nahm die Seitenlage ein und ließ ihre Frischlinge saugen. Diese Versuche wiederholte ich mehrfach, so daß wir heute wissen, daß Mutterbachen ihren Nachwuchs in jedem Jahr mit den gleichen Lauten auf sich prägen. Der spätere Vergleich der Spektralanalysen der Laute konnte diese Tatsache zweifelsfrei nachweisen.

1978 führte ich einen Versuch mit vier 12 Tage alten Frischlingen durch, deren Mutter leider erlegt worden war. Vor Erlegung dieser Mutterbache konnte ich noch Kontaktlaute von ihr aufzeichnen. Diese Laute spielte ich später ihren Frischlingen vor, als sie, Suchlaute ausstoßend, umherirrten und ihre Mutter suchten. Zielgerichtet liefen sie zum Lautsprecher und schoben sich dort ein.

Da sich das Wild an alle bisher bekannten chemischen und mechanischen Wildschadenverhütungsmittel nach kurzer Zeit gewöhnt, bereitete ich mit besonderer Spannung Playback-Experimente mit Warn-, Alarm- und Klagelauten vor. Vielleicht war es möglich, mit diesen echten biologischen Signalen den Gewöhnungseffekt auszuschalten? Meine bisherigen Beobachtungen hatten gezeigt, daß auf 20, 30 oder noch mehr ausgestoßene Warn- und Alarmlaute pro Tag immer die gesamte Rotte mit Flucht reagierte. Alle Playback-Experimente lösten die gleiche Reaktion aus: die Sauen flüchteten, sobald ich ihnen die Laute vom Bandgerät vorspielte. Jagdfreunde staunten sehr, als ich eine Rotte Sauen mit dieser Methode innerhalb weniger Sekunden aus einem Maisschlag verscheuchte.

Im Gegensatz zu den Kontaktlauten, die individuelle Merkmale tragen, mit denen nur bestimmte Tiere der eigenen Familie angesprochen werden, und die zudem nur in Situationen geäußert werden, in denen eine Information für das einzelne Individuum notwendig ist, sind die Warn- und Alarmlaute aller Wildschweine in ihrer Struktur gleich. Das bedeutet: solche Laute von Wildschweinen, in Burg aufgezeichnet, veranlassen auch Wildschweine in Thüringen oder anderswo zur Flucht. Die praktische Anwendung dieser Erkenntnis zur Verhütung von Wildschäden werde ich später im Kapitel »Wildschadenverhütung« erläutern.

Warn-, Abwehr- und Hungerlaute haben eine längere Dauer als die übrigen Laute. Man kann daher schlußfolgern, daß die Lautdauer beim Warnlaut mit dem eingeschätzten Grad der Gefahr,

beim Abwehrlaut mit dem Erregungsniveau,

beim Hungerlaut mit der Stärke des Hungergefühls

im Zusammenhang stehen muß. Wie schon dargelegt wurde, beweisen meine Forschungsergebnisse auch, daß eine Erkennung durch Laute zwischen Bache und Frischling möglich ist. Zu dieser Erkenntnis im Widerspruch steht Gundlachs Ansicht, daß

1. die Bache ihre eigenen Frischlinge nicht an der Stimme erkennt,

2. ein Muttertier, das mit fremden Frischlingen zusammenkommt, diese beißt,

3. zwei Bachen, die gemeinsam in einem Wurfnest ihre Jungen aufziehen, ihre eigenen Jungtiere nicht von den fremden unterscheiden können.

Aus diesen Meinungen kann man schließen, daß Gundlach nicht den Geburtsvorgang selbst beobachten konnte, sondern frühestens drei bis vier Tage danach am Kessel war. Nach meinen Erfahrungen, die ich an über 50 Würfen gewinnen konnte, frischen zwei Bachen in der Wildbahn niemals gemeinschaftlich in einem Wurfkessel. Der früheste Termin der Aufgabe des Kessels war nach meinen Beobachtungen der vierte Tag nach der Geburt. Dann erst trafen die einzelnen Familiengruppen zum mehr oder weniger großen Familienverband zusammen, die Mutterbachen (bis zu drei Bachen) bezogen gemeinsame Schlafkessel und zogen darin ihre Frischlinge auf. Gundlach war meiner Ansicht nach nicht an einem Wurf-, sondern an einem Schlafkessel. Die Prägung der Frischlinge auf die Mutter ist aber nach dieser Zeit schon abgeschlossen, so daß sie sich mit Sicherheit durch Kontaktlaute individuell erkennen.

Die Bedeutung des geruchlichen Teiles der Kommunikation beschränkt sich beim Schwarzwild fast ausschließlich auf den körpernahen Bereich bzw. auf den Körperkontakt. Nach mehrjähriger Beobachtung kann ich feststellen, daß diesem Teil mit Sicherheit der gleiche Rang zukommt wie dem akustischen. Ebenso wie die Jungen sofort nach der Geburt von der Mutter auf Laute geprägt werden, geschieht dies auch in bezug auf den Geruch. Drei Varianten konnten ermittelt werden:
1. Nasenkontakt,
2. geruchliche Kontaktnahme an den Läufen (Karpaldrüsen)
3. geruchliche Kontaktnahme an den Augendrüsen.

Die Reihenfolge 1 bis 3 spiegelt gleichzeitig die Häufigkeit des Auftretens wider, denn der Nasenkontakt ist bei älteren Tieren vorherrschend, wenn keine Laute, z. B. bei Annäherung, ausgestoßen werden. Aber auch eine Kombination von lautlicher und geruchlicher Kontaktnahme ist möglich.

Frischlinge ziehen für die Individualerkennung die zweite Variante vor und orientieren sich überwiegend durch geruchliche Kontaktnahme an den Läufen (Karpaldrüsen). Eine Kombination mit Kontaktlauten war auch hier feststellbar. Analysen bezüglich individueller Merkmale der Sekrete von Karpaldrüsen stehen noch aus. doch sind solche individuellen Merkmale mit Sicherheit vorhanden. Es steht außer Zweifel, daß Frischlinge die Mutter anhand einer Geruchskontrolle an den Karpaldrüsen bzw. durch Nasenkontakt erkennen, auch wenn dabei keine Laute ausgestoßen werden. Vielfach konnte ich durch Filmaufnahmen belegen, daß Frischlinge nach einem solchen Kontakt bei verschiedenen anderen Bachen weiter die Mutter suchten und, schließlich bei ihr angekommen, sofort saugten.

Die dritte Variante hat die geringste Bedeutung. Am meisten noch konnte sie unmittelbar nach dem Nasenkontakt beobachtet werden, so daß anzunehmen ist, daß der Individualgeruch des Speichels für die Frischlinge nicht immer als Erkennungsmerkmal ausreicht.

Während der Paarungszeit bzw. kurz davor muß der Speichel jedoch starke geschlechtsbetonte Merkmale aufweisen.

Die Bachen setzen zu dieser Zeit an Malbäumen und -ästen Speichel ab, der mit den Augendrüsen verrieben wird. Die so markierten Bäume oder Äste werden zielstrebig von den dazustoßenden Keilern aufgesucht und einer intensiven Geruchskontrolle unterzogen. Man kann annehmen, daß die Bachen auf diese Weise den irgendwo im Revier lebenden Keilern die Information geben: »Hier befinden sich aufnahmebereite Bachen.«

Die Keiler produzieren während dieser Zeit durch ständiges Schlagen mit dem Unterkiefer einen steifen Speichelschaum, um ihn auch an bestimmten Stämmen oder Ästen abzusetzen. Er wird so hoch wie nur irgend möglich abgestreift, so daß anzunehmen ist, sie wollen ihren Konkurrenten dadurch eine Information über ihre Größe bzw. Stärke geben. Alle Keiler, auch die schwächeren, so konnte mehrere Jahre lang beobachtet werden, liefen stets die gleichen Punkte an, um ebenfalls Speichelschaum, möglichst noch höher als der Vorgänger, dort abzusetzen. Erstaunlich ist, daß die gleichen Punkte in jedem folgenden Jahr wieder von den Keilern angenommen wurden. Dieser Speichelschaum muß also Substanzen enthalten, die trotz der Witterungseinflüsse nach mindestens einem Jahr von den Tieren noch geruchlich wahrgenommen werden. Es ist bekannt, daß das Sehvermögen bei den Schweinen weniger ausgebildet ist als bei vielen anderen Säugern. Diese Tatsache ist der Grund dafür, daß das Sehen die geringste Bedeutung für die Kommunikation bei Wildschweinen besitzt. Ihre visuellen Differenzierungsmöglichkeiten sind so schlecht, daß sie nicht in der Lage sind, ihre Frischlinge, trotz der völlig unterschiedlichen Streifenzeichnung, zu erkennen. Es sind immer akustische Signale oder ein geruchlicher Kontakt dafür notwendig. Trotz alledem hat auch die visuelle Erkennung für den Nahbereich eine gewisse Bedeutung, zumindest bei älteren Tieren. Am günstigsten ließen sich diese Erkenntnisse bei

Versuchen im Zusammenhang mit der sozialen Rangordnung sammeln. Erhob ein ranghöheres Stück Anspruch auf bevorzugte Nahrung, so überließen rangniedrigere Tiere freiwillig diesem den Platz, ohne daß dabei akustische Signale gegeben oder ein geruchlicher Kontakt genommen wurden. Die Distanz, welche für eine visuelle Erkennung des Ranghöheren oder der Rangniedrigeren nötig war, lag zwischen 0,5 und 1,5 Metern.

Bei Annäherung eines einzelnen Stücks an die Rotte bzw. verspäteter Ankunft waren generell akustische Laute notwendig, um ihr nicht Anlaß zur Flucht zu geben. Der geruchliche Teil der Erkennung hatte in solch einem Fall wenig oder keine Bedeutung. Ein individuelles Erkennen der Tiere untereinander ist mit hoher Wahrscheinlichkeit nicht möglich. Vermutlich wird der höhere oder niedrigere Rang durch die größere oder geringere Körpermasse signalisiert (siehe Kapitel »Rangordnung«).

Neuere Versuche mit Hausschweinen scheinen dies zu bestätigen. Machte man nämlich Hausschweingruppen mittels undurchsichtiger Kontaktlinsen blind und beobachtete dabei ihr Verhalten, dann benahmen sich die Tiere trotz Blindheit völlig normal. Sie erkannten sich weiterhin gegenseitig und zeigten kein vermehrtes agonistisches Verhalten. Nachdem man ihnen die Kontaktlinsen abgenommen hatte, setzte man den Schweinen Kopfmasken auf, die ihnen auch die Erkennung durch den Geruch unmöglich machten. Jetzt waren sie nicht mehr in der Lage, sich individuell zu erkennen, und verhielten sich zueinander aggressiv.

Zusammenfassend können wir feststellen: Kontaktlaute dienen der Erkennung der Tiere untereinander und werden während der Geburt, beim Saugen, zum Locken und zum Zwecke des Zusammenhaltes des Familienverbandes geäußert. Daß Kontaktlaute individuelle Merkmale enthalten, war durch Playback-Experimente und durch Spektralanalysen zweifelsfrei nachweisbar, so daß das Problem der akustischen Individualerkennung beim europäischen Wildschwein als weitgehend geklärt angesehen werden kann. Auch ließen sich aus der akustischen Struktur der Grunzlaute verwandtschaftliche Beziehungen zwischen den Tieren (Wurfgeschwister, Mutter-Kind) ableiten. Dadurch wurde neben den Playback-Experimenten nochmals die akustische Mutter-Kind Erkennung nachgewiesen. Der geruchliche Kanal hat für die Individualerkennung beim Schwarzwild zumindest den gleichen Rang wie die Lautäußerungen. Seine Bedeutung liegt im körpernahen Bereich bzw. im Körperkontakt. Eine allein auf Grund des Geruchs erfolgende Individualerkennung ohne Körperkontakt und ohne akustische Beeinflussung ist mit hoher Wahrscheinlichkeit unter den Wildschweinen allerdings nicht möglich. Die Frage, inwieweit auf Wechseln eine individuelle Erkennung möglich ist, kann noch nicht sicher beantwortet werden. Daß »familieneigene« Wechsel von den einzelnen Rotten immer wieder benutzt wurden, war zweifelsfrei zu ermitteln.

Rangordnung

Bei sozial lebenden höheren Tieren ist es notwendig, daß eine gewisse Ordnung innerhalb der Gruppe herrscht. Wäre sie nicht vorhanden, so würde diese Gemeinschaft durch ständige Kämpfe innerhalb kürzester Zeit auseinanderfallen. Aus diesem Grunde hat jedes Tier solch einer Sozietät einen bestimmten Platz innerhalb seiner Herde, Horde oder Rotte. In bezug auf unsere landwirtschaftlichen Nutztiere ist die Kenntnis dieser Tatsache von großer Bedeutung, da sie in unmittelbarem Zusammenhang mit der Leistung und dem Ertrag steht. So ist es durchaus folgerichtig, daß bei Gemeinschaftshaltung, z. B. von Hausschweinen, rangniedrige Tiere nicht dasselbe Gewicht erreichen können wie ranghöhere. Sie werden ständig vom Futtertrog abgebissen. Werden aber Gruppen von gleichrangigen Tieren zusammengeführt, ergeben sich ständig Beißereien. So ist es für die Zuchtbetriebe nicht einfach, die passenden Tiere zusammenzubringen. Nur durch Beobachtung und Kenntnis der Rangordnung ist es möglich, maximale Erträge zu erzielen.

Natürlich besteht auch innerhalb einer Rotte von Wildschweinen eine genaue Rangfolge. Jedes Stück dieser Gemeinschaft hat seinen bestimmten Platz. Mehrere Jahre hatte ich Gelegenheit zu beobachten, nach welchen Regeln dieser Rang entsteht oder sich verändert. Wie bereits angedeutet, läßt sich die soziale Rangordnung innerhalb einer Gruppe am günstigsten während der Aufnahme des Fraßes feststellen. Im gesamten Zeitablauf meiner Beobachtungen notierte ich die Rangstellungen der Keiler, Bachen, Überläufer und Frischlinge in einem Soziogramm, um durch diese Registrierung auch nach Jahren noch die Entwicklung dieser sich ständig vergrößernden Rotte verfolgen zu können.

Über die Stellung älterer Keiler in einer Gruppe außerhalb der Rauschzeit konnte ich leider keine Erfahrungen sammeln, da diese Stücke in der freien Wildbahn grundsätzlich Einzelgänger sind. In der Gefangenschaft, wo sie notgedrungen mit weiblichen Stükken zusammen gehalten werden, dominierten diese Keiler über Bachen. Nach meinen Erfahrungen ist das Alter ausschlaggebend für den Rang. Nie lag ein jüngeres Mitglied der Rotte höher als ein älteres.

Sind mehrere Tiere in einer Altersstufe, so wird der Rang ausgekämpft, wobei ich feststellen konnte, daß die Ranghöheren immer diejenigen waren, die die größere Körpermasse hatten. Daß darüber hinaus das Alter für einen Spitzenrang über die Körpermasse dominierte, dafür hatte ich in jeder Altersgruppe Beweise. Die 2 fünfjährigen Bachen z. B. konnten all die Jahre hindurch trotz ihres deutlich geringeren Gewichtes gegenüber der Gruppe der Dreijährigen ihre Spitzenstellung unangefochten behaupten. Ohne Beißereien oder Kampf wurde ihnen der Fraß bereitwillig von allen anderen überlassen.

Eine weitere wichtige Erkenntnis ist, daß nichtrevieransässige Rotten grundsätzlich niedriger im Rang stehen als die Revierbesitzenden. Mehrfach konnte ich beobachten, wie durchziehende fremde Rotten kompromißlos verjagt wurden. Diese Feststellung ist auch von großer Bedeutung für die Zusammenstellung von Tiergruppen in der Gefangenschaft. Um längere, meist blutige Auseinandersetzungen zu vermeiden, sollten fremde Tiere nicht in bereits besetzte Gehege, Käfige oder Buchten zugesetzt werden. Am günstigsten ist es, wenn alle gleichzeitig eine neue Beherbergung beziehen. Dort sind die Voraussetzungen für alle gleich, und es sind keine ernsthaften Verletzungen oder Verluste durch Revierkämpfe zu erwarten. Gerade Revierkämpfe werden sehr hart, oftmals bis zum Tode ausgekämpft.

Über zwei Jahrzehnte konnte ich speziell bei Papageien auf diesem Gebiet Erfahrungen sammeln. Werden diese Regeln befolgt, so wird sich sehr schnell eine Rangordnung herausbilden, die stets von den Mitgliedern dieser Gruppe eingehalten wird.

Gegenstand meiner Untersuchungen bei über 50 Würfen Schwarzwild unter den Bedingungen der freien Wildbahn war, die Entwicklung der Rangstellung vom neugeborenen Frischling an zu ergründen. Da es mir gelungen war, mehrmals den Geburtsvorgang aus nächster Nähe zu beobachten, konnte ich schon bei den jüngsten Mitgliedern der Rotte meine Erfahrungen sammeln.

Im Gegensatz zu den Hausschweinen, wo sich bereits nach der Geburt eine gewisse Saugordnung einstellen kann, war dieses Verhalten bei Wildschweinen absolut nicht feststellbar. Genau das Gegenteil war der Fall. Eine größere Unordnung während des Saugens als bei dieser Wildart habe ich noch niemals kennengelernt. Bei 10 gleichzeitig führenden Bachen, deren 62 Frischlinge nur einige Tage unterschiedlich alt waren, saugte jeder Frischling dort, wo er gerade eine Zitze erwischte.

Durch Hunderte Meter Filmaufnahmen kann ich belegen, daß alle Bachen jeden Frischling der Rotte saugen ließen, auch wenn es nicht ihr eigener war. Das änderte sich in der vierten Lebenswoche. Ohne jeden erkennbaren Grund gab es plötzlich unter den Frischlingen Beißereien um die Zitzen. In wenigen Tagen war nun die Saugordnung geregelt. Jeder Frischling hatte seine eigene Zitze, die er notfalls ernsthaft verteidigte. Daran nahmen die Bachen keinerlei Anteil und griffen niemals in diese Auseinandersetzungen ein. Durch die individuelle Zeichnung und durch Belegaufnahmen konnte ich feststellen, daß jeder Frischling nur noch bei seiner Mutter saugte. Die Erkennung zwischen Bache und Frischling erfolgte durch zwei verschiedene Methoden, einmal durch den Geruch und zum anderen durch das Gehör. Das Gesicht hat dabei keinerlei Bedeutung. Wollte eine Bache ihre Jungen saugen lassen, so stieß sie bestimmte, sehr tiefe und kurze Grunzlaute aus, worauf sich nur die zu ihr gehörenden Frischlinge aus der Masse lösten und ihrer Mutter folgten.

Wie die Frischlinge ihre Mütter innerhalb der Rotte herausfanden, wenn diese keine Laute von sich gaben, konnte ich vielfach sehen und auch durch Filmaufnahmen belegen. Sie rannten quiekend von Bache zu Bache und beschnupperten deren Läufe, bis sie bei der Mutter angelangt waren. Bei Schweinen liegen dort die sogenannten Karpal-Drüsen, welche ein schleimiges Sekret absondern. Mit Sicherheit kann angenommen werden, daß die Frischlinge ihre Mütter am Geruch dieser Drüsen bzw. des Sekretes erkennen. Wie es aber möglich ist, daß sie sofort ihre richtige Zitze finden, ist für mich bis zum heutigen Tage rätselhaft geblieben. Zielstrebig wird sie angenommen, ohne daß sie sich dabei irren oder sie verwechseln.

Frischlinge sind in den ersten vier Lebensmonaten in die Rang-

ordnung nicht mit einbezogen, sie genießen, wenn man es so aus-
drücken will, Narrenfreiheit. Fast alles dürfen sie sich gegenüber
den Älteren erlauben, selten werden sie bestraft. Untereinander
kämpfen sie aber schon spielerisch den Rang aus. Dabei konnte ich
feststellen, daß die Körpermasse für die Rangstellung in diesem Alter auch schon eine gewisse Bedeutung zu haben scheint.

Bei der Aufnahme des Fraßes scheiden sie grundsätzlich aus
der Rangfolge aus. Jedes Mitglied der Rotte, auch die nichtführenden Stücke wie die vorjährigen Keiler, dulden die Frischlinge neben
sich, ohne »futterneidisch« zu sein. Nach 4½ Monaten, wenn die
Frischlinge von der Muttermilch abgesetzt sind, ändert sich das Verhalten der führenden Bachen. Dann gestatten sie nur noch ihren
eigenen Frischlingen die Futteraufnahme in der Nähe. Das bedeutet, daß die Nachkommen der ranghohen Sauen bei meinen Fütterungen immer besser wegkamen als die der rangniederen. Daraus
läßt sich schlußfolgern, daß der Nachwuchs von ranghohen Bachen
auf Grund seines meist größeren Körpergewichtes auch später eine
Spitzenstellung einnehmen wird.

Der Futterneid der Mutter gegenüber ihren Frischlingen er-
wacht, wenn sie ein Alter von 7 bis 8 Monaten erreicht haben. Von
nun an müssen sich alle Frischlinge der Rotte in diese Gemeinschaft
nach Rängen einordnen. Sie werden ausgekämpft und liegen im
10. Lebensmonat genau fest. Die Rangordnung verändert sich aber 2
bis 3 Monate später nochmals. Von diesem Zeitpunkt an liegen
plötzlich alle männlichen Überläufer an niedrigster Stelle, wobei die
größere Körpermasse der Keiler gegenüber den Bachen jetzt ohne
Bedeutung ist. Die schwächste gleichaltrige Überläuferbache verjagt
die männlichen Stücke, was soweit führt, daß diese im Alter von 18
Monaten die Rotte für immer verlassen müssen. Von dieser Zeit an
sind sie grundsätzlich die Rangniedrigsten.

Jahrelang verfolgte ich diese Verhaltensweise sehr aufmerksam
und kann sie deshalb als Regel bezeichnen. Die Keiler bilden vorübergehend bis zur darauffolgenden Rauschzeit lockere Gemein-
schaften, in denen natürlich auch eine Rangordnung besteht. Die
Stärke der einzelnen Überläufer ist dafür ausschlaggebend, welchen
Platz sie dort einnehmen.

Daß sich eine Rangordnung im Laufe der Zeit ändern kann,
hatte ich bereits angedeutet. Sie kann sich aber nach meinen Erfahrungen nur innerhalb der Altersgruppen verschieben. Niemals war

in der von mir beobachteten Rotte — sie umfaßte acht Generationen — festzustellen, daß ältere Sauen im Rang niedriger standen als jüngere.

Eine der Schecken, es war Schwarzohr, die in der Gruppe der Einjährigen die Ranghöchste war, hatte im Mai 1976 am Vorderlauf eine böse Verletzung. Obwohl sie Frischlinge führte, war sie sofort auf den niedrigsten Rang abgerutscht. Alle Bachen, selbst die schwächste, nutzten diese Behinderung erbarmungslos aus. Gegenüber den Keilern, also der niedrigsten Gruppe, stand sie aber immer noch höher im Rang.

Eine Verletzung oder Krankheit kann sogar dazu führen, daß ein Stück für immer aus solch einer Gemeinschaft ausgestoßen wird. Schwarzohr hielt sich trotz ihrer Verletzung in der Rotte, und gespannt beobachtete ich in den nächsten Tagen und Wochen, ob sie diesen niedrigen Rang behalten mußte oder sich ihren alten Platz zurückerobern würde. Eine Woche später war es soweit, sie schonte ihren Vorderlauf nicht mehr. Weitere vier Tage später war sie vom 5. auf den 4. Platz emporgestiegen. Nun dauerte es Wochen, bis sie sich auf den 2. Rang vorgearbeitet hatte. Diese Rangstellung mußte sie, solange ich die Rotte beobachtete, behalten. Eine ihrer Schwestern, ebenfalls eine Schecke, gab ihre Spitzenposition nicht mehr ab. Diese ranghöchste Bache der Gruppe der Einjährigen führte noch keine Frischlinge, so daß man annehmen darf, daß es für den Rang innerhalb einer Rotte Sauen ohne Bedeutung ist, ob Frischlinge geführt werden oder nicht. Später fand ich diese Feststellung mehrfach bestätigt.

Ich möchte zusammenfassend sagen:

Eine Änderung der ausgefochtenen Rangordnung erfolgt nur noch bei Krankheit oder Verletzung. Die Rangänderung betrifft allein die Stellung innerhalb der Gruppe der gleichaltrigen Sauen. Nicht so ist es am Wurfkessel, dort herrschen andere Gesetze. Diese Beobachtungen mußte ich mehrfach machen. Am Kessel ist selbst das rangniedrigste weibliche Stück immer das stärkere. Das ist verständlich, da Schutztrieb und Mutterinstinkt alles andere überwiegen. Rangniedrigere greifen dort auch im Rang über ihnen stehende Rottenmitglieder ernstlich an und vertreiben sie. Schwarzwild, das normalerweise vor dem Menschen flüchtet, ist an diesem Ort auch für uns ein gefährlicher Gegner.

Meine Person war in die Rangfolge dieser Rotte in der Zwischenzeit, gleich einem Artgenossen, mit einbezogen worden. Ich galt als der Ranghöchste. Anfangs war es nicht so. Ständig hatte ich mich mit der vierjährigen Spitzenbache auseinanderzusetzen. Sie versuchte in regelmäßigen Zeitabständen, mir meinen vordersten Platz abzunehmen. Ich hatte Rangordnungskämpfe zu bestehen, die am Anfang immer zu meinem Nachteil ausgingen, da ich ihr Verhalten noch nicht richtig einschätzen konnte. Völlig überraschend griff sie mich an, so daß ich natürlich flüchtete. Sie verfolgte mich aber nur einige Meter und kehrte dann wie ein Sieger um. So konnte es nicht weitergehen, denn ich mußte diese Bache ständig im Auge behalten, und das störte meine Arbeit erheblich. Außerdem war es auch nicht ungefährlich. In ähnlicher Situation faßte ich mir ein Herz und ging mit erhobenen Armen auf sie zu. Dieser Angriff von mir kam nun für sie völlig überraschend, und sie wich mit angelegten Tellern und eingeklemmtem Pürzel — einer Unterlegenheitsgeste — zurück. Dann verfolgte ich sie und hatte damit den ersten Rangordnungskampf zu meinen Gunsten entschieden. Das war für die »Alte« eine Lehre. Nun hatte ich einige Monate Ruhe vor ihr und konnte mich ohne Risiko in der Rotte bewegen. Im Februar 1976, als ihre Frischlinge geboren waren, sollte meine Spitzenposition wieder in Gefahr geraten. Einige Wochen war sie äußerst aggressiv mir gegenüber, und ich mußte meinen Rang vorübergehend wieder an sie abtreten. Da ich jetzt das Verhalten der Bache genau kannte, wußte ich, daß mit ihr nicht zu spaßen war, solange ihre Frischlinge noch klein waren. Sie machte dieses Mal wirklich Ernst. Es war natürlich nicht so, daß ich mich in der Rotte nicht bewegen durfte, sondern sie verlangte von mir eine Distanz von 4 bis 5 Metern. Nachdem die Frischlinge ein Alter von 3 Wochen erreicht hatten, ließ die Aggressivität nach, und ich bemerkte, daß sie auf mich nur noch Scheinangriffe machte. Jetzt nutzte ich die Gelegenheit, ging auf sie zu und sprach sie dabei energisch an, worauf sie flüchtete. Da ich nun keinerlei Furcht mehr vor ihr zeigte, hatte ich meinen ersten Rang zurückerobert. Auch in der folgenden Zeit hatte ich keine ernsthaften Angriffe von ihr mehr zu befürchten, ich blieb nun der Ranghöchste in der Rotte.

Soziales Verhalten

Tierische Vergesellschaftungen definiert Tinbergen mit folgenden Worten: »Sozial heißt eine Art, wenn die Artangehörigen den Trieb haben, einige oder alle Instinkthandlungen in nahem Beisammensein zu vollziehen.«

»Sozialverhalten dient der kollektiven Erhaltungsstrategie«, meint Tembrock. Diese Lehrsätze beziehen sich auf Tiere, die in Sozietäten leben, wozu auch unser Schwarzwild zählt. Soziales Verhalten nimmt gerade beim Schwarzwild einen breiten Raum ein. Traf ich mit einzelnen Stücken meiner Rotte zusammen, zeigten sie sich scheu und mißtrauisch. In der Gruppe änderte sich das sofort. Sie verloren ihre Scheu, wozu sie, auf sich selbst gestellt, nicht den Mut fanden. Nur die Gruppe gab ihnen Sicherheit.

Die Bindungen der Bachen und Frischlinge halten meistens ca. $1\frac{1}{2}$ Jahre an, obwohl bereits wieder neue Frischlinge geführt werden. So konnte ich mehrfach beobachten, wie verschiedene Bachen noch einen Tag vor dem Frischen ihre vorjährigen Jungen pflegten. Sie benutzten auch die gleichen Schlafkessel. Als die alte Bache mir das erste Mal gestattete, sie zu ihrem Wurfkessel zu begleiten, war ich nicht wenig erstaunt, ihre sämtlichen vorjährigen Nachkommen, die noch nicht beschlagen waren, sowie die männlichen Frischlinge in unmittelbarer Nähe des Kessels zu sehen. Bisher wurde angenommen, daß sie in der Rotte so lange zusammenbleiben, bis ihre Mütter mit dem neuen Nachwuchs wieder zur Gruppe zurückkehren. Bei über zehn Bachen konnte beobachtet werden, daß die vorjährigen Jungen ihre Mütter zum Wurfkessel begleiteten und dort in der Nähe so lange verbleiben bis die Mutterbache es für richtig hält, zur Rotte zurückzukehren. Dem Wurfkessel dürfen sie sich jedoch nicht nähern. Die Mutter verlangt eine Distanz von ungefähr 20 bis 25 Schritt; wird dieser Abstand nicht eingehalten, werden sie kompromißlos abgebissen. Mehr zu diesen interessanten und vermutlich nicht bekannten Verhaltensweisen im Kapitel »Wurfkessel«.

Ich schilderte bereits, daß ein großer Teil der Aktivität von den Sauen zur sozialen Körperpflege genutzt wird. Sie selbst sind auf Grund ihrer anatomischen Gegebenheiten schwer in der Lage, bestimmte Körperteile zu pflegen. Durch Scheuern an den Malbäumen sind auch nicht alle Stellen erreichbar. Holzböcke z. B. setzen sich fast immer in den Federn oder hinter den Tellern an. Nur dadurch, daß sich die Sauen gegenseitig diese Körperteile absuchen, werden sie die Plagegeister los. Mit der Rüsselscheibe wird systematisch die Schwarte abgetastet und jeder Fremdkörper herausgebissen. Mit geschlossenen Lichtern und tiefen Grunzlauten liegen die Stücke dabei vollkommen entspannt auf der Seite und lassen sich in jede Stellung schubsen. Meine Beobachtungen ergaben dabei, daß die Intensität des Putzverhaltens im Zusammenhang mit dem Alter steht. Je älter das Stück ist, um so mehr ist der Drang zum Putzen vorhanden. Von der ältesten vierjährigen Bache wurden fast alle Frischlinge der Rotte versorgt. Sie legten sich hintereinander auf den Boden, und Stück für Stück kam an die Reihe. Um 20 bis 30 Frischlinge abzusuchen, benötigte sie bis zu 2 Stunden. Durch einen kurzen Biß oder Schubser aufgefordert, mußte der abgefertigte Frischling den Platz räumen. Bei Frischlingsbachen konnte diese soziale Körperpflege äußerst selten beobachtet werden. Erst nach dem zweiten Lebensjahr setzte sie verstärkt ein. Frischlinge untereinander zeigen schon sehr früh das gleiche Verhalten. Ab der 8. Lebenswoche putzen sie sich gegenseitig, später dann lassen sich auch die Mütter von ihrem Nachwuchs pflegen. Eigenartigerweise läßt diese Pflege im Alter von einem Jahr, wie ich es bereits erwähnte, nach, um sich dann im 2. Lebensjahr wieder zu verstärken.

Ich selbst hatte während des Putzens eines Frischlings mehrfach überraschende Angriffe der Mutterbache zu überstehen. Immer wenn ich einen bestimmten Frischling — es war ein kleiner Keiler, der markiert war — putzte, kam sofort die Mutter und griff mich an, um danach selbst diese Handlung fortzuführen. Ich forderte also ihre elterliche Aggression heraus. Nachdem ich anfangs vorsichtshalber zwei bis drei Schritte zurückwich, bestrafte ich sie später mit einigen Hieben über das Gebrech und behauptete dadurch meinen

Rang. Sofort änderte sie ihr Verhalten. Sie griff mich nicht mehr an, sondern ließ ihre Aggressivität an diesem Frischling aus und biß ihn in den Lauf. Es konnte auch vorkommen, daß sie irgendein sich in der Nähe aufhaltendes rangniedrigeres Stück annahm. Sie reagierte sich also an schwächeren Tieren ab, da sie sich an mich nicht mehr heranwagte.

Ein interessantes Erlebnis hatte ich im Oktober 1976. Eine Überläuferbache blieb seit einigen Wochen aus. Eines Morgens kam sie den Waldweg, der zur Fütterung führte, entlang, was zuerst mit einem Warnlaut von der Rotte registriert wurde. Als sie etwa auf acht bis zehn Schritte herangekommen war, löste sich eine der 4jährigen Bachen aus der Gruppe und lief dem Überläufer entgegen. Von beiden Stücken wurden glucksende Laute ausgestoßen. Sofort war das Verhalten der übrigen Sauen wieder normal. Diese 4jährige Bache war übrigens die Mutter des Überläufers. Mit Erschrecken mußte ich feststellen, daß das Stück einen Schuß im rechten Vorderlauf hatte, der dadurch vollständig zerschmettert war. Es humpelte auf drei Läufen herum und war sehr abgekommen. Diese Überläuferbache hatte bereits im Februar gefrischt. Ihre Frischlinge waren während der Zeit, als sie vermutlich irgendwo im Bestand hilflos gelegen hatte, von der Rotte geführt worden. Es war nicht angenehm, mit ansehen zu müssen, wie sie in den nächsten Tagen von allen Bachen abgebissen wurde. Das bedeutete, daß sie den Rottenverband verlassen sollte. Ich führte sie nun immer etwas abseits und gab ihr das meiste Futter. Sie ließ sich von mir genauso wie vor ihrer Verletzung anfassen und war vollständig vertraut. Es war ein Jammer, daß ich sie nicht von ihren Qualen erlösen konnte, aber ein Schuß in unmittelbarer Nähe der Rotte hätte vermutlich meine jahrelange Arbeit zunichte gemacht. So konnte ich nur den Heilprozeß verfolgen und hoffen, daß sie später keine Schmerzen mehr hatte. Mit der Rotte konnte sie zumindest vorläufig nicht mehr herumziehen.

Ein anderes Mal erlegte mein Freund, der Jagdleiter Meseberg, einen 6 bis 7 Monate alten Frischling, der kaum noch 10 kg wog. Ihm war der Unterkiefer weggeschossen worden, und er war dadurch kurz vor dem Verhungern. Das soll kein Vorwurf an einige Jäger sein, doch sollten diese Schilderungen, die ich beliebig fortführen könnte, ein Ansporn sein, die Schießleistungen durch Übung ständig zu verbessern. Um Fehlabschüsse oder Anschweißen von Wild zu vermeiden, sollte der Finger »gerade bleiben«, wenn man nicht sicher ist, es weidgerecht erlegen zu können. Ein einwandfreies Ansprechen des Stückes und das Anbringen eines weidgerechten Schusses sind Voraussetzung für die Ausübung der Jagd.

Bei meinen Sauen konnte ich verletzte oder kranke Stücke sofort herausfinden. Schwarzwild zeigt, wie andere soziallebende Tierarten auch, ein sogenanntes »Mach-mit-Verhalten«. Die Nahrung wird gemeinsam aufgenommen. Schließt sich ein Stück davon aus, kann mit Sicherheit angenommen werden, daß es nicht in Ordnung ist. Beginnt eine Bache zu putzen, so putzt die gesamte Gruppe. Will ein Frischling saugen, dann verspüren alle anderen Frischlinge auch Hunger. Spielen zwei Frischlinge, schließen sich die anderen an. Schiebt sich eine Bache in den Schlafkessel ein, so dauert es nicht lange, bis sie alle schlafen.

Für das Erkennen einer Gefahr fühlt sich jedes Mitglied der Gruppe, selbst die Frischlinge, verantwortlich. Wird eine Gefahr erkannt, erfolgt nach einem bestimmten Warnlaut die sofortige Flucht. Das Warnen und das damit verbundene Fluchtverhalten dient der ganzen Gruppe und wird von Tembrock »Gruppeneffekt« genannt. Ohne daß die meisten flüchtenden Sauen die Ursache des Fluchtverhaltens kennen, schließen sie sich den anderen abgehenden Stücken an.

Ammentätigkeit ist ein Verhalten, welches verhältnismäßig wenige Tierarten ausüben. Bei unserem Schwarzwild werden verwaiste Frischlinge angenommen und auch geführt, d. h. nur Frischlinge aus der eigenen Rotte. Daß dabei bestimmte Schwierigkeiten, bedingt durch die Zitzenzahl, auftreten, hatte ich bereits beschrieben. Für das Überleben dieser mutterlosen Frischlinge sind aber die Führung und der Schutz durch den Familienverband entscheidend. Sie werden von den Bachen genauso behandelt wie der eigene Nachwuchs und auch ernsthaft verteidigt. So mag das Sozialverhalten des Schwarzwildes mit entscheidend zum Überleben dieser letzten wehrhaften Wildart in Mitteleuropa beigetragen haben.

Rauschzeit

Die Fortpflanzungszeit der Wildschweine wird weidmännisch »Rauschzeit« genannt. Dem aufmerksamen Jäger wird der Beginn dieser für das männliche Schwarzwild sehr aufregenden Zeit nicht verborgen bleiben. Sie kann in unseren Revieren bereits Ende Oktober beginnen und zieht sich in der Regel bis zum Januar, ja sogar Februar hin. Die Hauptzeiten sind allerdings die Monate November, Dezember und Januar. Im Jahre 1975 war es mir erstmals vergönnt, die Keilerkämpfe und die Paarung unmittelbar mitzuerleben.

Ohne daß ich in den Jahren vorher im näheren Einstandsgebiet meiner Rotte stärkere Keiler festgestellt hatte, waren Ende Oktober plötzlich mehrere im Revier. Genau am 29. Oktober fiel mir am späten Nachmittag eine gewisse Unruhe der Sauen auf. Ich blieb länger als gewöhnlich dort, um die Ursache festzustellen. Mit dem Beginn der Rauschzeit hatte ich eigentlich zu so früher Jahreszeit noch nicht gerechnet. Ein Jahr vorher begann sie erst Ende November bis Anfang Dezember.

Der früheren Ansicht, daß der Beginn der Paarungszeit ausschließlich in einem Verhältnis zur Mast steht, muß nach den neuesten Erkenntnissen widersprochen werden. Wie ich nach acht Untersuchungsjahren feststellte, scheint bei den Familienverbänden eine ziemlich genaue Brunftperiodik zu existieren.

In der Frage der Rauschtermine kommt Briedermann zu ähnlichen Erkenntnissen wie ich. Er gibt auch die Monate November, Dezember und Januar als Hauptrauschzeit an, wobei die höchste Zahl der Befruchtungen im Dezember liegt. Innerhalb dieser 3 Monate werden 85% aller rauschigen Bachen beschlagen. Er meint dazu wörtlich: »Es zeigt sich, daß die Altbachen offensichtlich zuerst rauschig werden. Der Mittelpunkt ihrer Rauschzeit fällt etwa in die erste Dezemberdekade. In der Dezembermitte liegt der Zentralwert der Überläuferbachen. Den Abschluß bilden in der letzten Dezemberdekade die Frischlingsbachen. Das steht auch mit dem Ablauf ihrer Körperentwicklung in vollem Einklang. Die zeitlichen Unterschiede in der Kopulationsbereitschaft der drei Altersklassen sind als ein sehr wesentlicher Grund für die lang auseinandergezogene Rauschzeit anzusehen. Nach den Untersuchungen von Henry (1968) währt der Brunftzyklus des Wildschweines durchschnittlich 21 bis 23 Tage, der Östrus durchschnittlich 2 Tage. Bei nichterfolgtem Beschlag in der ersten Hitze wird das Wildschwein also nach etwa 3 Wochen wieder brunftig. Auch darin ist wohl ein Grund für die ausgedehnte Rauschzeit zu suchen, der vielleicht sogar die Ursache für die bei allen drei Altersklassen in Erscheinung tretende Zweigipfligkeit darstellen könnte. Schließlich ist auch die individuelle Variabilität zu berücksichtigen.«

In folgender Tabelle gibt er die Beschlagtermine in prozentualer Aufteilung nach Altersklassen an.

Altersklasse	Okt.	Nov.	Dez.	Jan.	Febr.	März.	Apr.	Mai	Juni	Juli
Frischlingsbachen		5	45	32	9		9			
Überläuferbachen	3	28	34	28	7					
Altbachen	5	27	47	11			5	5		
Summe in %	3	20	41	24	6	0	4	1		

Auch im Wildforschungsgebiet Hakel wurden von 1959 bis 1975 umfangreiche Untersuchungen darüber an etwa 700 erlegten Sauen durchgeführt. Die Gebrüder M. und W. Stubbe stellten dort Erhebungen zur Rausch-, Trag- und Geburtszeit sowie zur Anzahl der Jungen und zum Geschlechterverhältnis an, die in den »Beiträgen zur Jagd- und Wildforschung« unter dem Titel »Vergleichende Beiträge zur Reproduktion und Geburtsbiologie von Wild- und Hausschwein« 1977 veröffentlicht wurden. Von diesen ca. 700 erlegten Sauen fielen 90 trächtige Bachen an, die sie als Ausgangsbasis für ihre Arbeit auswerteten. Im Hakel waren die Beschlagtermine in prozentualer Aufteilung nach Alterklassen folgendermaßen:

Altersklasse	Sept.	Okt.	Nov.	Dez.	Jan.	Febr.	März	Apr.	Mai	Juni	Juli	Aug.
Frischlingsbachen	4	16	24	24	28	4						
Überläuferbachen	6	6	35	35							18	
Altbachen	10		30	40	10				10			
Summe in %	6	10	28	30	16	2			2		6	

Aus dem Vergleich beider Arbeiten ist zu ersehen, daß die Monate November, Dezember und Januar die Hauptrauschzeit darstellen, obwohl einige prozentuale Abweichungen in den Untersuchungsergebnissen zu verzeichnen sind.

Der Meinung von Briedermann, daß die zeitlichen Unterschiede der Kopulationsbereitschaft der Bachen von der Altersklasse abhängig wären, kann ich mich nicht anschließen. Zweifelsfrei nachweisbar ist, daß unabhängig von der Altersklasse in den Familienverbänden eine Brunftsynchronität herrscht, d. h. alle an der Reproduktion beteiligten Bachen werden binnen weniger Tage rauschig und auch beschlagen. Der Beschlag kann mehrfach während der etwa zweitägigen Aufnahmebereitschaft erfolgen. Die größte Differenz von Tier zu Tier in einer Gruppe betrug acht Tage. Die zeitlichen Differenzen von Rotte zu Rotte können jedoch erheblich größer sein. So lagen die Rauschtermine der Rotte I und die der Rotte II während des Beobachtungszeitraumes 1976 vier Wochen auseinander. 1977 betrug die Differenz bei den gleichen Rotten nur 14 Tage.

Die statistische Auswertung der Rauschtermine der Stammrotte dieser Schwarzwildpopulation von 1974 bis 1979 zeigte hochinteressante Fakten auf. Innerhalb des Familienverbandes zeichnete sich eine verblüffende Brunftperiodik ab. Die folgende Tabelle gibt die Rauschtermine dieser Rotte an. Die angegebenen Daten sind als Mittelwert (Tag der meisten Beschläge), also als Höhepunkt der Brunft zu verstehen.

Rauschtermine

1974	20. 11.	1977	3. 11.
1975	3. 11.	1978	20. 11.
1976	5. 12.	1979	3. 11.

Da im Herbst 1976 die Führungsbache dieser Rotte erlegt worden war, gibt der in diesem Jahr aus dem Rahmen fallende Rauschtermin (5. 12.) vermutlich erste Hinweise darauf, daß das ranghöchste Tier der Familie der Auslöser für den Beginn der Brunftigkeit ihrer Rotte sein könnte. Die aufgrund dieser neuesten Erkenntnisse vorgenommene genaue Durchsicht meiner Tagebuchaufzeichnungen scheint diese Vermutung zu bestätigen, denn ca. 14 Tage vor Beginn der Rauschzeit setzten die jeweiligen ranghöchsten Bachen Speichel und ein Sekret ihrer Augendrüsen an den Malbäumen ab, kurze Zeit danach taten das auch die anderen Bachen der Familie. Diese Markierung ist mit hoher Wahrscheinlichkeit als Information an die im Revier lebenden Keiler anzusehen, die besagt: »In ca. 14 Tagen sind in diesem Revier aufnahmebereite Bachen«. Die zeitliche Differenz zwischen Markierung und Brunftigkeit erscheint sehr nützlich, da sie den Keilern Gelegenheit gibt, solche markierten Punkte im Revier zu finden und vor der Paarung schwache männliche Stücke durch Rivalenkämpfe von der Vermehrung auszuschließen. Aufgrund des Sozialkontaktes war es mir möglich, die einzelnen rauschenden Bachen sofort herauszufinden, so daß in den folgenden Angaben über die Tragzeit ein nur geringer Unsicherheitsfaktor enthalten ist. An 28 Bachen konnte die Tragzeit in den Jahren 1976 bis 1978 sicher ermittelt werden. Nach meinen Aufzeichnungen betrug sie bei 2 Bachen 114, bei 16 Bachen 115, bei 6 Bachen 116, bei 3 Bachen 117 und bei 1 Bache 118 Tage. Eine Abhängigkeit der Tragzeit von der Fötenzahl war unübersehbar. Die 2 Bachen mit der kürzesten Tragzeit hatten die höchste Fötenzahl, nämlich 9 Stück. Die Bachen, die nach 115 Tagen frischten, hatten volle Würfe von 6 bis 8 Frischlingen. In diese Kategorie fielen auch die 6 Bachen, die nach 116 Tagen frischten. Die 4 Bachen mit der längsten Tragzeit brachten nur 1 bis 5 Frischlinge. Die mittlere Tragzeit aller Altersklassen betrug im Untersuchungszeitraum 1976 bis 1978 115,5 Tage. Im Jahr 1979 konnte die Tragzeit von 11 Bachen ermittelt werden. Aufgrund des harten Winters 1978/79 zeigten sich dabei andere Ergebnisse. Die Föten benötigten mit hoher Wahrscheinlichkeit infolge von Unterernährung der Bachen ein längeres Entwicklungsstadium als in normalen Wintern. Die Tragzeit verlängerte sich im Mittel um 5,5 Tage, betrug also 121 Tage. Die extrem niedrigen Geburtsgewichte der Frischlinge (ca. 350–450 g) unterstreichen diese Vermutung.

Die bisher vorliegenden Ergebnisse spiegeln acht Jahre der Entwicklung dieser Schwarzwildpopulation wieder. Der Altersklassenaufbau und das Geschlechtsverhältnis der untersuchten Rotten ist vermutlich dem anderer in der DDR lebenden Rotten ähnlich, d. h. also: typisch.

Das Geschlechtsverhältnis beim mittelalten Bestand war in dieser Population sehr ungünstig; der männliche Anteil war stark in der Minderzahl. In vier Jahren, in denen die Rauschzeit genau verfolgt werden konnte, beteiligten sich lediglich zwei Keiler, die über zwei Jahre alt waren, aktiv an der Rausche. Ihnen gegenüber stand ein durchschnittlicher Bachenbestand der Altersklassen Frischling bis fünfjährig von 45 Tieren pro Rauschzeit. Aufgrund der vorher genannten Brunftsynchronität in den Rotten hätten diese Bachen innerhalb von sechs Tagen von den Keilern beschlagen werden müssen. Da vier bis fünf Beschläge an einer Bache während ihrer 48stündigen Aufnahmebereitschaft keine Seltenheit darstellen, ergäbe sich eine Beschlagzahl, die von den wenigen mittelalten Keilern nicht zu bewältigen gewesen wäre.

Daß alle aufnahmebereiten Bachen sich dennoch erfolgreich an der Reproduktion beteiligen, ist darauf zurückzuführen, daß die jüngste Altersklasse (Frischlinge) fast ausschließlich von den Frischlingskeilern der eigenen Familie beschlagen wird, so daß für die wenigen mittelalten Keiler lediglich der weibliche Anteil vom Überläuferalter an für den Beschlag übrigbleibt. Aus diesen wenigen Beispielen ist unschwer zu entnehmen, daß die Geschlechterstruktur sowie der Altersklassenaufbau die größte Bedeutung für eine gesunde Schwarzwildpopulation besitzen. Ziel der Bewirtschaftung muß es sein, die Geschlechterstruktur zugunsten des mittelalten männlichen Anteils zu verschieben und die weiblichen Stammbestände möglichst stabil zu halten.

Das bedeutet eine straffe Bejagung der jüngsten Altersklassen vom frühen Alter an, ohne Rücksicht auf das Geschlecht, ohne Rücksicht auf die Überläufer. In der letztgenannten Altersklasse sollte möglichst ein Geschlechterverhältnis von 1 : 1 beim Abschuß eingehalten werden.

Durch die große Vertrautheit mit den meisten Sauen meiner Rotte war es mir gelungen, die Brunftigkeit der einzelnen Stücke genau herauszufinden. Es war also möglich, bei über 50 % der Bachen die äußeren Anzeichen frühzeitig zu erkennen. Das allgemeine Merkmal für eine rauschige Bache ist eine bestimmte Unruhe, die sich in einer besonderen Bewegungsaktivität ausdrückt. Außerdem ist eine Anschwellung und Rötung der Scham zu sehen. 1976 beobachtete ich z. B., daß die Sauen kurz vor der Brunftigkeit sehr häufig die Malbäume benutzten, ohne daß vorher gesuhlt wurde. Vorwiegend wurde das Haupt gescheuert, wobei auffiel, daß mit den Augenregionen immer an bestimmten Bäumen entlang gewischt wurde. Diese Bäume wurden grundsätzlich vor diesem Verhalten an den entsprechenden Stellen mit den Zähnen geschält bzw. es wurden Holzspäne dort herausgebissen. Ein ähnliches Verhalten konnte während einer anderen Jahreszeit nicht beobachtet werden.

Nach Beuerle (1975) zeigen Wildschweinkeiler ein ähnliches Verhalten. Es werden Speichelschaum und ein Sekret der vor den Augen liegenden Drüsen an den Bäumen abgerieben. Das soll vermutlich einen Besitzanspruch gegenüber anderen Keilern anmelden. Beuerle untersuchte vom September 1972 bis Dezember 1973 in einem 953 ha großen Gatter, zwischen Würzburg und Hesselbach im Odenwald gelegen, das Kampf- und Sexualverhalten des europäischen Wildschweines. Der Schwarzwildbestand betrug 370 Stücke. Außerdem war das Gatter noch mit Rothirschen, Damhirschen, Rehen und Mufflons besetzt.

Es war für Besucher zugänglich und mußte auf Grund des sehr hohen Wildbestandes mit Futter versorgt werden. Das Geschlechterverhältnis der Schwarzwildpopulation betrug 6 ♂ : 4 ♀. In der freien Wildbahn ist das Verhältnis jedoch umgekehrt, vermutlich aus bereits geschilderten Gründen noch negativer für die männlichen Stücke.

Bejagt wurde dort das Schwarzwild nur an ein oder zwei Tagen im November bis Dezember. Da dieses Revier einen übernormal hohen Bestand von älteren Keilern aufzuweisen hatte und die Tiere an die Fütterung gewöhnt waren, konnte Beuerle ausgezeichnete Erkenntnisse über das Kampfverhalten während der Fütterung und der Rauschzeit sammeln, was aber meiner Ansicht nach nicht in jedem Fall mit dem Verhalten in der freien Wildbahn vergleichbar ist. Dort wird eine solche Konzentrierung von älteren Keilern außerhalb der Rauschzeit kaum vorkommen, da sie ja als Einzelgänger leben. Interessant scheinen mir jedoch seine Beobachtungen zu sein, daß die Futterrangordnung und die Sexualrangordnung der Keiler nicht identisch sind. Ich selbst fand dies bestätigt, als ich zusehen konnte, wie ein zweijähriges, sehr abgekommenes männliches Stück einen in der Körpersubstanz deutlich überlegenen älteren Keiler in der Rauschzeit abschlug. Beuerle berücksichtigte in seiner Arbeit nur das Kampf- und Sexualverhalten von drei- und mehrjährigen männlichen Stücken. In der freien Wildbahn sind wir leider mit Keilern dieser Altersgruppen nicht so reich gesegnet, so daß Futterkämpfe schon aus diesem Grunde für die als Einzelgänger lebenden männlichen Stücke dort ausgeschlossen werden können. Von mir waren Futterauseinandersetzungen nur bei den männlichen Frischlingen bzw. Überläufern, bis sie aus der Gruppe ausgestoßen wurden, zu beobachten. Sie ordneten sich nach der Rangstellung des jeweiligen Stückes. Die Untersuchungen des Kampfverhaltens während der Rauschzeit zeigen jedoch eine völlige Übereinstimmung meiner Beobachtungen mit den Angaben von Beuerle. Innerhalb der von mir betreuten Rotte Sauen deutete sich diese Zeit mit Unruhe und Unstetigkeit einige Tage vorher an. In den letzten Tagen im Oktober gegen Abend, die Dämmerung setzte gerade ein, krachte und brach es plötzlich in der Kieferndickung, als ob ein ganzer Stab von Waldarbeitern diesen Bestand abholzen wollte. Laute Kampfschreie der Keiler veranlaßten mich dazu, die Nähe eines günstig zu erkletternden Baumes aufzusuchen. Der Kampfeslärm steigerte sich so weit, daß man annehmen konnte, eine Raubtiergruppe würde sich gegenseitig zerfleischen. Es war schaurig anzuhören. Ständig wechselten einige abgeschlagene Keiler in wenigen Metern Abstand von mir über den Waldweg, um kurze Zeit später sich wieder in den Kampf zu werfen. Sie dampften vor Anstrengung, und deutlich waren schon die ersten Wunden erkennbar. Meine Rotte kümmerte sich jetzt absolut nicht mehr um mich, selbst Mais wurde von den vereinzelt heraustretenden Bachen nicht angenommen. Mit Besorgnis dachte ich an die Frischlinge bzw. den jüngsten männlichen Nachwuchs der Rotte, die meiner Ansicht nach bei diesen Kämpfen nicht ungeschoren davonkommen konnten. Am nächsten Morgen war jedoch feststellbar, daß sie alle wohlbehalten zur Stelle waren. An diesem Abend war es mir dann möglich, den Grund dafür kennenzulernen. Da nicht alle Bachen zur gleichen Zeit rauschig werden, führte die jeweils ranghöchste, nichtbrunftige Bache der Rotte alle Frischlinge ungefähr 150 bis 200 m abseits des Kampfgeschehens. Diesen Abstand hält sie immer ein, wenn sich der Kampfplatz verlagert. So wird der Nachwuchs vor den aggressiven Keilern geschützt, denn selbst starke männliche Frischlinge werden oftmals von ihnen schon als Rivalen betrachtet.

Solche Rivalität ist bei vielen Tierarten zu beobachten, selbst bei Vögeln. So gibt es Hähne bei Papageienarten, die in der Bruthöhle ihre Jungen mitfüttern und, sobald sie ausgeflogen sind, die männlichen Nachkommen davon verfolgen und manchmal sogar töten. Solche aggressiven Handlungen der Väter gegenüber ihrem gleichgeschlechtlichen Nachwuchs sind von mir in meinen Zuchtanlagen aber nur bei Arten feststellbar gewesen, bei denen die Jungvögel bereits mit einem »Erwachsenenfederkleid« ausgestattet waren, so z. B. bei den australischen Singsittichen. Man könnte daher annehmen, daß eine sogenannte Jugendfärbung einmal der Tarnung dient und zum anderen einen Schutz bzw. eine sichtbare Unterscheidung gegenüber älteren Artgenossen darstellt. Aus diesem Grunde werden nichtumgefärbte Frischlinge auch von älteren Keilern weder beachtet noch angegriffen. Zu normaler Zeit gesetzte Frischlinge haben aber diese Schutzfärbung im Dezember bis Januar weitgehend verloren und sind meist auch schon befruchtungsfähig. Darum haben sie in unmittelbarer Nähe der rauschigen Bachen nichts zu suchen und werden von den älteren Keilern abgeschlagen. Ebenso wie die Bachen kurz vor der Brunftigkeit durch das Abspänen der Rinde an bestimmten Bäumen vermutlich mit Speichel eine Markierung vornehmen und den Keilern dadurch die Richtung angeben, war dieses Verhalten bei den männlichen Stücken auch zu beobachten. Sie produzierten durch ständiges Schlagen mit dem Unterkiefer einen steifen Speichelschaum, der das Gebrech umgab, wobei laufend Flocken abfielen. Dabei liefen sie gezielt bestimmte Bäume an, um daran Schaumflocken abzustreifen. Deutlich war zu beobachten, daß diese Bäume oder Äste auch von anderen Keilern angenommen wurden, die das gleiche Markierungsverhalten zeigten. Sie reckten das Haupt dabei so hoch wie nur möglich, und es könnte der Anschein erweckt werden, als ob sie damit den anderen männlichen Artgenossen ihre Größe bzw. Stärke anzeigen wollten. Es war erkennbar, daß schwächere männliche Stücke sich sehr bemühten, die gleiche Höhe wie z. B. der 7 bis 8jährige Keiler zu erreichen, um an denselben Ästen Speichelschaum abzustreifen. Es war auch zu sehen, daß diese Markierung mehrmals täglich von den gleichen Stücken vorgenommen wurde.

Beuerle konnte in einem Großgatter beobachten, wie diese markierten Stämme auch in der nächsten Rauschzeit – ein Jahr später – wieder als Markierungspunkte angenommen wurden. Auch sah er ein Abstreifen von Schaum an Bachen, was er folgendermaßen beschreibt: »Während des Werbeverhaltens, besonders beim Treiben der Bache, streichen die Keiler mit ihren Schnauzen- und Kopfseiten und mit dem Kinn auf den Rücken des verfolgten Weibchens. Dabei bleiben Schaumflocken an der umworbenen Bache hängen. Ob dieses Abstreifen von Schaum an Bachen eine Markierungsfunktion hat, kann noch nicht entschieden werden.« Aber Grauvogel (1958) sieht im Abstreifen des Schaumes beim Hauseber das »Anmelden eines Besitzanspruches« gegenüber anderen Ebern. Die Speicheldrüsen sollen einen besonders intensiven Geschlechtsgeruch aufweisen, wodurch der Speichel auch als stark geschlechts- und individualbetontes Markierungsmittel anzusehen sein dürfte. Zweifellos wird die Wirkung durch das Aufschäumen noch erhöht. Ein weiteres Markierungsverhalten war feststellbar, und zwar »spritzharnt« der Keiler, wenn er auf eine Harnstelle einer Bache trifft. Harnt eine Bache, so wühlt er und nimmt dabei Urin auf. Dieses Verhalten ist z. B. beim Hund ähnlich. Keiler spritzharnen auch über Harn von nicht empfängnisbereiten Bachen, die, wie Beuerle sehen konnte, nicht umworben wurden. Genauso verhalten sich Hunderüden, die, wie allgemein bekannt ist, ständig durch Spritzharnen bestimmte Stellen, Gegenstände oder Bäume markieren.

Keilerkämpfe konnte ich 1975 erstmals miterleben. Sie dauerten genau vier Tage. Dann war wieder völlige Ruhe im Revier. Die Kämpfe um die rauschigen Bachen wurden grundsätzlich von der Dämmerung an bis spät in die Nacht hinein ausgefochten. Da meine Rotte einen tagaktiven Rhythmus gewöhnt war und sich auch nicht umstellte, konnte dann der weitere Verlauf der Paarung gut in allen Einzelheiten verfolgt werden. Von den fünf um diese rauschigen Bachen kämpfenden Keilern, die ein Alter zwischen 2 und 7 Jahren hatten, war der stärkste übriggeblieben. Es war ein siebenjähriges Hauptschwein. Daß die Futterrangordnung während der Rauschzeit nicht gilt, wie es Beuerle beschreibt, scheint mir auch dadurch bewiesen zu sein, daß jüngere männliche Stücke sich auf einen Kampf mit diesem ältesten Keiler einließen. Während der Fütterung würden sie freiwillig den Platz einem Älteren räumen (siehe Rangordnung). Dieser Basse war in jedem Fall noch der stärkste und konnte sich durchsetzen. Es braucht aber während der Rauschzeit nicht die Regel zu sein. Die anderen vier unterlegenen Keiler wurden von mir auch später nicht mehr gesehen.

Das Kampfverhalten der Keiler während der Rauschzeit konnte ich im Jahre 1976 dann sehr genau beobachten, wobei die überwiegende Zahl der Kämpfe nicht so blutig endeten, wie oftmals angenommen wird. Die meisten Rivalenkämpfe entschieden sich durch Schulterstemmen, ohne daß dabei Eckzähne eingesetzt wurden. Nur bei einigen Auseinandersetzungen, z. B. in der Hauptrausche der Bachen, kamen die Waffen zum Einsatz. Diese Kampfesform trug dann Merkmale eines echten Beschädigungskampfes. Erst der Schwächezustand eines der Keiler führte hier zum Ende der Auseinandersetzung. Daß es bei solchen Kämpfen zu Todesfällen kommt, ist dennoch äußerst selten. Männliches Schwarzwild hat nach Eintritt der Geschlechtsreife einen guten Schutz gegen lebensgefährliche Verletzungen, nämlich den »Schild«. Diese Panzerung ist eine 4 bis 5 cm dicke Schwarte, die vom Halsansatz bis über die letzte Rippe hinausragt. Er gilt als sekundäres Geschlechtsmerkmal der Wildschweine. Die von mir bei den Kämpfen beobachteten unterlegenen Keiler hatten zwar erheblich blutende Wunden, zeigten aber dadurch keinerlei Behinderungen. Der in meinem Revier übriggebliebene »liebestolle« Keiler mußte sich nun wohl oder übel dem tagaktiven Rhythmus der Rotte anschließen. Er hielt in den ersten Tagen immer eine Distanz von 60 bis 80 m ein, wenn ich mit der Rotte zusammen war. Er äugte dann mißtrauisch aus der Dickung heraus und wußte wohl nicht recht, wie er sich mir gegenüber verhalten sollte. Bald verringerte er den Abstand, und nach 4 bis 5 Tagen wagte er sich so nahe an mich heran, daß er in Wurfweite einige Maiskörner mit aufnahm. Leider waren im Jahre 1975 die Lichtverhältnisse während dieser Zeit so schlecht, daß selbst mit dem lichtempfindlichsten Filmmaterial keine Belegaufnahmen gemacht werden konnten. Erst ein Jahr später sollten sie gelingen.

Der Keiler war nun ständig bei der Rotte, und am 6. Tag war ich dann Zeuge, wie er um eine aufnahmebereite Bache warb und sie anschließend beschlug. Sein Verhalten war folgendermaßen: Mit einem ständigen Werbegrunzen lief er mit erhobenem Windfang innerhalb der Rotte umher, suchte einige Bachen auf und kontrollierte durch Beriechen der Genitalregion, welche der Bachen aufnahmebereit war. Alle Bachen ließen sich diese Geruchskontrolle gefallen und blieben stehen. Dann hatte er die paarungsbereite Bache herausgefunden. Der Keiler stieß die Bache mehrmals in die Flanke, wobei sie einige Meter flüchtete, dann aber wieder stehenblieb. Der

Keiler verfolgte sie sofort, wobei er einige Male spritzharnte. Dieses geschah fünfmal, dann versuchte er, bei ihr aufzusteigen. Die Bache lief anfangs einige Schritte vorwärts, so daß es noch zu keiner Kopulation kam. Mehrfach standen sie in Kopf-an-Kopf-Position, um sich fast »zärtlich« in die Teller zu beißen. Dann änderte er seine Stellung und stieg von hinten auf die Bache auf, was sie sich nun gefallen ließ. Sie stand dabei mit gesenktem Haupt völlig unbeweglich, wobei der Pürzel angehoben und zur Seite gehalten wurde. Porzig bezeichnet diese charakteristische Unbeweglichkeit während der Kopulation als »Duldungsreflex«. Die Kopulation dauerte ungefähr 5 Minuten, wonach der Keiler abstieg und sich nicht mehr um die Bache kümmerte. Es war aber auch zu beobachten, daß sich paarungsbereite Bachen um den Keiler bewarben. Sie liefen mehrmals um den Keiler herum, wobei sie sich an dessen Flanken scheuerten. Er stand dabei vollkommen unbeweglich mit erhobenem Haupt und produzierte durch ständiges Wetzen mit dem Unterkiefer Speichelschaum. Danach umkreiste der Keiler mit einem Werbegrunzen eine der Bachen und beschlug sie.

Die Meinung von Kiesling und Snethlage, daß Wildschweinkeiler keine zärtlichen Liebhaber seien und die Paarung sehr unsanft vor sich gehen soll, kann ich absolut nicht bestätigen, im Gegenteil: alles verlief, wenn man von dem ständigen Werbegrunzen des Keilers — das von Porzig bei Hausschweinebern mit »Liebesgesang« bezeichnet wird — absieht, sehr harmonisch. Ihre Beschreibungen sind mit einiger Wahrscheinlichkeit auf verhörte Keilerkämpfe bzw. auf das Verhalten von nicht aufnahmebereiten Bachen, die von den männlichen Stücken belästigt wurden, zurückzuführen. Die Genitalkontrolle sowie Kopulation hat Beuerle im Gatter auch beobachtet und beschreibt sie so:

»Hat der Keiler die Bache erreicht und wird nicht durch einen Rivalen abgelenkt, so unterzieht er sie einer Geruchskontrolle, wobei er witternd an mehreren Bachen vorbeigehen kann, ohne sich lange an einer aufzuhalten. Meist kommt es jedoch zu einer ausführlichen Naso-genital-Kontrolle. Dabei tritt der Keiler direkt von hinten oder von der Seite an die Bache heran, die auf die Berührung hin im Normalfall stehenbleibt. Dann fährt der Keiler mit der Rüsselscheibe unter ihren Schwanz, hebt ihn dicht an der Schwanzwurzel hoch und beriecht und beleckt die Ano-genital-Region der Bache, wobei er offenbar feststellt, in welchem Östrus-Stadium sie sich befindet. Danach läßt er entweder von der Bache ab und kontrolliert die nächste auf die gleiche Weise, oder er umwirbt die soeben kontrollierte Bache. Auch an Bachen, die entweder bereits auf dem Bauch liegen oder sich auf die Berührung hin niederlegen, führt der Keiler die Naso-genital-Kontrolle durch.

Bleibt die Bache nach dem Aufreiten stehen, kommt es zur Kopulation. Die Bache steht mit leicht unter die Normalhaltung gesenktem Kopf, steif nach hinten gestemmten und etwas gerätschten Hinterläufen und durchgedrückten Vorderläufen. Der Keiler schiebt durch Nachstemmen und Strecken der Hinterläufe seinen gesamten Vorderkörper auf den Rücken der Bache. Erst nachdem er aufgeritten ist, schachtet er den Penis aus und vollführt suchende Stoßbewegungen, welche die Bache veranlassen können, wieder loszulaufen. Der Keiler folgt dann aufgeritten zweibeinig nach. Nach vollzogener Einführung liegt der Keiler mit gekrümmten Rücken ganz dicht auf der Bache. Gegen Ende der Kopulation wird meist zuerst die Bache, dann der Keiler unruhiger. Schließlich steigt er ab. Die Erektion geht sofort zurück.«

Dadurch, daß die Brunftigkeit der zehn Bachen innerhalb der von mir beobachteten Rotte 1975 in einem außergewöhnlich kurzen Zeitabstand erfolgte, war der Keiler nur knapp 3 Wochen in der Gruppe anzutreffen. Danach, als er bemerkte, daß keine Anzeichen für eine rauschige Bache mehr vorhanden waren, verschwand er. In der Rotte tauchte er jedenfalls nicht mehr auf. Erst im Mai des folgenden Jahres war der gleiche Keiler plötzlich bei der Rotte, weil eine der Überläuferbachen rauschig geworden war. Wie er mich bei dieser Gelegenheit angegriffen hatte, schilderte ich bereits.

Um die Rotte Sauen während der Rauschzeit im Jahre 1976 vollends tagaktiv zu machen, bereitete ich sie einige Wochen darauf vor. Ich fuhr mehrmals täglich zu unterschiedlichen Tageszeiten in das Revier und hielt sie dadurch ständig auf den Läufen. Auch die Keiler zwang ich, sich diesem Rhythmus anzuschließen, so daß es nun erstmals möglich war, fast alle Phasen des Kampf- und Sexualverhaltens des Schwarzwildes zu filmen und zu fotografieren.

Aus dem sicheren PKW beobachtete ich 3 Wochen lang ganztägig das Verhalten der Sauen vor und während der Paarung. In den ersten Dezembertagen trat der gleiche grobe Keiler plötzlich aus der Dickung und nahm mich sofort wieder an. Ich flüchtete in mein Auto, vor dem er keinerlei Scheu zeigte. Er mußte es noch vom Vorjahr her kennen, denn sein Benehmen war vollkommen ungezwungen — ja, er schob sich sogar nur zwei Meter vom Fahrzeug entfernt in den Waldboden ein. An den folgenden Tagen war es nicht möglich, daß ich mich mehr als einige Schritte vom PKW fortbewegte. Dieser Keiler war sehr aggressiv und betrachtete mich als Rivalen. Das war auch verständlich, da mich alle Bachen, auch die brunftigen, bei der Fütterung umringten. Dieses Hauptschwein ließ überhaupt keine Zweifel aufkommen, wer von uns beiden der Stärkere war. Unter ständigem Wetzen mit dem Unterkiefer quoll der Speichelschaum nur so aus seinem Gebrech heraus, was seine Erregung deutlich ausdrückte. Sobald eine der rauschigen Bachen sich in meine Nähe begab, griff er sofort an. Ich flüchtete dann in meinen PKW, den er allerdings nicht beschädigte. Unmittelbar vor der Tür bremste er ab, blieb stehen, und an einem noch verstärkten Wetzen mit den Waffen war zu erkennen, daß seine Erregung den absoluten Höhepunkt erreicht hatte. Dann bewarb er sich um diese Bache, die er meistens anschließend beschlug. Es war dadurch möglich, den Beschlag herauszufordern und Bildbelege aus nächster Entfernung zu machen. Solche Aggressivität, wie er sie mir gegenüber zeigte, hatten selbst die anderen Keiler von ihm nicht zu befürchten. Es schien so, als ob er mich als seinen stärksten Rivalen ansah. Alte männliche Stücke scheinen während der Rauschzeit überhaupt gegen uns Menschen eine gewisse Aggressivität zu entwickeln.

Bei Drückjagden, die in dieser Zeit im Kreis Genthin (Bez. Magdeburg) durchgeführt wurden, griffen zwei vollkommen unverletzte Keiler überraschend Weidgenossen an und fügten ihnen schwere Wunden zu; bei beiden wurden die Waden mit den messerscharfen Gewehren fast bis auf die Knochen aufgeschlitzt.

Im gleichen Jahr konnte ich den Kampfstil während einer innerartlichen ernsten Auseinandersetzung genau beobachten. Der Angreifer schlug mit dem Haupt von unten nach oben zu, wobei er den Unterkiefer seitlich verschob. Die gesamte Länge seiner fürchterlichen Waffen kam dadurch zum Einsatz. Der unterlegene Keiler hielt sich trotzdem in unmittelbarer Nähe der Rotte auf und wartete geduldig auf seine Chance, doch noch eine Bache beschlagen zu können. Der achtjährige grobe Keiler beschlug dann täglich mehrere Male aufnahmebereite weibliche Stücke, wobei er sich zwar auch für die rauschigen Frischlingsbachen interessierte, indem er sie einer Geruchskontrolle unterzog, aber nie Anstalten machte, bei ihnen

oben
Frischlinge wärmen sich auf ihrem
ein Jahr älteren Bruder

unten
Pferd und Sauen erkennen sich nach
einem Jahr wieder

oben (von links nach rechts)
3jährige, hochbeschlagene Bache im März,
die gleiche Bache im Mai durchs Säugen
recht abgekommen und im August nach
dem Absetzen der Frischlinge

Mitte
Gescheckte, 2jährige Bache im Januar
und Juli
Überläuferbache im Oktober und im Juli

unten
Frischlingsbache im Dezember
und als führende Überläuferbache im Juli
3- bis 4jähriger Keiler im Dezember
7- bis 8jähriges Hauptschwein im Dezember

Rangordnungskämpfe

Bei Wildschweinen gehen diese
Auseinandersetzungen in der Regel
unblutig aus

rechte Seite
unten
Die linke Bache mit deutlicher
Unterlegenheitsgeste

Farbvarianten bei Wildschweinen

oben
Verwildertes Hausschwein im Donaudelta.
Nach Beschlag durch Wildschweinkeiler
führt diese Sau Ferkel mit normaler
Frischlingszeichnung sowie gescheckte,
reinschwarze und blauschwarze Frischlinge mit angedeuteter Streifenzeichnung

Mitte
Schecke, normal gefärbtes Stück und
Bräunling

linke Seite
oben

Das Abdrängen fremder Frischlinge
von der Nahrung wird mit zunehmendem
Alter energischer ausgeführt

unten
Kämpfe bei Überläuferkeilern werden
durch Schulterstemmen entschieden

rechte Seite
oben
Vertrauen und Abrichtung von Sauen
«meiner» Rotte

unten
Einfacher kann der Fang von Wildschweinen zur Blutauffrischung nicht sein

Markierung von Sauen

aufzusteigen. Es wäre wohl auch auf Grund des unterschiedlichen Größenverhältnisses schwer möglich gewesen. Mir scheint es eine wichtige Feststellung zu sein, daß diese Frischlingsbachen nur von den sogenannten schwächeren Beikeilern oder in der Mehrzahl sogar von Frischlingskeilern beschlagen werden.

Da zur Frage der Geschlechtsreife bei Wildschweinen in der Fachliteratur Meinungsunterschiede bestehen, habe ich Aufzeichnungen über sieben Generationen geführt.

Die Ansicht Erna Mohrs, daß die Geschlechtsreife bei den Wildschweinen erst im Alter von 18 Monaten einsetzen soll, stimmt mit Sicherheit nicht.

Für meine Untersuchungen zu dieser Frage standen mir anfangs eine Rotte, später sechs Rotten zur Verfügung. An 72 Frischlingsbachen konnte die Reproduktionsbeteiligung dieser Altersklasse ermittelt werden; 38 Stück = 52,8% beteiligten sich erfolgreich, 34 Stück = 47,2% blieben leer. Es zeigt sich also, daß mehr als die Hälfte der erst sieben bis neun Monate alten weiblichen Frischlinge die Geschlechtsreife erreicht hatten.

Die Gebrüder M. und W. Stubbe kamen zu ähnlichen Befunden und meinen: »Ein großer Prozentsatz der Frischlingsbachen wird noch im ersten Lebensjahr, mit etwa neun Monaten beschlagen. Im Wildforschungsgebiet Hakel sind dies etwa 37%. Auch Briedermann kam zu dem wichtigen Ergebnis, daß selbst in ökologisch ungünstigen Perioden, wie z. B. in strengen Wintern, mindestens 30% der Frischlingsbachen, wenn auch mit einer offensichtlich etwas geringeren Reproduktionsrate, beschlagen sind.

Diese beweiskräftigen Befunde aus der DDR stehen in eindeutigem Gegensatz zu den von Oloff (1951) postulierten Reproduktionsverhältnissen des Schwarzwildes im Solling in der BRD, die besagen, daß in mastlosen Jahren nur die zweijährigen und älteren Bachen, daß in Durchschnittsjahren 100% der Altbachen und 10% der Frischlingsbachen und daß in Mastjahren 25% der Altbachen zweimal, 75% der Altbachen und 50% der Frischlingsbachen einmal frischen.«

Die Gebrüder Stubbe formulieren ihre Hypothese über die Frühreife des Schwarzwildes, der ich mich anschließen möchte, folgendermaßen: »Um eine Wandlung von Verhaltensnormen im Reproduktionsgeschehen des Schwarzwildes der DDR handelt es sich bei der bemerkenswerten Frühreife von über 30% der Frischlingsbachen, die damit auf dem gleichen Niveau der Geschlechtsreife von Hausschweinen stehen. *Es ist die ganz natürliche biologische Antwort der stark verjüngten Schwarzwildbestände auf die Eingriffe des Menschen in den Altersklassenaufbau.* Die Schwarzwildbestände stellen heute in der Mehrzahl der Fälle Jugendgesellschaften mit einem fehlenden Überbau und einem zusammengebrochenen Sozialregime dar. Durch das Fehlen des sozialen Stresses, wie er beispielsweise durch Hierarchie und Rivalenkampf stets in einer altersklassengesunden Population erzeugt wird, kommt es zu nicht manifesten Verhaltensänderungen, die auch oder besonders in der Reproduktionsbiologie ihren Niederschlag finden. Frühreife und eine lang auseinandergezogene Rauschzeit sind die Folgen. Für die Richtigkeit dieser Hypothese sprechen mehrere Tatsachen. So wurde z. B. im vorigen Jahrhundert und in noch früheren Zeiten die Fortpflanzung von Frischlingsbachen als außerordentliche Seltenheit verzeichnet.«

Über die Befruchtungsfähigkeit von Frischlingskeilern liegen leider keine vergleichbaren Ergebnisse vor. Man kann jedoch davon ausgehen, daß sich Frischlingskeiler auch schon um brunftige Bachen bewerben und sie beschlagen. Sie zeigen ein ähnliches Verhalten wie ihre älteren gleichgeschlechtlichen Artgenossen. Es war zu beobachten, wie mehrere Frischlingskeiler eine rauschige gleichaltrige Bache trieben, wobei es auch schon zum Kampf kam. Die Kämpfe wurden fast ausschließlich in Form von Schulterstemmen ausgefochten, denn die Gewehre, die zu den blutigen Auseinandersetzungen führen, besaßen sie ja noch nicht. Trotzdem trugen sie auch diese Kämpfe sehr erbittert aus. Sie prallten aufeinander, daß es nur so krachte. Die unterlegenen Keiler wichen dann zurück, nachdem sie von dem Sieger noch einige Meter verfolgt wurden. Dieser stieg nach mehrmaligem Beriechen und Belecken des Geschlechtsteiles der umworbenen Bache auf und führte eine normale Kopulation durch. Da ich die Stücke sehr genau kannte, konnte ich feststellen, daß es sich bei dieser Bache um die Schwester des Keilers handelte. 1975 beschlug ein Frischlingskeiler in gleicher Weise eine Bache, bei der ich allerdings den Verwandtschaftsgrad nicht sicher ermitteln konnte. Von dieser Kopulation gelang es, ausgezeichnete Filmaufnahmen zu machen. In allen Fällen wurden von Frischlingskeilern nur gleichaltrige Stücke beschlagen. Beide Frischlingsbachen brachten Würfe, wobei nicht ausgeschlossen werden kann, daß sie bereits vorher von einem anderen Keiler befruchtet worden waren.

Genau wie bei Hausschweinen ist es auch bei den Wildschweinen möglich, daß Bachen während ihrer Hitze mehrmals von verschiedenen Keilern beschlagen werden können. Bei Hausschweinen wird oftmals die Paarung bewußt zweimal vorgenommen, um dadurch die Anzahl der Ferkel zu erhöhen.

Nach Porzig treten beim Hausschweineber bereits im Alter von vier Monaten die ersten Spermien auf. Im Alter von 5 bis 8 Monaten können diese Eber schon Sauen befruchten. Es ist also durchaus denkbar, daß Frischlingskeiler in diesem Alter zeugungsfähig sind.

Ist die Rauschzeit beendet, sondern sich die Keiler wieder von den Rotten ab und werden zu Einzelgängern. Da sie während der Rauschzeit kaum Nahrung aufnehmen, verlieren sie bis zu 15% ihres Körpergewichtes, und es lohnt sich kaum, ein solches Stück zu erlegen. Außerdem ist das Fleisch während der Brunft durch einen starken artspezifischen Geschlechtsgeruch im Geschmack sehr unangenehm.

Der Wurfkessel

Wegen ihrer scheuen, dämmerungs- und nachtaktiven Lebensweise sind Wildschweine in der freien Wildbahn nur sehr schwer zu beobachten. Einzelangaben von Weidgenossen lassen sich aus diesem Grunde nur z. T. verwerten Über die Brutfürsorge und -pflege gab es so gut wie keine Angaben. Beobachtungen waren bisher nur aus zoologischen Gärten und kleineren Gattern bekannt geworden, die kaum sichere Kenntnisse über das tatsächliche Verhalten des Schwarzwildes in freier Wildbahn liefern konnten. Die vermutlich ersten Langzeituntersuchungen machte Gundlach in den Jahren 1964 bis 1966 im Auftrage des Zoologischen Institutes der Universität Göttingen. Diese Arbeit wurde in der Zeitschrift »Tierpsychologie« 1968, Seite 955 bis 995, unter dem Titel »Brutfürsorge, Brutpflege, Verhaltensontogenese und Tagesperiodik beim europäischen Wildschwein« veröffentlicht. Der Autor erwähnte, daß seine ersten Untersuchungen in einem 1 ha großen Wildgehege, welches mit drei älteren Bachen, einem fünfjährigen Keiler und einer größeren Anzahl von Frischlingen besetzt war, gemacht worden sind. Wichtige Kenntnisse konnten dort nicht gesammelt werden, da der größte Teil der Frischlinge einging bzw. von den Bachen aufgefressen wurde. Später war dann der gesamte Bestand von der Schweinepest befallen.

In den Monaten Mai, Juni und August des Jahres 1964 war Gundlach zu Freilanduntersuchungen in einem anderen Revier, in dem, wie er berichtet, nur Gelegenheitsbeobachtungen möglich waren. Untersuchungen an einer größeren Population folgten dann im Jahre 1965 und im Frühjahr 1966 im Lainzer Tiergarten bei Wien.

Die Gesamtfläche dieses Großgatters betrug 2320 ha; 1830 ha davon waren Waldbestände, die sich aus folgenden Baumbeständen zusammensetzten: 30% Rotbuche, 22% Weißbuche, 21% Weißeiche,

20% Zerreiche, 4% verschiedene andere Laubgehölze und 3% Nadelgehölze. Auf eine forstliche Bewirtschaftung wurde kein großer Wert gelegt. Der durchschnittliche Wildbestand war 360 Stück Schwarzwild, 120 Stück Damwild, 140 Stück Mufflon, 15 Stück Rotwild und 60 Stück Rehwild. Vom April bis Oktober ist dieser Tiergarten an bestimmten Wochentagen für Besucher geöffnet. In den Herbst- und Wintermonaten wurden die Tiere bejagt und der jährliche Zuwachs des Schwarzwildes abgeschossen.

Gundlach untersuchte die Population in einem Revierteil von ca. 900 ha. Einzelne Sauen, die durch die Besucher mit dem Menschen vertraut waren, gestatteten ihm, bis auf 20 m an die Wurfnester heranzugehen. Durch auffällige Merkmale in Körperbau, Kopfform und individueller Färbung der Stücke konnte auch Gundlach, genauso wie ich bei meiner Rotte, die einzelnen Stücke voneinander unterscheiden. Er bestätigt die Standorttreue der Sauen in einem bestimmten Gebiet, was sich mit meinen Befunden in der freien Wildbahn deckt.

Da in diesem Großgatter fast der gesamte Zuwachs an Frischlingen abgeschossen wurde, war es ihm jedoch nicht möglich, ein vollständiges Bild über die Rottenbildung, Teilung usw. zu bekommen. Auch entsprach das Geschlechterverhältnis nicht den Bedingungen der freien Wildbahn, denn er nennt ein Verhältnis von 6 männlichen zu 4 weiblichen mittelalten Stücken. In der Wildbahn ist das Verhältnis nicht nur umgekehrt, sondern viel negativer zu Ungunsten des männlichen Anteils. Trotzdem war auch dort klar erkennbar, daß sich mehrere Bachen mit Nachwuchs zu Familienverbänden zusammengeschlossen hatten.

Er gibt folgendes vorläufige Schema für die soziale Organisation der Wildschweine während eines Jahres an:

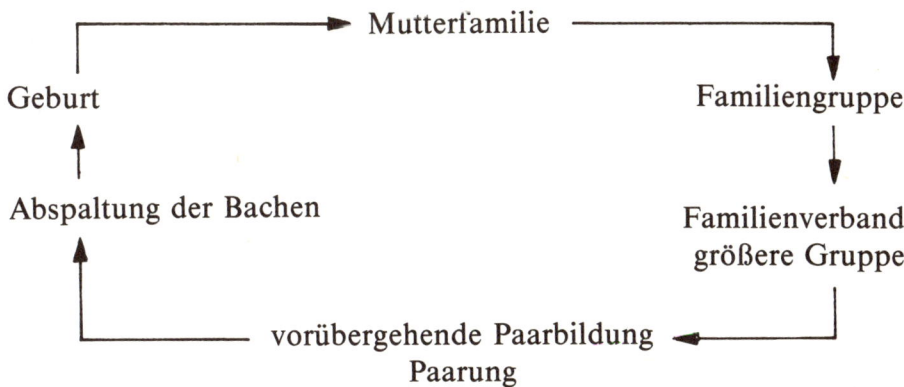

Nach meinen Untersuchungsergebnissen sieht das Schema in der freien Wildbahn so aus:

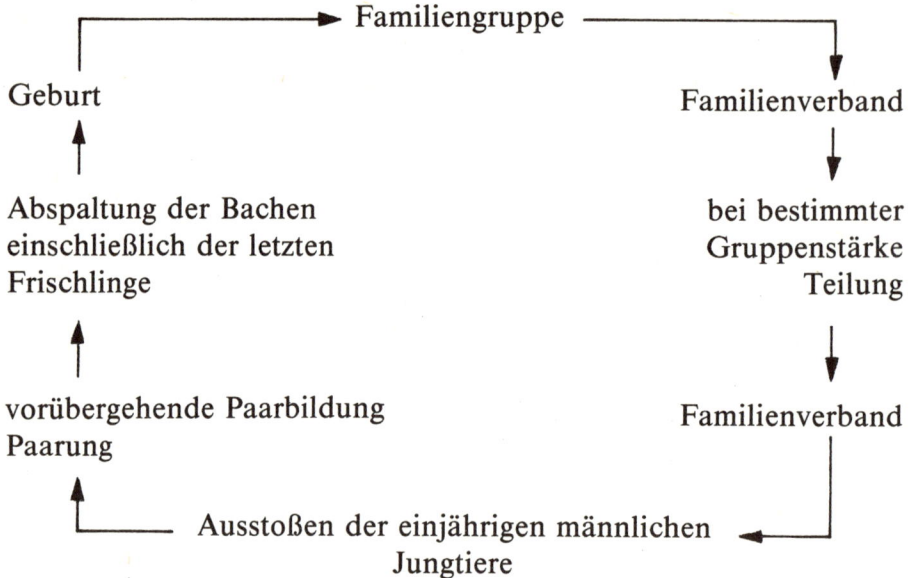

Diese vereinfachte Darstellung der sozialen Struktur des europäischen Wildschweines dürfte nach den achtjährigen Beobachtungsergebnissen die Regel sein.

Meine Kenntnisse über das Verhalten der Bachen vor und während der Geburt bis zum Wiederzusammenfinden der Familiengruppen zu Familienverbänden entstanden unter normaler, gegenwärtiger Feld-, Forst- und Jagdbewirtschaftung. Für die Beobachtung standen mir damals zwei Familienverbände Sauen zur Verfügung, die sich aus folgenden Stücken zusammensetzten:

Familienverband I
2 Stück 4jährige Bachen
3 Stück 2jährige Bachen
6 Stück 1jährige Bachen (Frischlingsbachen)
3 Stück Frischlingskeiler
Alle 5 älteren Stücke waren beschlagen. Von den 6 Frischlingsbachen blieben 2 Stück leer.

Familienverband II
2 Stück 2jährige Bachen
1 Stück 1jährige Bache (Frischlingsbache)

Die zweijährigen Stücke waren beschlagen. Die Frischlingsbache blieb leer.

Vermutlich war es bisher noch nie gelungen, in der freien Wildbahn Beobachtungen am Wurfkessel anzustellen und umfassende Untersuchungen bei Wildschweinen über dieses wichtige Verhalten zu machen, denn einige Unterschiede zu Gundlachs Beobachtungen im Gatter sind bei der Gegenüberstellung beider Ergebnisse unübersehbar.

Welcher Jäger oder Verhaltensforscher würde es auch wagen, sich in die Nähe des Wurfkessels einer Bache zu begeben? Laut und herzlich würden alle Fachleute lachen, wenn jemand käme und behauptete, er würde hochbeschlagene Bachen zu ihrem Frischplatz begleiten und Filmaufnahmen vom Kesselbau, der Geburt, dem ersten Ausführen und Zusammenfinden einer Rotte Sauen in freier Wildbahn machen. Er könnte sich des Hohnes und des Spottes vermutlich kaum erwehren. Aber gerade dieses hatten wir, Jagdleiter Rudolf Meseberg und ich, vor. Obwohl wir von allen Jagdfreunden ernsthaft vor diesem »tollkühnen« Unternehmen gewarnt wurden, waren wir der Meinung, daß unser Verhältnis zu den Sauen soweit gefestigt war, es wagen zu können. Gewissenhaft bereiteten wir Wochen vorher einige Bachen darauf vor, indem wir sie handzahm machten und sie besonders gut an uns gewöhnten. Außerdem wurden einige rangniedrige Tiere für dieses Vorhaben ausgewählt. Wir waren der Ansicht, daß schwächere Stücke für uns nicht so gefährlich werden konnten, falls sie uns angreifen würden. Weiterhin sollten alle Aktionen aus Sicherheitsgründen nur zu zweit durchgeführt werden. Mein Freund bekam die Aufgabe, mich beim Filmen und Fotografieren mit der Waffe abzusichern. Urlaub wurde für die fragliche Zeit eingeplant, denn wir hatten die Tage, an denen die Geburt vonstatten gehen mußte, genau errechnet, da wir die Rauschzeit miterlebt hatten. Wieviele Faktoren aber mußten zum Gelingen dieses vermutlich einmaligen Vorhabens günstig zusammentreffen! Das war fast ebenso unwahrscheinlich wie ein Volltreffer im Lotto.

Würde eine der Bachen es uns gestatten, sie zu ihrem Wochenbett zu begleiten? Zu welcher Tageszeit verlassen sie die Rotte, am Tage oder nachts? Wo legen sie ihre Wurfkessel an, in einer dunklen Dickung oder im lichteren Bestand? Wie sind die Lichtverhältnisse an diesem Tage, reichen sie aus, um Filmaufnahmen zu machen?

Bekommen die Bachen ihre Frischlinge am Tage oder in der Nacht? Wie verhält sich die Bache am Wurfkessel, ist sie sehr aggressiv, oder akzeptiert sie uns? Usw., usw... All diese Fragen beschäftigten uns von Tag zu Tag mehr, je näher der Termin der Geburt heranrückte. Am 26. Februar war es soweit. Drei Bachen fehlten am Morgen bei der Fütterung, sie hatten in der Nacht die Rotte verlassen, um sich einen geeigneten Frischplatz zu suchen. Sie schieden für unser Experiment bereits aus. Am 27. Februar fehlten wieder zwei Stücke. Mit diesen Bachen blieben eigenartigerweise auch alle ihre vorjährigen Frischlinge aus; sie mußten ihre Mütter begleitet haben. Am 28. Februar frühmorgens verschwand plötzlich die ranghöchste, vierjährige Bache im Bestand, ohne überhaupt Nahrung aufgenommen zu haben. Obwohl nun alle unsere Vorbereitungen mit den rangniedrigeren Sauen fehlgeschlagen waren, folgten wir dieser starken Bache und fanden sie tatsächlich etwa 1500 m von der Ablenkfütterung entfernt, als sie sich emsig, ohne uns zu beachten, mit dem Kesselbau beschäftigte. Für unser Vorhaben außerordentlich günstig, hatte diese erfahrene Bache einen lichten Kiefernhochwald mit dichtem Unterwuchs ausgewählt. Es war am Südhang eines Hügels, wo sie im Windschatten lag und gleichzeitig die ersten warmen Sonnenstrahlen auffangen konnte. Der lichte Waldbestand war sehr gut von ihr gewählt worden; sie hatte einen weiten Überblick und konnte jede Gefahr frühzeitig erkennen. Dort fanden wir die Bestätigung dafür, daß alle Frischlinge des vorhergehenden Jahres ihre Mutter zum Wurfkessel begleiten. Die zwei gescheckten Bachen, die noch nicht beschlagen waren, und zwei einjährige Keiler hielten sich 30 bis 40 m vom Wurfkessel entfernt auf, an den sie allerdings nicht heran durften. Auch wir näherten uns nur bis auf diese Distanz, um die Bache nicht unnötig zu stören. Die Bache rupfte enorme Mengen des trockenen Unterwuchses und trug einen großen Haufen zusammen. Das aufgetürmte Material erreichte fast die Höhe von 1 m. Die Menge entsprach ungefähr 3 bis 4 vollgeladenen Handwagen. Nach etwa 2 Stunden mußte sie die Arbeit des Kesselbauens einige Male unterbrechen, da sich bereits die ersten Wehen bei ihr einstellten. Die Bache blieb dabei stehen, krampfte sich zusammen, wobei der Pürzel zur Seite gehalten wurde. Dann lief sie wieder eiligst los, um neues Nestmaterial heranzuschleppen. Dieses Material wurde in unmittelbarer Nähe, ungefähr 20 bis 30 m im Umkreis vom Wurfkessel, gerupft. Nach drei Stunden war der Wurfkessel fertig, und die Bache schob sich von unten in das Nest hinein. Dann begann der Geburtsvorgang, der anfangs von uns nicht zu beobachten war, da er sich im fast geschlossenen Kessel abspielte. Sichtbar war nur die ständige Bewegung des Grashaufens. Weitere zwei Stunden später, in der Mittagszeit, verlockten die warmen Sonnenstrahlen sie dazu, ihren Kessel zu öffnen. 3 Frischlinge waren in der Zwischenzeit geboren, sie waren schon äußerst beweglich und zeigten spielerisches Kampfverhalten. Jetzt veränderte sich das Verhalten der Bache plötzlich. Hatte sie vorher von uns und ihren vorjährigen Frischlingen kaum Notiz genommen, verhielt sie sich jetzt äußerst aggressiv. Etwa 20 m war die Distanz, zum Wurfkessel, die sie von uns und den Frischlingen verlangte. Zwei Schritte näher bewogen sie dazu, blitzschnell anzugreifen. Hatten wir die von ihr gewünschte Entfernung, dann lief sie zum Kessel zurück und verhielt sich ruhig und normal. Interessant war, daß wir genauso behandelt wurden wie ihre vorjährigen Jungen.

Während der Filmarbeiten am Wurfkessel hatte ich einige sehr kritische Sekunden zu überstehen. Mein Freund, der ungefähr 30 m weiter zurückblieb als ich, hatte den Auftrag, mich sofort zu warnen, falls die Bache versuchen sollte, mich anzugreifen.

Ich hatte durch die Kamera-Arbeit eine sehr beschränkte Übersicht und konzentrierte mich darauf, möglichst viel vom Verhalten der Bache in Filmaufnahmen festzuhalten. Dadurch, daß mit einem Teleobjektiv von 300 mm gedreht wurde, mußte ein massives Stativ für die Kamera benutzt werden. Diese Aufnahmen sollten für Lehrzwecke und eine weitere Fernsehsendung über Schwarzwild Verwendung finden und sollten nicht verwackelt werden. Meine Befürchtungen, daß, wenn die Bache angriff, die Zeit nicht ausreichen würde, um auch die Filmapparatur in Sicherheit zu bringen, und daß sie ihre Aggressivität an den Geräten auslassen würde, waren allerdings grundlos; sie beachtete die Kamera nicht.

Das Öffnen des Kessels geschah folgendermaßen:

Das Muttertier hob sich an und verteilte sehr gleichmäßig das Nestmaterial nach links und rechts, so daß es zwei Haufen ergab. Begannen die Frischlinge zu frieren, wurde der Wurfkessel geschlossen. Die Frischlinge zeigten der Mutter durch bestimmte Laute und enges Zusammenrücken an, daß ihnen kalt war. Die Bache warf dann das Nestmaterial mit dem Rüssel über die Jungen und schob sich sehr vorsichtig mit dem Kopf voran in das Nest hinein. Während des Geburtsvorganges lag die Bache in Seitenlage. Ein Verhalten wie bei anderen Säugern, z. B. bei Hunden, die die Fruchthülle aufreißen, auffressen und die Jungen abnabeln, konnte nicht beobachtet werden. Auf Grund des hochaufgetürmten Kessels war es außerordentlich schwierig, den genauen Vorgang in allen Phasen zu beobachten. Es war z. B. nicht möglich zu sehen, ob die Frischlinge in Kopf- oder Steißlage geboren werden können, wie es Gundlach angibt. Jedoch konnte ich erkennen, daß die Bache ihre Frischlinge nach der Geburt nicht beleckte. Nach ungefähr 10 Stunden waren alle Frischlinge geboren. Diese vierjährige Bache, die ein Jahr vorher 9 Junge, darunter 3 schwarzweiß gescheckte, zur Welt gebracht hatte, setzte in diesem Jahr 7 normal gefärbte Frischlinge. Sofort nach der Geburt begannen sie zu saugen. Eine Saugordnung bestand aber mit Sicherheit noch nicht.

Im Gegensatz zu verschiedenen anderen Säugern werden Wildschweine nicht blind geboren. Sie sind voll behaart und zeigen eine Tarnfarbe, die sie, wenn sie sich bei Gefahr drücken, unsichtbar macht. Die Streifenzeichnung aller Frischlinge ist individuell, hat aber für die Erkennung zwischen Mutter und Jungtier keinerlei Bedeutung.

Die Zeit, die eine Bache mit ihrem Nachwuchs in dem Wurfkessel verbleibt, ist sehr unterschiedlich und steht in einem engen Verhältnis zum Wetter. 1974 waren es fast 3 Wochen, die die Frischlinge auf Grund der widrigen, naßkalten Witterung im Kessel verblieben, während sie im Jahre 1976 bei günstigem, warmem Wetter bereits nach vier Tagen einige Stunden ausgeführt wurden.

Eine andere hochbeschlagene Frischlingsbache, welche ich auch beobachtete, hielt sich nur einige hundert Meter von dem Wurfkessel der »Alten« auf. Sie stand zur gleichen Zeit in der Geburt. Ohne daß sie einen Kessel vorbereitet hatte, preßte sie ständig, was zur Folge hatte, daß sie nach einigen Stunden so geschwächt und kaum noch in der Lage war, sich fortzubewegen. Irgendetwas schien bei ihr nicht in Ordnung zu sein. Ich verfolgte sie so lange wie möglich, doch verlor ich sie später aus den Augen. Vermutlich hatte sie Geburtsschwierigkeiten, was 4 Wochen später bestätigt wurde. In einem Waldtümpel fand ich sie verendet. Dadurch, daß sie im Wasser verendete, war der Körper noch gut erhalten. Nachdem wir sie geborgen hatten, untersuchte der Tierarzt Dr. Weber dieses Stück, wobei festgestellt werden konnte, daß als Geburtshindernis Beckenenge bei relativ großer Frucht vorlag. Ein Frischling lag mit dem Kopf im Becken und wies Impressionen auf. Wie Messungen ergaben, war ihr Becken zu eng. Der Innendurchmesser des Beckenringes betrug, mit Meßstab gemessen, nur 5,5 cm, während der Kopf des Frischlings einen Durchmesser von 7 cm aufwies. Wie der Tierarzt feststellte, ist der Tod mit hoher Wahrscheinlichkeit auf Kreislaufkollaps infolge Erschöpfung zurückzuführen gewesen. Die Untersuchung ergab weiter, daß diese Frischlingsbache 6 Föten bei sich trug, für eine einjährige Bache eine hohe Zahl. Nach meinen bisherigen Beobachtungen war die Regel bei Frischlingsbachen innerhalb meiner Rotte 1 bis 4 Stück. Die Gebrüder M. und W. Stubbe stellten im Wildforschungsgebiet Hakel (Kreis Aschersleben) Untersuchungen darüber an und schrieben dazu: »Zur Ermittlung der Reproduktionsrate wurden im Hakel 90 erlegte trächtige Bachen auf die Anzahl der Föten in Relation zum Alter des Muttertieres untersucht. Die Ergebnisse spiegeln den idealen Zuwachs einschließlich pränataler Verluste bis zur Geburt wider, berücksichtigen aber nicht die Eizellen- und frühembryonalen Abgänge. Die durchschnittliche Fötenzahl beträgt 5,3 Stück je Bache. Von den Frischlingsbachen (4,34), über die Überläuferbachen (5,73) bis zu den Altbachen (6,50) ergibt sich eine deutliche Steigerung der durchschnittlichen Fötenzahl (vgl. Briedermann, 1971), die von den Frischlings- zu den Überläuferbachen eine sehr hohe Signifikanz aufweist. Zwischen den Durchschnittswerten der Überläufer- und Altbachen besteht infolge zu geringen Materials keine gesicherte Signifikanz.

Die Höchstzahl der Föten ließ sich bei einer Altbache mit 10 bestimmen. 78% der Bachen hatten 4 bis 7 Föten inne. Das Minimum lag bei einer Frischlingsbache mit nur einem Fötus. Losenhausen (zit. bei Olof 1951) hat in einem Fall 13 Embryonen festgestellt. Mehr als zehn Frischlinge dürften sehr selten sein, was auch aus der Anzahl der Zitzen resultiert. Von 30 im Hakel daraufhin untersuchten Bachen hatten 29 Tiere 10 Zitzen und nur 1 Bache 11 Zitzen ausgebildet.

Die Relation von insgesamt 185 registrierten Föten ergab 85 männliche und 100 weibliche Embryonen, also ein Verhältnis von 1 : 1,18. Dahingegen fand Briedermann ein Überwiegen der männlichen Föten, 1 : 0,89. Fassen wir beide Ergebnisse zusammen, so dürfte das Geschlechtsverhältnis dem von 1 : 1 sehr nahe kommen.«

Das Gewicht der neugeborenen Frischlinge weist große Unterschiede auf. Beim Verwiegen unterschiedlicher Würfe im Institut für Forstwissenschaften Eberswalde schwankten die Gewichte der Föten zwischen 750 und 1200 g.

Um einen besseren Einblick in den von mir beobachteten Wurfkessel zu bekommen, wurde am späten Abend noch ein provisorischer Hochsitz hergerichtet und am nächsten Morgen dorthin transportiert. Er gab mir außerdem mehr Sicherheit, denn er schützte mich vor überraschenden Angriffen dieser Bache. Ein Problem war, ihn in einer günstigen Position aufzustellen. Die »Alte« griff dabei ständig an, so daß ich mehrfach auf die Leiter flüchten mußte. Es gelang aber doch, sie in etwa 15 m Entfernung vom Kessel in Stellung zu bringen, und die Bache beruhigte sich sofort, als ich meinen Platz dort oben eingenommen hatte.

Am Morgen geschah nicht allzuviel, da die Mutterbache ihren Kessel geschlossen hatte. Wir beobachteten aus diesem Grunde das Verhalten der vorjährigen Frischlinge, die Kontakt zu uns suchten und ständig geputzt werden wollten. Nach Nahrung brachen sie im Umkreis bis zu 150 m vom Kessel. Weiter entfernten sie sich nicht. Meistens schoben sie sich auf die kürzeste Distanz, die die Mutter duldete, einfach in den Waldboden ein und warteten geduldig. Man spürte, daß diese Frischlinge den Kontakt zur Mutter vermißten. Einen Tag vor dem Frischen lagen sie noch eng zusammen, auch pflegte die kurz vor dem Frischen stehende Bache ihre vorjährigen Jungen noch sehr intensiv. Die Bindung zwischen Bache und Frischlingen ist also einen Tag vor dem neuen Geburtsvorgang noch sehr eng. Sie reißt auch danach nicht vollständig ab, sondern lockert sich lediglich etwas, was verständlicherweise von der Mutterbache ausgeht, da sie neue, wichtigere Aufgaben bei dem frischgeborenen, schutzbedürftigen Nachwuchs zu erfüllen hat. Daß aber die Mütter ihre Nachkommen nach Jahren noch erkennen, kann als sicher angenommen werden.

Gegen 11 Uhr öffnete die Bache den Kessel. Obwohl die letzten Frischlinge erst wenige Stunden alt sein konnten, spielten sie bereits äußerst lebendig im Kessel. Die Mutter beobachtete dabei die Umgebung und verwies mehrmals, blitzschnell startend, die älteren Frischlinge in eine gebührende Entfernung. Dann legte sie sich in den Kessel in Seitenlage, um die Kleinen saugen zu lassen. Durch das Teleobjektiv war deutlich sichtbar, daß noch keine Saugordnung bestand, ständig wechselten sie die Zitzen. Eigentümlicherwiese benutzten die sieben Frischlinge aber immer nur sieben gleiche Zitzen, obwohl doch alle zehn die Voraussetzung für eine Milchleistung haben müßten, was allerdings nicht ganz stimmt, da nach Snethlage die vordersten zwei Zitzen weniger Milch geben sollen.

Bei allen Mutterbachen, gleich wieviel Frischlinge sie führten, waren auch immer diese Zitzen zurückgebildet, so daß ich mich dieser Meinung anschließen möchte. Tatsache ist außerdem, daß eine Mutterbache nur so viel angesaugte Zitzen hat, wie sie Frischlinge führt. Jede Zitze, die zwölf Stunden nach der Geburt nicht angesaugt wird, bildet sich zurück und bringt keine Milchleistung mehr (nach Stubbe). Im Gegensatz zu den Untersuchungen Burgkarts, der 1957 an Hausschweinen feststellte, daß die stärksten Ferkel die vorderen Zitzen behaupteten und die schwächeren nach den hinteren Brustdrüsen abgedrängt wurden, welche weniger Milch geben sollen, ist es nach Snethlage, 1957, und Mohr, 1960, bei Wildschweinen umgekehrt. Innerhalb von acht Jahren habe ich 83 Würfe beobachten können. Dabei brachten vier Bachen mehr als acht, nämlich neun Frischlinge zur Welt, wovon grundsätzlich nur maximal acht die ersten Wochen überlebten. Die Anzahl bei zwei- und mehrjährigen Bachen betrug in der Regel sechs bis acht Stück, wobei die Wurfstärken sieben bis acht in der Mehrzahl vorkamen. Immer waren nur die acht hinteren Zitzen benutzt. Dadurch, daß in den ersten vier Wochen bei den von mir beobachteten Frischlingen — es waren immerhin acht Generationen — noch keine Saugordnung bestand, waren kaum Größenunterschiede erkennbar. Im Jahre 1976, wo zehn Bachen in einem Zeitraum von wenigen Tagen frischten, kam das deutlich zum Ausdruck. Erst später, im Alter von ungefähr sechs bis acht Monaten, zeigten sich geringe Größenunterschiede.

Gundlach meint zum Saugverhalten: »Neugeborene Frischlinge bewegen sich unmittelbar nach der Geburt gerichtet nach vorn zur Bauchseite der Bache und suchen nach Zitzen. Hausschweine tun das bereits, bevor die Nabelschnur durchtrennt ist (Gill und Thomson, 1956). Offenbar wird die Orientierung zu den Brustwarzen durch Wärme und Berührungsreize gesteuert, denn die Jungen versuchen immer, im Kontakt mit dem Körper des Muttertieres zu bleiben. Pendelnde Suchbewegungen mit dem Kopf sind nicht zu beobachten. Der orale Einstellmechanismus ist voll ausgebildet und gewährleistet das Auffinden der Brustwarzen. Die Form und auch eine gewisse Feuchtigkeit der Zitzen lösen ein Anfassen mit dem

Maul aus. In den ersten Stunden nach der Geburt läuft das Saugverhalten jedoch noch nicht voll koordiniert ab. Während einige Frischlinge die Brustwarzen massieren und saugen, liegen andere dicht beisammen neben der Bache und schlafen.«

Meine eigenen Beobachtungen bestätigten eindeutig diese Feststellungen. Die drei verschiedenen Phasen des Saugaktes, Vormassage, Milchfluß und Nachmassage, die Gundlach angibt, waren auch von mir erkennbar.

Daß wir durch die ganztätigen Beobachtungen am Wurfkessel der ranghöchsten Bache zu äußerst interessanten und vermutlich neuen Kenntnissen über das Wiederzusammenfinden eines Familienverbandes Sauen kommen würden, hatten wir nicht erwartet. Es sollte, wie sich einige Tage später herausstellte, ein Glücksfall sein, daß unser Vorhaben, eine rangniedrige Bache zum Wurfkessel zu begleiten, gescheitert war. Drei Tage verblieb unsere »Alte« in ihrem Wurfkessel. In diesen Tagen wurde der Kessel fast nicht verlassen. Angebotenes Futter lehnte sie in den ersten zwei Tagen vollkommen ab. Am dritten Tag nahm sie von dem ausgestreuten Mais nur einige Körner auf, um sofort wieder zu ihren Jungen zurückzukehren. Weiter als 30 m war sie vom Kessel nicht wegzulocken. Bei der Fütterung verlangte sie, auch ohne daß ihre Frischlinge dabei waren, einen Abstand von einigen Metern zu uns. Auch ihre mitfressenden vorjährigen Jungen durften nicht näher an sie herankommen.

Als wir am vierten Tage im Morgengrauen wieder zu dem Wurfkessel kamen, war er vollkommen heruntergetreten und leer. Die Bache hatte in der Nacht ihren Wurfkessel verlassen und war umgezogen. Lange zu suchen brauchten wir allerdings nicht. Nur ungefähr 300 m weiter hatte sie sich in einem Dornengestrüpp einen neuen Kessel angelegt. Vermutlich war ihr die alte Stelle doch etwas zu offen, denn sie mußte ja jetzt schon öfters ihre Jungen kurzzeitig verlassen, um Nahrung zu suchen. An diesem neuen Platz lag der Kessel versteckter.

Wo überall Wurfkessel von Wildschweinen angelegt werden können, ist unglaublich. So kam ein Forstarbeiter während der Frischzeit aufgeregt zu mir und berichtete, daß keine 20 m von einer Hauptverkehrsstraße entfernt in einem lichten Hochwald, von der Straße gut sichtbar, sich ein belegter Wildschweinkessel befände. Bei Forstarbeiten, die dort ausgeführt werden sollten, waren er und seine Kollegen darauf gestoßen. Er sagte, sie hätten von weitem diesen Grashaufen gesehen, der sich jedoch, als sie sich ihm näherten, plötzlich bewegte. Sie flüchteten verständlicherweise sofort. Zwei Tage später war der Kessel verlassen.

Große Überraschungen erlebten wir in den nächsten zwei Tagen an dieser Stelle, wo unsere Bache mit ihrem siebenköpfigen Nachwuchs hingezogen war. Am gleichen Morgen, gegen 10 Uhr, trat eine andere Bache aus einem nahegelegenen, dichten Kiefernbestand mit acht Frischlingen heraus, die ebenfalls drei bis vier Tage alt sein mußten. Es war eine unserer Zweijährigen, und zwar eine Tochter der »Alten«. Sie lief zielbewußt mit ihren Jungen auf den Kessel ihrer Mutter zu, und wir dachten, daß es zu harten Auseinandersetzungen kommen müßte. Wir hatten ihre Aggressivität in den letzten Tagen genügend kennengelernt. Aber nichts dergleichen geschah. Die vierjährige, ranghöchste Bache erhob sich, lief dieser Familie einige Schritte entgegen, und Kopf an Kopf, sich durch Nasenkontakt beschnuppernd, stießen beide die für die Erkennung wichtigen Laute aus. Die Frischlinge vermischten sich sofort, und beide Familien bezogen den Kessel der ältesten Bache. Daß meine Filmkamera dabei auf Hochtouren lief und mir die Zeit, in der ich die Filme wechseln mußte, wie eine Ewigkeit vorkam, läßt sich denken. Es sollten doch alle diese hochinteressanten Verhaltensweisen in Bildern festgehalten und dadurch belegbar gemacht werden.

Die Bachen schoben sich in den Kessel so ein, daß die 15 Frischlinge zwischen ihnen Platz fanden. Kurze Zeit später nahmen sie die Seitenlage ein, um saugen zu lassen. Beide Muttertiere lagen sich dabei gegenüber, und deutlich konnte beobachtet und gefilmt werden, wie die Frischlinge die Zitzen und auch die Bachen während des Saugaktes wechselten. Drei Stunden später erschien eine weitere zweijährige Bache, die außer ihrem jüngsten, siebenköpfigen Nachwuchs noch die vorjährigen Frischlinge mitführte. Allerdings hatten diese noch eine gewisse Distanz von ihren jüngeren Geschwistern einzuhalten. Hielten sie diese Entfernung nicht ein — es waren ca. fünf bis acht Meter — verjagte die Mutter sie.

Der Empfang erfolgte in gleicher Weise, wie ich ihn vorher geschildert hatte. Es erweckte den Anschein, als ob sich der Familienverband am Kessel der ranghöchsten Bache wieder zusammenfinden sollte. Nachmittags gegen 15 Uhr erlebten wir eine weitere Überraschung, denn eine der gescheckten Bachen, die auch in der

Zwischenzeit gefrischt hatte, traf dort ein. Sie führte vier Frischlinge, welche nicht gescheckt, sondern normal gezeichnet waren. Wir hatten damit den ersten Hinweis, daß diese Farbvariante rezessiv vererbt wird.

Die Schecke beeilte sich nun sehr, einen Kessel für die Nacht herzurichten, da der Platz bei ihrer Mutter nicht ausreichte. Ungefähr drei Meter daneben schleppte sie trockenes Gras zu einem Haufen zusammen und schob sich mit ihren Jungen dort ein. Zu erwähnen wäre noch, daß keine der neu hinzugekommenen Bachen Aggressivität uns gegenüber zeigte. Schwarzohr — sie war es nämlich — ließ sich von mir, obwohl sie Frischlinge führte, anfassen und verhielt sich nicht anders als sonst auch.

Wie stolz ich war und welche Freude ich empfand, 150 m Filmaufnahmen von diesem Geschehen gedreht zu haben, läßt sich schwer beschreiben. Am gleichen Abend bis spät in die Nacht wurden die Filme entwickelt, und ich konnte erst ruhig einschlafen, als feststand, daß alle Aufnahmen gelungen waren.

Am nächsten Morgen hatten wir unseren Beobachtungsstand wieder rechtzeitig eingenommen. Gegen 10 Uhr öffneten alle Bachen die Kessel und ließen die Frischlinge saugen. Zwei Stunden später stellte sich eine weitere zweijährige Bache mit sieben Frischlingen dort ein. Im Laufe des Tages hatte sich der gesamte Familienverband an dieser Stelle zusammengefunden.

Es fehlte lediglich eine Frischlingsbache, die, wie ich bereits beschrieben hatte, während der Geburt verendet war.

Was sich nun dort in den nächsten Tagen abspielte, ist mit Worten sehr schwer zu beschreiben. Nur wer es miterleben durfte oder die Filmaufnahmen sehen konnte, die verständlicherweise in Hunderten von Metern dabei entstanden sind, kann sich ein Bild davon machen, welche Gefühle wir bei der Beobachtung des Verhaltens dieses großen Familienverbandes empfanden. Acht Bachen, die zusammen 49 Frischlinge führten, hatten sich auf diesem engen Raum zusammengefunden. Am gleichen Tage stand ich mit der Kamera mitten in dem Getümmel von Frischlingen und Bachen, ohne daß eine ernsthafte Gefahr bestand, angegriffen zu werden. Nur in die nächste Nähe der Führungsbache durfte ich mich nicht begeben. Sie verlangte grundsätzlich einige Meter Distanz, die ich auch respektierte. Ständig hatte ich sie im Auge, um nicht ihre Aggressivität herauszufordern.

Am Abend hatten alle Bachen ihre Kessel angelegt, worin nur noch die Frischlinge Platz fanden. Die Mütter deckten sie mit trockenem Gras zu, indem sie das Nestmaterial mit den Vorderläufen über die Frischlinge scharrten. Anschließend legten sie sich daneben nieder. Am anderen Morgen verspürten die Bachen Hunger, denn als wir erschienen und ihnen Mais anboten, verließen sie die Kessel und nahmen die erste Nahrung auf. 30 m von der »Kinderstube« entfernt verstreuten wir die Körner, die begierig gefressen wurden. Interessant war, daß grundsätzlich ein Muttertier als Wache bei den Frischlingen zurückblieb. Nie wurden die Frischlinge in den ersten Tagen ohne Aufsicht oder Schutz gelassen. Meistens übernahm diese Funktion die Führungsbache. Damit sie aber auch zum Fressen kam, wurde sie abgelöst. Die Wachablösung geschah folgendermaßen:

Eine der Bachen löste sich von den fressenden Sauen und kehrte zu den Frischlingen zurück, wobei sie ständig tiefe, kurze Grunzlaute ausstieß. Die wachhabende Bache antwortete in gleicher Weise, und nach einem kurzen Nasenkontakt suchte sie dann die Fütterung auf. Es fiel aber besonders auf, daß die alte Bache den Wachposten am häufigsten übernahm.

Am vierten Tage folgten alle Frischlinge schon ihren Müttern in die nächste Umgebung, um nach Nahrung zu brechen. Alle vorjährigen Jungen des Familienverbandes waren in der Nähe, durften es aber noch nicht wagen, in engeren Kontakt mit ihren jüngeren Geschwistern zu treten; die Bachen verjagten sie, obwohl es den Überläufern sichtlich unsympathisch war.

In den ersten Tagen legten sich die Bachen ohne Aufforderung von den Frischlingen in die Seitenlage, um saugen zu lassen. Sie stießen dabei tiefe, rhythmische Grunzlaute aus. Der Zwischenraum zwischen den einzelnen Saugakten betrug bei den von mir beobachteten Bachen ungefähr 40, später 60 Minuten. Gundlach hat die Intervalle genau registriert. Er schreibt: »Das Alter der Bachen, die Wurfstärke und der Ernährungszustand scheinen den zeitlichen Ablauf der einzelnen Saugphasen zu beeinflussen. Am wenigsten streuen die Werte beim Milchfluß, am meisten bei der Nachmassage.

Bei wenige Stunden alten Würfen ist weder das typische Saugen entwickelt, noch lassen sich bestimmte Saugphasen feststellen. Nach einigen Tagen aber beginnen die Jungen in einem Rhythmus zu saugen. Während der Nestphase können die Intervalle noch unterschiedlich groß sein, lassen jedoch schon eine gewisse Abfolge erkennen.«

Er stellte weiter fest, daß der durchschnittliche Zeitraum zwischen den Saugakten zwischen 36 und 40 Minuten schwankte und die Intervalle bis zum vierten Tage nach der Geburt länger wurden. Am fünften und sechsten Tag lag der durchschnittliche Wert zwischen 47 und 52 Minuten.

Zu gegensätzlichen Ergebnissen sind Gundlach und ich in der Frage der Zitzentreue gekommen. Er meint dazu: »In Familienverbänden mit mehreren führenden Bachen saugen die Frischlinge fast immer zur gleichen Zeit bei ihren eigenen Müttern. Das dem Saugen immer vorausgehende Quieken der Jungen wirkt sowohl auf die Jungtiere als auch auf die Muttertiere ansteckend. Neben einem ›endogenen‹ Rhythmus wirkt also bei größeren Familiengruppen auch noch ein gewisser ›sozialer Zeitgeber‹ mit. Beim extrem multiparen Hausschwein wurde wiederholt untersucht, ob jedes Ferkel eine bestimmte Zitze wählt und diese dann während der Säugeperiode auch beibehält. Nach Krallinger (1937) und Burgkart (1957) suchen die Ferkel nach der Geburt eine bestimmte Zitze aus. Nachtsheim (1925) fand, daß die Jungen in den ersten Tagen die Striche noch mehrfach wechseln können. Erst vom 10. Lebenstag ab ist die Wahl endgültig. Quantitative Untersuchungen von Höppler (1943) ergaben, daß einen Tag nach der Geburt 29% der Ferkel eine ›eigene‹ Zitze beibehalten; nach einer Woche 60%, nach zwei Wochen 75%, nach vier Wochen saugten 92% zitzentreu. Auch Frädrich (1965) konnte durch Markierung einzelner Jungtiere bestätigen, daß jedes Ferkel seine ›eigene‹ Zitze auswählt.«

Gundlach hat bei Auswertung von Fotos und Filmaufnahmen auf Grund der unterschiedlichen Streifenmuster der Frischlinge folgendes sehen können und beschreibt es so:

»So ließ sich erkennen, daß bereits einen Tag alte Frischlinge zitzentreu sind. Nach dem Milchfluß ist in den ersten Tagen häufig zu beobachten, daß einzelne Jungtiere kleinere Würfe von ihrer Stammzitze zu einer danebenliegenden wechseln und dort Saugversuche machen. Nach kurzer Zeit kehrten sie dann aber wieder zu ihrer Zitze zurück. Dieses Verhalten kann sich mehrfach wiederholen. Erst im Alter von zwei Wochen hört der Zitzenwechsel auf. In diesem Entwicklungsstadium verkleinern sich auch die nichtbenutzten

Zitzen und atrophieren schließlich. Daß die stärksten Jungen an den vorderen Zitzen liegen sollen, konnte ich bei Sus scrofa nicht bestätigen; hier sind aber auch die vorderen Zitzen in der Milchproduktion nicht so ergiebig wie die hinteren.

Zitzentreu sind auch Frischlinge, die mit Jungtieren anderer Bachen gemeinsam in einem Wurfnest aufwachsen. Vereinzelt wechseln einige Frischlinge nach dem Milchfluß und während der Nachmassage zu einer Bache im Familienverband und versuchen dort zu saugen. Sie werden dann aber von ihr oder im fortgeschrittenem Alter auch von den saugenden Jungen abgewehrt und verjagt.«

Frädrich (1965) hat in einem kleinen Wildgatter beobachtet, daß Junge von verschiedenen Bachen, die etwa zur gleichen Zeit geworfen hatten, beim Saugen von einem Muttertier zum anderen wechselten. Gundlach führt dieses Verhalten auf den begrenzten Raum, der seiner Ansicht nach keine normale soziale Organisation zuläßt, zurück.

Meine Beobachtungen, die durch über 500 m Filmaufnahmen und einige hundert Fotos belegbar sind, ergeben folgendes Bild: In den Jahren 1974 und 1975 war ein Aufenthalt am Wurfkessel noch nicht möglich. Auf Grund des Fernbleibens der einzelnen Bachen aus dem Familienverband konnten jedoch 1975 Rückschlüsse auf das Alter der Frischlinge gezogen werden, das eventuell um 1 bis 2 Tage differieren könnte.

Dadurch, daß in diesem Jahr die Frischlinge bis zu 3 Wochen zeitlich unterschiedlich geboren waren und auf Grund der naßkalten Witterung verhältnismäßig lange (bis zu 3 Wochen) im Wurfkessel verblieben, herrschte bereits eine gewisse Saugordnung. Die Saugzeiten wurden nur noch von den Frischlingen bestimmt. Sobald ein Frischling zu qieken begann, stimmte der gesamte Nachwuchs ein, worauf sich alle Bachen gleichzeitig auf die Seite legten. Bei diesen Bachen zeigten alle nichtangesaugten Zitzen eine normale Form und waren zurückgebildet.

Die Zahl der benutzten Zitzen und die der Frischlinge stimmte überein. Nach Abgang von Frischlingen verringerten sich die milchführenden Zitzen um die jeweilige Stückzahl, was ungefähr 10 bis 14 Tage dauerte. Innerhalb dieser Zeit hatte sich die Zitze zurückgebildet. Das ist, so glaube ich, ein eindeutiger Beweis dafür, daß die Frischlinge 3 bis 4 Wochen nach der Geburt zitzentreu sind. Obwohl einige Frischlinge noch manchmal versuchten, bei einer anderen Bache zu saugen, griff diese dabei nie ein und gewährte es. Nur die Frischlinge verteidigten ihre Zitze. Diese Beobachtungen sind belegbar, da durch die drei gescheckten Frischlinge der ranghöchsten Bache jeder Zweifel ausgeschlossen werden kann. Die Zitzentreue war dadurch klar erkennbar.

Im Jahre 1976 konnten die Verhaltensweisen der Bachen und Frischlinge, wie bereits geschildert, von der Geburt an beobachtet und gefilmt werden. Alle Bachen frischten innerhalb weniger Tage, und der Familienverband fand sich am dritten bzw. vierten Tag nach der Geburt wieder zusammen.

Bachen und Frischlinge scheinen sich durch den Kontakt, den sie von der Geburt an mindestens 2 bis 3 Tage lang haben — manchmal auch länger —, kennenzulernen. Trotzdem lassen sich mehrere Tage alte Frischlinge noch verhältnismäßig leicht auf andere Personen oder Tiere umprägen. Ein Versuch, den ich mit einer Terrierhündin und 5 bis 6 Tage alten Frischlingen unternahm, gelang beispielsweise nach kurzer Zeit. Gundlach nahm von zwei verschiedenen Würfen je einen Frischling weg, um sie mit der Flasche aufziehen zu lassen. Der etwa 2 Tage alte Frischling folgte dem Pfleger schon nach kürzester Zeit und nahm die Flasche. Ein etwas älterer Frischling benötigte 2 bis 3 Tage, um sich an ihn zu gewöhnen.

Wie ich einwandfrei nachweisen konnte, wird in einem Familienverband Sauen in den ersten 3 Wochen keinerlei Wert auf eine Erkennung während des Saugaktes gelegt. Die Bachen nehmen auf das Signal »Quieken« — gleichgültig wo sie sich gerade befinden — die Seitenlage ein, und jeder Frischling saugt dort, wo eine Zitze frei ist. Erhob sich ein Muttertier vorzeitig, wurde eine andere Bache aufgesucht, um dort eine freigewordene Zitze zu suchen. Dabei können sogar saugende Frischlinge abgedrängt werden.

Am 5. März schlug über Nacht das Wetter um. Mit eisigem Wind, Schneetreiben und Frost von −7° begann die zweite Lebenswoche der Frischlinge. Die Kessel im lichten Hochwald wurden sofort aufgegeben, und der gesamte Familienverband zog in eine dichte Kieferndickung, in der reichlicher Unterwuchs zum Kesselbau zur Verfügung stand. Hier waren die Tiere vor Wind und Schnee weitgehend geschützt. Wir getrauten uns nicht, sie dorthin zu begleiten, da das Gelände zu unübersichtlich war und uns daher wenig Fluchtmöglichkeiten bot. Die Führungsbache hatte immer noch nicht völlig ihre Aggressivität abgelegt.

Am anderen Morgen waren alle Mitglieder der Rotte, einschließlich der Nachkommen, vollzählig an der Futterstelle versammelt. Die 49 Frischlinge froren und legten sich im engen Kontakt über- und nebeneinander, um sich gegenseitig zu wärmen. Täglich war nun die Rotte trotz der Kälte mit den Frischlingen an der Fütterung. Hohe Abgänge, die ich auf Grund der Witterung erwartete, blieben aus. Während der gesamten Kälteperiode verringerte sich die Anzahl der Frischlinge etwa um 10; es kann angenommen werden, daß sie durch Unterkühlung verendet waren.

Im Alter von 8 Tagen wurden die Frischlinge am Tage nicht mehr im Kessel abgelegt, sondern folgten ihren Müttern. Nach 16 Tagen begann sich das Saugverhalten zu verändern. Als einige Muttertiere gesättigt waren, geschah folgendes: Die erste dreijährige Bache — sie führte 8 Frischlinge — zog ruhig, dabei kurze, tiefe Grunzlaute ausstoßend, in eine Dickung ab. Sofort lösten sich aus der Masse der sich gegenseitig wärmenden Frischlinge 8 Junge und folgten dieser Bache. Die Frischlinge antworteten in gleicher Weise mit kurzen Grunzlauten. Nacheinander zeigten nun die anderen Bachen und Frischlinge das gleiche Verhalten. Die Anzahl der folgenden Frischlinge stimmte immer mit der tatsächlichen Zahl der Jungen, die die Bache haben mußte, überein. 10 bis 15 Schritte in der Dickung legten sich die Bachen und ließen ihre Jungen saugen.

Drei Wochen nach der Geburt sah ich dann, wie sich von Tag zu Tag die Saugordnung deutlicher herausbildete. Die Frischlinge begannen nun, ihre Zitze zu verteidigen, was nach 4 Wochen abgeschlossen war. Von dieser Zeit an saugten alle Frischlinge nur noch bei der Mutter an ein und derselben Zitze. Ähnlich wie Hundewelpen führen einige Tage alte Frischlinge bereits Kopulationsbewegungen durch, wie ich mehrfach beobachten konnte. Auch Gundlach stellte dies fest. Er schreibt dazu: »Bereits 2 bis 3 Tage alte Frischlinge versuchen, auf gleichaltrige Artgenossen aufzusteigen. Am 5. Lebenstag reiten die Jungen vollständig auf, vollführen Kopulationsbewegungen und reißen den Kopf dabei mehrmals ruckartig in die Höhe. Das Geschlecht dieser Frischlinge ließ sich leider nicht feststellen. Die Bewegungen entsprachen genau dem Verhalten der erwachsenen Keiler, die nach dem Paarungsvorspiel unter ruckartiger Aufwärtsbewegung des Kopfes aufreiten. Starkes Sexualverhalten zeigen mehrere Monate alte Tiere; manchmal stehen mehrere Frischlinge übereinander. Auch an Hausschweinen sah Frädrich

(1965) vom 9. Lebenstag an regelmäßig Aufreiten auf gleichaltrige Tiere; er sieht darin ein sexualgefärbtes Spiel.«

Auf Grund dieser Schilderungen versuchte ich, bei den von mir beobachteten Frischlingen die Geschlechter genau festzustellen, was nicht allzu schwierig war, da ich diesem Verhalten auf kürzeste Distanz zusehen durfte. Eindeutig war erkennbar, daß nur männliche Frischlinge dieses Verhalten zeigten. Allerdings machten sie dabei keinerlei Unterschiede, ob sie auf weibliche oder männliche Artgenossen aufstiegen. Selbst im Alter von 10 Monaten stiegen Keiler noch auf gleichgeschlechtliche Artgenossen auf und vollführten die bereits geschilderten Kopulationsbewegungen. Das untere Stück gewährte es fast immer. Später war dieses Verhalten nicht mehr feststellbar.

Zur gesamten Thematik des Verhaltens des Schwarzwildes am Wurfkessel können wir folgende Schlußfolgerungen ziehen:

1. Fordert eine Mutterbache ihre Frischlinge auf, ihr zu folgen oder zu saugen, geschieht dies grundsätzlich durch bestimmte Locklaute. Im Gegensatz dazu fordern die Frischlinge die Bachen durch Quieken auf, wenn sie saugen wollen.

2. Eine Saugordnung besteht zumindest in den ersten 14 Tagen bis 3 Wochen nicht, sie ist aber bis zur 4. Lebenswoche geregelt.

3. Die Erkennung zwischen Bache und Frischling erfolgt durch Laute und Geruch.

4. Der Mutterbache ist es zunächst gleich, welcher Frischling bei ihr saugt.

5. Für die Bewachung und Führung aller Frischlinge des Familienverbandes fühlen sich alle Mutterbachen verantwortlich.

6. Die soziale Körperpflege war im Wurfkessel noch nicht zu beobachten; außerhalb des Kessels, ungefähr ab dem vierten bis fünften Tag nach der Geburt, werden die Frischlinge täglich mehrfach von den Bachen mit der Rüsselscheibe geputzt. Fremdkörper, wie z. B. Wildkennmarken, werden herausgebissen.

7. Die soziale Körperpflege wird von der Mutterbache nicht nur an ihren eigenen Frischlingen ausgeübt; sie pflegt auch andere Frischlinge des Familienverbandes.

8. Zu »Malen« beginnen die Frischlinge schon im Alter von 4 bis 5 Tagen. Am Anfang sieht es noch sehr ungeschickt aus, sie scheinen es erst lernen zu müssen.

9. Nach einem Warnlaut der Mutter oder eines anderen Mitglie-

des der Rotte drücken die Frischlinge sich, wobei sie durch ihre Streifenzeichnung fast unsichtbar werden.

10. Im Alter von 10 bis 14 Tagen beginnen die Frischlinge feste Nahrung aufzunehmen. Die von mir beobachteten Frischlinge zogen Eicheln, anfangs gequollenen Mais, vor.

11. Spielerisches Kampfverhalten war bereits wenige Stunden nach der Geburt im Wurfkessel zu beobachten.

12. Die Frischlinge sind grundsätzlich noch nicht in die Rangordnung der Gruppe einbezogen. Sie genießen innerhalb des Familienverbandes eine Sonderstellung. Spätestens im Alter von 10 Monaten hat sich dann die Rangfolge herausgebildet.

Abschließend zu diesem Thema möchte ich sagen, daß ich kaum besorgtere und rührendere Mütter bei Tieren gesehen habe als bei den Wildschweinen. In den ersten Lebenstagen der Frischlinge wird jede Bache auch uns Menschen angreifen. Darum Vorsicht beim Durchstreifen von unübersichtlichen Waldgebieten oder Dikkungen.

Die Aufzucht der Frischlinge

Im Jahre 1908 erschien in einer Tageszeitung in Wien folgende Meldung: »Ein Jagdpächter hat eine Bache mit acht wenige Tage alten Frischlingen im Walde angetroffen und erstere erlegt, die Frischlinge seien wohl entkommen, doch waren dieselben noch so klein, daß sie sich allein jedenfalls nicht fortbringen können und dieser eine Schuß hat die Gegend somit von 9 Unholden befreit.« In der heutigen Zeit klingt eine solche Schilderung unglaublich, denn führende Bachen verdienen unseren Schutz, das gebietet die Achtung vor dem Leben. Dieser Schutz wird den Mutterbachen heute in fast allen Ländern in Form einer Schonzeit gewährt.

Snethlage schrieb bereits 1934: »Der Abschuß einer führenden Bache ist immer eine große Sünde. Man kann daher im Sommer nie vorsichtig genug sein.« Sein Erlebnisbericht und die Erfahrungen, die er als langjähriger Jäger über dieses heikle Problem gesammelt hat, sind so typisch, daß ich sie wörtlich wiedergeben möchte. Er sagt: »Vor Jahren saß ich wieder einmal an einem Wildacker, um zu beobachten und womöglich eine Sau für die Küche zu schießen. Sehr früh erschien plötzlich am Rande eine einzelne stärkere Sau und brach unruhig in den Kartoffeln. Ich konnte sie nicht als Keiler ansprechen, auch schien sie mir im Haarwechsel noch sehr zurück. Ich schoß also nicht. Mit einem Male verschwand sie wieder. Nach fünf Minuten war sie wieder da. Ich wartete ein paar Minuten, ob nicht vielleicht Frischlinge nachkamen, da zog sie wieder rein. Nun ärgerte ich mich schon beinahe, daß ich die Gelegenheit verpaßt hatte, und beschloß, zu schießen, wenn sie noch einmal käme. Richtig, nach 10 Minuten kam sie wieder heraus, dabei aber ein zweites Stück und — sechs oder sieben Frischlinge! In einem anderen Falle glaube ich, genau den Pinsel erkennen zu können, bis mich die Frischlinge belehrten, daß ich es doch mit einer Bache zu tun hatte. Es war eine besonders ausgeprägte Zitze, die die Täuschung hervorgerufen hat. Sind die Bachen aber erst kahl, so kann man bei gutem Licht das Gesäuge genau erkennen. Den besten und sichersten Anhalt gibt aber stets der Fortschritt des Haarwechsels im Vergleich zu nichtführenden Stücken.

Nicht alle Bachen frischen zur vorgeschriebenen Zeit im März bis April. Sei es, daß sie vielleicht mehrmals umrauschten oder infolge später Entwicklung erst gegen das Frühjahr hin zum ersten Male rauschten, jedenfalls kommt es nicht selten vor, daß man im Hochsommer noch ganz schwache Frischlinge findet. Meist sind die Bachen dazu auch gering in der Figur und wohl in der Regel Erstlingsbachen. Solche späten Frischlinge kommen natürlich noch verhältnismäßig schwach in die schlechte Jahreszeit, und es kann nie aus ihnen etwas Ordentliches werden. Werden sie geschlechtsreif, so ist es wahrscheinlich später als bei ihren normal entwickelten Altersgenossen, so rauschen sie auch später und bringen ihrerseits wieder zur Unzeit späte Würfe. So sieht man solche spät frischenden Bachen nicht gern, weil sie das Revier nur mit Kümmerern versehen, die nicht zur Erzielung eines starken Wildstandes beitragen. Es kommt aber hier im Westen auch nicht selten vor, daß manche Bachen schon Ende Januar und Anfang Februar frischen. Gibt es einen strengen Nachwinter, so kommen die Frischlinge leicht um. Bei den üblichen milden Wintern dagegen haben sie gegenüber ihren später gesetzten Artgenossen einen Vorsprung in der Entwicklung. Es besteht aber immer die Gefahr, daß diese vorzeitig frischenden Bachen auf den letzten Drückjagden im Spätwinter totgeschossen werden, da sie regelmäßig ihre Frischlinge im Kessel zurücklassen und allein vor die Schützen kommen. Das ist ein Hauptgrund, warum man im Februar nicht mehr auf Sauen jagen sollte, was ja auch jetzt in den meisten Ländern verboten ist.« Aus meinen eigenen Erfahrungen möchte ich noch nachtragen, daß es sich bei den verspätet frischenden Bachen meistens um Muttertiere handelt, die frühzeitig ihre Jungen verloren haben. Es kommt oftmals zu einer sogenannten Nachrausche. Sie ist naturgegeben und dient, ähnlich wie bei den Vögeln, die ein Nachgelege machen, wenn ihre Eier aus irgendeinem Grunde verlorengegangen sind, der Arterhaltung. Es ist darum nicht gut, wenn der gesamte Nachwuchs von

Mutterbachen schon frühzeitig erlegt wird. Die nachrauschenden Bachen behalten häufig den Geburtenrhythmus bei und wirken sich dadurch nicht günstig für einen kräftigen Schwarzwildbestand im Revier aus. Sehr unterstreichen möchte ich die Beobachtungen Snethlages, daß grundsätzlich nicht angenommen werden darf, daß es sich um keine führende Bache handeln könne, wenn ein einzelnes Stück aus dem Bestand heraustritt. Innerhalb der von mir betreuten Familienverbände kam es häufig vor, daß Mutterbachen ihre Frischlinge in der Rotte zurückließen, um einzeln auf Nahrungssuche zu gehen. Genauso kann es umgekehrt vorkommen, daß sich einer Bache 10, 15, ja sogar 20 Frischlinge anschließen und mit ihr längere Zeit der Gruppe fernbleiben. Hieraus resultieren vermutlich Beobachtungen einiger Weidgenossen, die von 10- bis 14köpfigen Würfen berichten. Sind die Frischlinge nun noch deutlich unterschiedlich in der Größe, so wird sofort von einem »zweistöckigen« Wurf gesprochen. Nachweisbar ist es einmal im Jahre 1976 vorgekommen — nach Beobachtungen Briedermanns —, daß eine Bache zweimal im gleichen Jahr gefrischt hat und beide Würfe führte. Alle anderen mir bekannten Behauptungen darüber waren auf das vorher geschilderte Verhalten zurückzuführen. Es ist also anormal und so selten, daß es nicht in fast jeder Veröffentlichung besonders hervorgehoben werden sollte.

Mutterlose Frischlinge, die nicht zu einem größeren Familienverband gehören, sind bedauernswerte Geschöpfe. Ständig quiekend vor Hunger und auf der Suche nach ihrer Mutter, irren diese kleinen Kerle durch das Revier, bis sie schließlich jammervoll eingehen oder, wenn sie Glück haben, ihre Qualen durch einen Fuchs schneller beendet werden. Vielfach ist nachgewiesen, daß Füchse Schwarzwildrotten, die kleinere Frischlinge führen, verfolgen. Es kommt auch vor, daß solche Waisen mitten in menschlichen Ansiedlungen auftauchen.

In den fünziger Jahren fing ich zwei wenige Tage alte Frischlinge, die durch einen unüberlegten Schuß ihre Mutter verloren hatten, und nahm sie mit nach Hause. Meine Terrierhündin Senta zeigte sofort großes Interesse an meinen neuen Schützlingen. Sie beleckte sie und war glücklich, etwas »bemuttern« zu können. Die Frischlinge akzeptierten sie auch sofort und wollten bei ihr saugen. So gut es Senta auch mit ihnen meinte, Milch hatte sie natürlich nicht. Die eiligst besorgte Saugflasche wurde mit Kuhmilch gefüllt und ihnen angeboten. Ohne Schwierigkeiten nahmen sie diese an und leerten sie vollständig. Da jedoch Kuhmilch einen geringeren Fettgehalt als die Milch von Schweinen hat, verwendete ich fortan nur noch Ziegenmilch. Damit gediehen sie prächtig. Die Bindung zwischen Hund und Frischlingen vertiefte sich immer mehr, sie waren nach einigen Tagen unzertrennlich. Die Frischlinge folgten der Hündin wie ihrer Mutter, als die sie Senta wohl auch ansahen. Die Aufzucht meiner zwei Waisen bereitete wenig Schwierigkeiten. Täglich wurden einige Ausflüge in die nahe gelegenen Waldgebiete unternommen, so daß sie sich bereits nach 14 Tagen zusätzliche Nahrung selbst suchten. Sie wuchsen großartig heran, und Senta mußte sich schon manchen Knuff gefallen lassen. Nach 5 Wochen begann ich, sie allmählich von der Flasche abzusetzen, und verfütterte normales Schweinefutter und allerlei Abfälle, die die Küche bot.

Erwachsene Wildschweine stellen an ihre Ernährung in der Gefangenschaft wenig Ansprüche. Frischlinge dagegen sind anspruchsvolle Zöglinge. Für ihre gesunde Aufzucht benötigen sie viel animalische Kost und verschiedene Mineralien. Deshalb gelingt die Aufzucht in betonierten Gehegen fast nie. Frische Humuserde, Fleisch, Knochen oder Kalkzugaben, Laub und verschiedenes Grünzeug, neben Kraftfutter, sind die Voraussetzungen für ein gesundes Gedeihen der Frischlinge. Durch den täglichen Auslauf, den meine Frischlinge hatten, ergaben sich bei ihnen keinerlei Aufzuchtmängel. In den zoologischen Gärten bereitet gerade die Aufzucht von Wildschweinen große Schwierigkeiten, oftmals ist es leichter, wesentlich wertvollere Tierarten dort großzuziehen. Mit Rücksicht auf die Besucher wird den Bachen kein Nestmaterial, z. B. trockenes Gras oder genügend belaubte Zweige, für den Kesselbau zur Verfügung gestellt, da es die Anlage verunschönen würde. Sie sind darum gezwungen, sich in den meistens verschlammten Gehegen einen Kessel zu graben. Ein großer Teil der Frischlinge geht darum schon in den ersten Tagen an Unterkühlung ein. Ihre Schutzhütten nehmen sie zum Frischen in den seltensten Fällen an. Selbst bei unseren domestizierten Hunden ist ein ähnliches Verhalten feststellbar. Die zweckmäßigste Wurfkiste in einem warmen Raum hält sie vielfach nicht davon ab, wenn sie einen Auslauf zur Verfügung haben, sich im Erdboden ein Loch zu graben, um darin ihre Welpen zur Welt zu bringen. Das sind Instinkte, die sie trotz ihrer langen Domestikation von ihren Vorfahren her beibehalten haben.

Ein weiterer Grund für die schwierige Aufzucht des Schwarzwildes in Wildgehegen ist, daß sie oftmals überbesetzt sind. Die Tiere stören sich gegenseitig und zertreten die Frischlinge oder fressen sie gar auf. Völlig wider die Natur ist die gemeinsame Haltung mit Keilern auf so beschränktem Raum. In der freien Wildbahn ist der Keiler nur während der Rauschzeit kurzzeitig Mitglied der Rotte. Meistens ist er nicht gerade zärtlich zu den Frischlingen. Es gibt aber auch ältere männliche Stücke, die sich in Wildgehegen nicht bösartig gegenüber ihrem Nachwuchs verhalten sollen.

Man kann sich wohl der Meinung Snethlages anschließen, wenn er dagegen ist, freilebendes Wild in Gehegen einzusperren, denn es bietet tatsächlich oftmals einen traurigen Anblick. Er formuliert dieses Problem so treffend, daß ich ihn wörtlich zitieren möchte; er sagt: »Wenn große zoologische Gärten Wild halten, mag es noch seine Berechtigung haben, aber ist es wirklich nötig, daß fast jede kleinere Stadt in ihrem Stadtpark ein Schwarzwildgehege hat, ja, daß manches Waldcafé ein paar Sauen hält, um die Gäste anzulocken? Meist liegen die Sauen im Stroh ihrer Schutzhütte versteckt, wo man sie doch nicht sehen kann, und der Auslauf gleicht einer Mondlandschaft, da er immer und immer wieder umgebrochen wird. Bei nassem Wetter ist er ein Morast, in dem sich keine anständige Sau wohlfühlen kann. Wird der Auslauf aber gepflastert oder zementiert, so können die armen Tiere wieder nicht brechen, was zu ihren Lebensbedürfnissen gehört. Daher sollte man möglichst keine Frischlinge aufziehen, denn wenn man zunächst auch Spaß an ihnen hat, so ist ihnen doch ein trauriges Los gewiß. Überhaupt geben Gattersauen, auch in größeren Saugehegen, nur in den seltensten Fällen ein zutreffendes Bild ihrer wilden Artgenossen in der freien Wildbahn.«

Diese Worte sind nur zu unterstreichen. Es sollte nur Fachleuten vorbehalten bleiben, mutterloses Wild vor einem qualvollen Tod zu bewahren und in der Gefangenschaft aufzuziehen. Wichtig ist, daß es später in geordnete Verhältnisse umgesiedelt wird, da ein Aussetzen dieses Wildes in die freie Natur kaum noch möglich ist. Die Gewöhnung an uns Menschen hat es dafür meistens verdorben. Meine Sauen wurden nach einem Jahr auch in ein Gatter umquartiert, da der Keiler mit zunehmendem Alter gegenüber fremden Leuten und anderen Tieren immer angriffslustiger wurde. Gegen meine Person und gegenüber der Terrierhündin war er zwar regelrecht liebevoll, aber die Hühner auf dem Hof fing er ständig äußerst geschickt und verspeiste sie sogleich.

Gundlach beobachtete ein ähnliches Verhalten und meint dazu: »In diesem Zusammenhang sei noch eine recht auffällige Verhaltensweise erwähnt, die sich bei Frischlingen in der zweiten Lebenswoche entwickelt. Die Jungtiere zeigen zunehmend Interesse an bestimmten Objekten (z. B. Papier oder Stoffreste), greifen diese Gegenstände mit den Zähnen und schütteln sie hin und her. Dieses Verhalten erinnert an das Totschütteln von Beute bei vielen Raubtieren. Auch bei adulten Wildschweinen im Lainzer Tiergarten habe ich vereinzelt beobachten können, daß sie lebende Hühner ergriffen, sie ›totschüttelten‹ und mit hocherhobenem Kopf forttrugen.«

In der Gefangenschaft können männliche Stücke später auch dem eigenen Pfleger gefährlich werden. Bachen dagegen behalten meist ihre Vertrautheit. Über die Gefährlichkeit von führenden Bachen sind schon so viele wahre und vermutlich auch übertriebene Berichte erzählt und geschrieben worden, daß ich mich auf die Schilderung zweier Begebenheiten beschränken möchte. Aus eigener Erfahrung kann ich jedenfalls bestätigen, daß Bachen, wenn es um ihre Frischlinge geht, keinen Spaß verstehen. So berichteten glaubwürdige und mir gut bekannte Jagdfreunde das Erlebnis eines älteren Weidgenossen, der schon im Rentenalter stand; noch heute wird darüber gelächelt, obwohl seine Situation keinerlei Anlaß dazu gab. Bei Ausübung der Jagd war er seit Stunden zu Hause überfällig geworden, so daß Jagdfreunde sich auf die Suche machten. Sie staunten nicht schlecht, ihn auf dem Ast einer sonst vollständig glatten Kiefer in ungefähr 5 m Höhe sitzen zu sehen. Jüngere Burschen versuchten, ihn aus seiner mißlichen Lage zu befreien und herunterzuholen, doch niemand schaffte es, den Baum zu erklettern. Es mußte schließlich eine Leiter geholt werden, um den Weidgenossen wieder zur ebenen Erde zu bringen. Auf Befragen, was geschehen war und wie er dort auf diesen Baum hochgekommen sei, erzählte er sein Erlebnis: er habe einen Frischling angeschossen, worauf dieser jämmerlich klagte; sofort habe ihn die alte Bache angenommen; in seiner Angst sei er auf den Baum geflüchtet; wie er es allerdings geschafft habe, diese Kiefer zu erklimmen, darauf wisse er keine Antwort zu geben. Es war ihm selbst ein Rätsel.

Snethlage schildert eine andere Begebenheit, die auch von einer »wütenden« Mutterbache handelt: »Vor Jahren kam das Waldarbeitervieh, das im Walde gehütet wurde, gegen Abend nach Hause, auch der Hund stellte sich ziemlich verschüchtert ein. Nur der Hütejunge kam nicht. Man ging ihn suchen und eilte nach der Waldweide, wo er gehütet hatte, da fand man ihn hoch oben auf einer astigen Kiefer sitzen und darunter eine grobe Bache, die ihn bewachte. Was war geschehen? Gegen Abend war die Bache mit ihren schwachen Frischlingen am Rande der Wiese ausgetreten, und der Junge hatte den Hund auf sie gehetzt. Dieser, erst sehr tapfer, war von der Bache attackiert worden und hatte sich zu seinem Herrn zurückgezogen. Nun hatte die Bache diesen angenommen, und er war auf den Baum geflüchtet, worauf die wütende Alte ihn belagert hatte, bis er Hilfe bekam.«

Diese zwei Schilderungen über die Aggressivität führender Bachen sollten für die unerfahrenen Waldspaziergänger nochmals ein Hinweis sein, es nicht unbedingt auf eine Begegnung mit solch einer »wütenden« Mutterbache ankommen zu lassen. Es soll aber auch schon vorgekommen sein, daß jüngere Bachen ihren Nachwuchs im Stich gelassen haben. Ich selbst konnte das nicht beobachten, sei es vielleicht darum, weil ich es mit einem größeren Familienverband zu tun hatte, denn innerhalb einer solchen Gruppe bewachte und beschützte jedes Muttertier jeden Frischling. Ich bin hier der Ansicht, daß sogar mehrere Muttertiere über einen eventuellen Angreifer hergefallen wären. Mehrere Beobachtungen deuteten dies jedenfalls an. Eine streunende Katze z. B. wurde sofort von einigen Bachen angenommen, als sie sich in die Nähe wagte. Interessant ist, daß aber die Mutterbachen sich untereinander nicht angreifen, wenn ihre Frischlinge von einer Bache der Gruppe zur Ordnung gerufen werden, was nicht immer gerade zärtlich geschieht. Es kann vorkommen, daß sie einen Meter durch die Luft geworfen werden, wobei sie auch klagen. Die Mutter beachtet es überhaupt nicht. Meinen Versuch, einen Frischling inmitten der Rotte auf den Arm zu nehmen, akzeptierte sie auch, ohne mich anzugreifen, obwohl er jämmerlich quiekte. Es könnte daraus geschlußfolgert werden, daß sich alle Muttertiere für die Erziehung des Nachwuchses verantwortlich fühlen.

Sehr häufig waren Verletzungen an den Läufen bzw. Zerrungen an den unteren Gelenken der Frischlinge festzustellen. Nach meinen Tagebuchaufzeichnungen hatten innerhalb eines Jahres fast 50% aller Frischlinge zumindest einmal diese Verletzungen. Manchmal waren sie in wenigen Tagen wieder in Ordnung. Es kam aber auch vor, daß Frischlinge wochenlang dadurch behindert waren. Ich führe diese häufigen Verletzungen an den Läufen auf das Fluchtverhalten der Rotte zurück, wobei sich die Frischlinge auf Grund ihrer noch verhältnismäßig schwachen Läufe Zerrungen oder Verstauchungen zuziehen. Bei den von mir registrierten Verletzungen dieser Art handelt es sich in fast allen Fällen um die Vorderläufe. Bei einjährigen Stücken traten sie auch einige Male auf, bei zweijährigen Stücken in all den Jahren nur noch zweimal. Bei älteren Stücken habe ich diese Verletzungserscheinungen nicht beobachten können. Es mag ein Zufall sein, trotzdem erscheint es mir erwähnenswert. Einige Verluste in den ersten Lebenswochen der Frischlinge waren mit größter Wahrscheinlichkeit darauf zurückzuführen.

Verhältnismäßig oft waren bei älteren Frischlingen, aber noch häufiger bei Überläufern Abszesse in den Lymphknoten feststellbar. Meistens öffneten sie sich, wobei eine eitrige Masse ausfloß. Die Heilung dauerte dann nicht lange. Behinderungen oder Verluste an Stücken durch solche Abszesse habe ich nicht beobachten können. Überhaupt scheinen Wunden beim Schwarzwild ohne große Komplikationen, d. h. ohne Infektionen, zu heilen. Bei einem Frischling heilten zwei tiefe Wunden, die er im Sommer 1976 in der Bauchgegend hatte und die durch das Suhlen ständig voller Schlamm und Fliegen waren, innerhalb von 14 Tagen einwandfrei, ohne daß eine Entzündung eintrat.

Die Suhlen wurden von »meinen« Frischlingen erstmals Anfang Juni, also im dritten Lebensmonat, angenommen. Vorher standen sie wartend in der Nähe, wenn die Rotte »schlammbadete«. Am Anfang waren es nur wenige Stücke, die sich daran beteiligten, bis dann einige Zeit später die Suhle von allen Frischlingen aufgesucht wurde. Wichtig scheint mir die Beobachtung zu sein, daß in den ersten Wochen sämtliche Frischlinge von den Mutterbachen nach dem Suhlen beleckt wurden. Erst dann begaben sich auch die Frischlinge zu den Malbäumen, um daran zu scheuern. Eine Erklärung für dieses Verhalten kann ich allerdings nicht geben.

Wildschweinjunge saugen verhältnismäßig lange bei ihren Müttern. Erst zwischen dem 3. und 4. Lebensmonat werden sie von der Muttermilch abgesetzt. Es war dann zu sehen, wie die Bachen immer häufiger den Frischlingen das Saugen verwehrten. Die Jungen, die schon seit einiger Zeit nur noch bei den stehenden Bachen saug-

ten, wurden von ihnen jetzt durch einen Stoß mit dem Gebrech abgeschlagen.

Nach E. Mohr besitzen Frischlinge bereits bei der Geburt je
4 Milchzähne oben und unten, nach 4 Wochen je 10 Zähne im Ober-
und Unterkiefer, und im Alter von 3½ Monaten soll die Entwicklung des.Milchgebisses abgeschlossen sein; sie haben dann insgesamt 28 Zähne. Wie ich selbst feststellen konnte, dauert die Entwicklung des endgültigen Gebisses, welches 44 Zähne aufweist, beim
Schwarzwild außergewöhnlich lange. E. Mohr schreibt dazu: »Im
Rahmen der allgemeinen Entwicklungsschwankungen ist das Dau-
ergebiß bei den einzelnen Tieren verschieden schnell fertig vorhanden. 18 Monate scheint der früheste Termin zu sein. Es kann aber
auch 20 bis 24 Monate dauern.« Gerade die Zähne geben dem Jäger
wichtige Hinweise auf das Alter erlegter Stücke. Briedermann beschreibt es folgendermaßen: »Da sich noch immer viele Jäger von
der Körperstärke des erlegten Wildes leiten lassen, gibt es selbst
nach dem Erlegen noch verhältnismäßig viele Fehlansprachen. Wie
häufig erlebt man, daß während des Winters erlegte Frischlinge als
Überläufer, als zweijährige oder gar ältere Stücke, dagegen aber
auch schwache ältere Stücke als Überläufer angesprochen werden.
Besonders schätzt man gutentwickelte Überläuferkeiler als älter ein,
da das, was man von ihren Waffen schon sieht, bereits beeindrucken
kann. Der Kundige entnimmt jedoch der Zahnentwicklung einwandfrei, daß das fragliche Stück am Ende des zweiten Lebensjah-
res stand und erst am nächsten 1. April zur »groben Sau« geworden
wäre.

Starke Winterfrischlinge werden leicht als Überläufer angesprochen, auch dann noch, wenn sie bereits auf der Strecke liegen, obwohl die Unterscheidungsmerkmale zumindest nach dem Erlegen
recht deutlich sind. Für die genauere Altersunterscheidung sind spe-
zielle Veröffentlichungen zu Rate zu ziehen, z. B. Wagenknecht u. a.
1968. Für jagdpraktische Belange, vor allem für die richtige Einstufung im Winter erlegter Stücke, seien nachfolgend die leicht erkennbaren Merkmale der Schneidezahnfront wiederholt: Im Winter erlegte Frischlinge haben noch alle Milchschneidezähne. Außerdem
sind noch die Milchhaken vorhanden, oder sie werden gerade gewechselt. Bei den Überläufern befinden sich die 4 Milchschneidezähne im Wechsel. Das führt dazu, daß man eine abgerundete
Schneidezahnfront vorfindet. Bei allen zweijährigen und älteren

Seite 113 und oben
Soziale Körperpflege

unten
Tonaufnahmen zur Analyse im
Sonographen

oben und rechts
Soziale Körperpflege

links
Frischling im Alter von 4 Monaten

oben
Soziale Körperpflege unter Frischlingen

unten und rechte Seite
Die Pflege der Frischlinge dieser Bache
provoziert ihre elterliche Aggressivität.
Sie vertreibt den Autor und putzt
ihre Frischlinge selbst

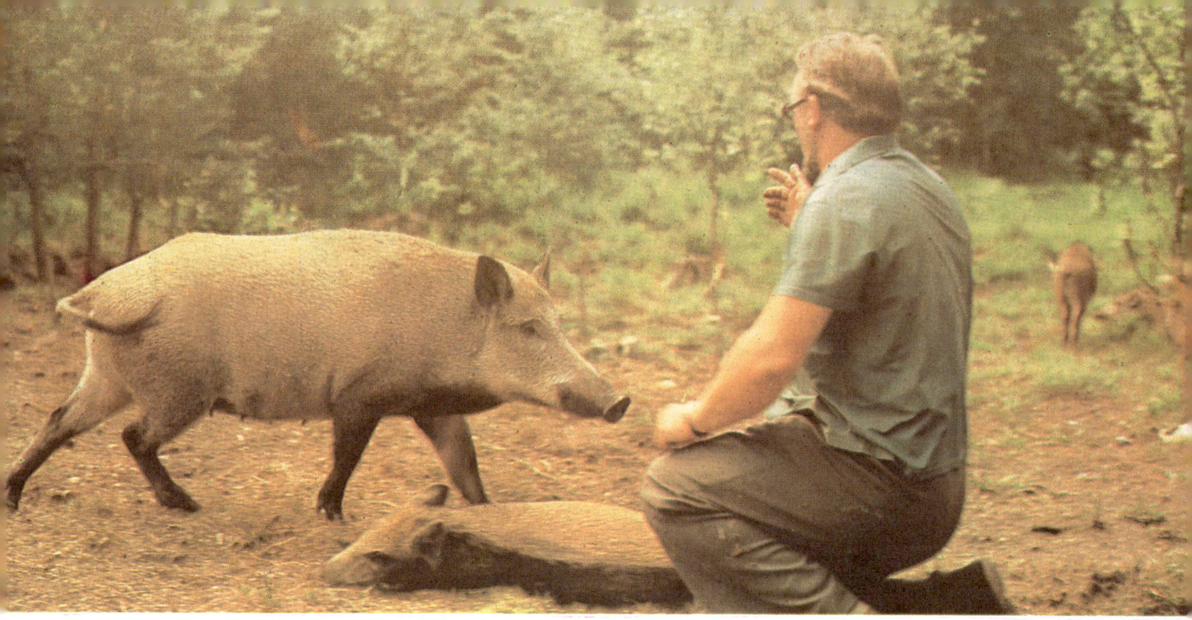

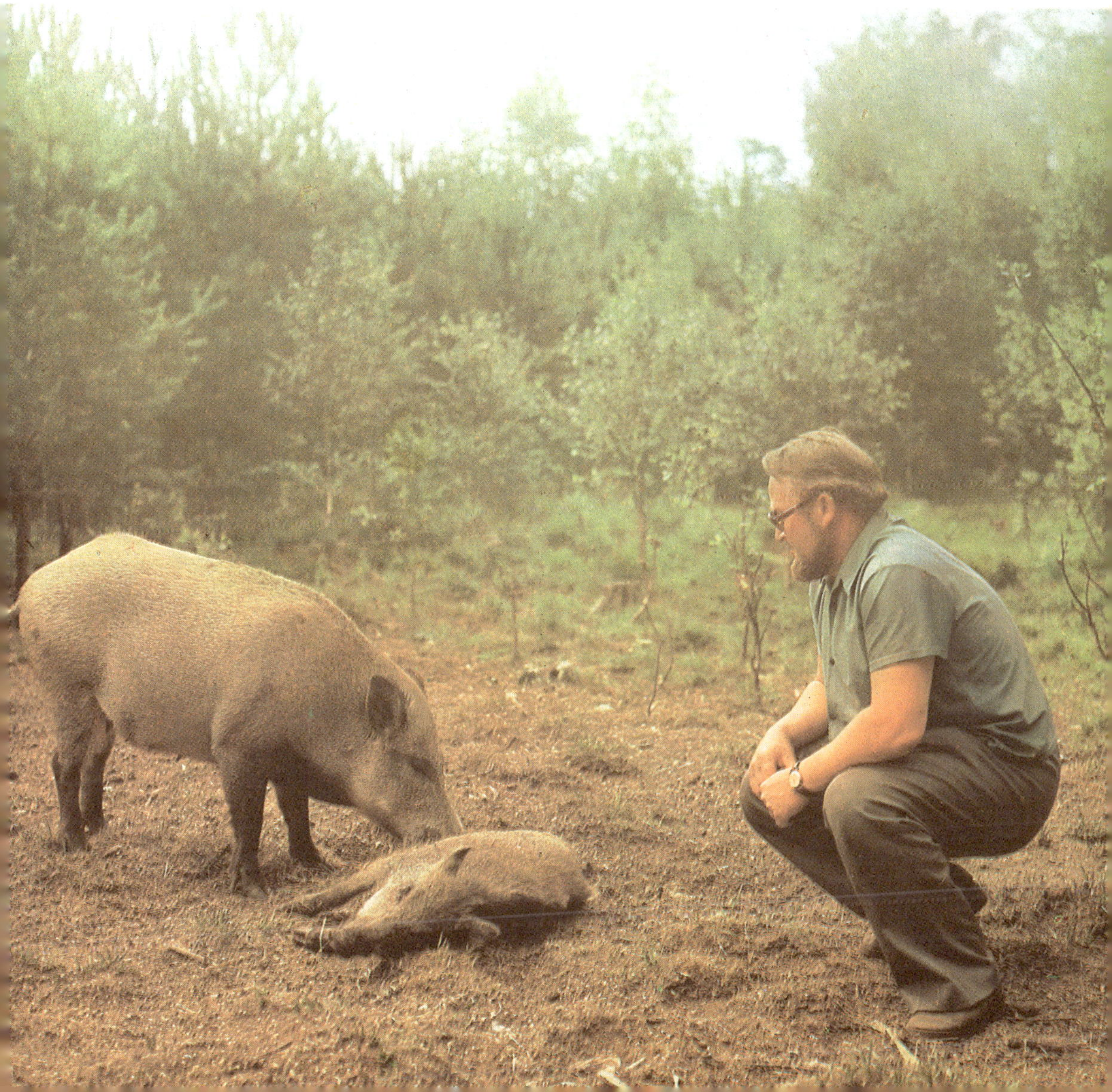

oben
Keilerkampf während der Rauschzeit

unten
Achtjähriges Hauptschwein

oben
Rivalen während der Rauschzeit

Mitte
Genitalkontrolle durch den Keiler

unten
Der Beschlag

folgende Seite
Aufnehmen fester Nahrung im Alter von
14 Tagen

Stücken dagegen ist der Zahnwechsel beendet, und alle vier inneren Schneidezähne des Unterkiefers stehen in meißelähnlicher Front. Beherrscht man diese einfachen Merkmale, sind Fehleinstufungen der Strecke nicht mehr möglich.«

Aus eigener Erfahrung möchte ich ein Erlebnis zu dieser Problematik schildern, welches die eben zitierten Worte von Briedermann bestätigt. Mitte Juli 1976 wurde eine Bache aus der von mir betreuten Rotte erlegt. Sie war von mir Monate vorher mit einer Wildkennmarke markiert worden, so daß eine Verwechslung mit Sicherheit ausgeschlossen werden konnte. Außerdem kannte ich auch jedes Stück persönlich ohne Kennzeichnung. Hierbei handelte es sich um eine dreijährige Bache, die Ende Februar des gleichen Jahres gefrischt hatte. Interessant war es nun für mich, die Meinungen des Erlegers und der anderen Weidgenossen über das Alter des Stükkes und die Begründung dazu zu hören. Die Zähne wurden nicht beachtet! Lediglich weil kein Gesäuge zu sehen war, wurde dieses Stück als starke Überläuferbache angesprochen. Ihre Frischlinge hatte diese Mutterbache seit ungefähr 4 Wochen von der Milch abgesetzt, so daß die Striche zurückgebildet waren!

Die Erkennung der Frischlinge bis in das darauffolgende Frühjahr ist nicht problematisch. Ihre Streifenzeichnung beginnt im Alter von 2 bis 3 Monaten immer mehr zu verwischen und ist nach dem 5. bis 6. Lebensmonat vollständig verschwunden. Danach bekommen sie eine rot-braune Übergangsfärbung, die von Monat zu Monat sich zu einer normalen Borstenfärbung weiterentwickelt. Die ersten Anzeichen dieser Umfärbung werden an den Backenpartien des Hauptes sichtbar und setzen sich allmählich bis zu den hinteren Körperpartien fort. Im Alter von 12 bis 14 Monaten haben sie ihr »Erwachsenenkleid« angenommen. Frischlinge, die im September oder noch später mit Streifenzeichnung angetroffen werden, sollten möglichst erlegt werden, da sie entweder zu spät gesetzt worden sind oder sich, z. B. durch Krankheit, nicht voll entwickeln konnten.

Mit dem Problem der Altersbestimmung aus der Sicht des Jägers, speziell bei weiblichen Stücken, beschäftigte ich mich in all den Jahren sehr intensiv — leider bisher mit wenig ermutigenden Ergebnissen. Von zehn verschiedenen Bachen, welche z. T. einen unterschiedlichen Typ verkörperten, fertigte ich Standfotos vom Überläuferalter bis zum Alter von sechs Jahren in ihren Sommer-, Übergangs- und Winterschwarten an. Eine vergleichende Auswertung der

Fotos zeigte, daß, je älter das Stück wurde, sein Gebrech kürzer wirkte, was in der Winterschwarte besonders zum Ausdruck kam. Die Gebreche von Bachen in Sommer- und Übergangsschwarten wirkten grundsätzlich sehr lang. Da innerhalb der Rotten die unterschiedlichsten Typen vorkommen können, betrachte ich diese Kennzeichen zwar für den Schwarzwildspezialisten als ein kleines Hilfsmittel bei der Altersansprache, jedoch im allgemeinen als zu unsicher, ohne vergleichbare Stücke sogar als nicht verwertbar.

Eine andere oftmals publizierte Methode, Pürzelstärke und Quastenlänge als Maßstab für die Altersbestimmung heranzuziehen, kann mit Sicherheit, zumindest bei Bachen angewandt, als falsch bezeichnet werden. Innerhalb der von mir untersuchten Schwarzwildpopulation liegen dafür zahlreiche Beweise vor.

Bei reinen Überläuferrotten, die ab April bis Mai bis zur Rauschzeit im Revier angetroffen werden, wird es sich fast immer um ausgestoßene männliche Stücke, sogenannte Überläuferkeilerrotten, handeln. Es dürfte für jeden Schützen eine Selbstverständlichkeit sein, davon nur die schwächsten Stücke zu erlegen. Nur dadurch wird es möglich sein, einen starken männlichen Nachwuchs zu bekommen. Überläufer, die sich den Sommer und Winter über innerhalb einer Rotte aufhalten, sind dagegen mit Sicherheit Bachen. Daß in diesem Fall für den Abschuß das gleiche zutrifft wie bei den männlichen Überläufern, braucht wohl nicht besonders erwähnt zu werden.

Da solche Rotten in der Regel Frischlinge bei sich führen, wird der echte Weidmann grundsätzlich ein Stück der jüngsten Altersgruppe erlegen, also einen Frischling.

Markierung

Über die Größe des Territoriums und die Wanderungen des Schwarzwildes ist uns bisher nur wenig bekannt. Wir wissen, daß Sauen in Revieren, wo sie in Ruhe gelassen werden, sehr standorttreu sind, in unruhigen Einständen dagegen wechseln sie hin und her. Es ist auch bekannt, daß sie viele Kilometer pro Tag zurücklegen können. Doch wie weit wandern die ausgestoßenen Überläuferkeiler, oder wo ziehen abgespaltene Bachen hin? Das sind bis zum heutigen Tage fast ungeklärte Fragen. Sie sind nur zu beantworten, indem möglichst viele Sauen gekennzeichnet werden.

Daß die Markierung von freilebendem Wild einige Schwierigkeiten bereitet, braucht nicht besonders erwähnt zu werden. In den letzten Jahren ist damit begonnen worden, auch Wildschweine aus der freien Wildbahn zu fangen, sie zu markieren und dann wieder in die Freiheit zu entlassen. Mittels Futter werden sie in Saufänge gelockt, und selbst dann, wenn sie gefangen sind, ist es nicht einfach, den Tieren bestimmte Markierungen beizubringen.

Sauen mit einem Narkosegewehr zu beschießen und dadurch zu betäuben, wie es bei anderen tagaktiven Wildarten gemacht wird, hat sich nicht bewährt. Durch ihre dämmerungs- und nachtaktive Lebensweise und der verhältnismäßig langen Fluchtdistanz eignet sich diese Fangmethode nicht. Die Gewehre sollen für diese Entfernung bisher eine ungenügende Treffsicherheit haben. Ein noch wichtigerer Grund dafür, warum diese Methode nicht angewandt wird, ist der, daß die betäubten Stücke während der Nacht weder verfolgt noch gefunden werden können. Aus diesen Schilderungen ist zu ersehen, wie problematisch es ist, Schwarzwild zu fangen, was ja die Voraussetzung für eine Markierung wäre.

163

Viele Erfahrungen für den Fang von Sauen wurden in der Notzeit nach dem zweiten Weltkrieg gesammelt. Die Jäger, die damals unbewaffnet waren, entwickelten immer bessere Fangmethoden, um in verschiedenen Gegenden der »Schwarzwildplage« zu begegnen. Damals waren die Sauen echte Nahrungskonkurrenten des Menschen, denn auch der geringste Wildschaden konnte nicht geduldet werden, außerdem stellte das Wildbret eine willkommene Bereicherung des spärlichen Speisezettels in dieser schlimmen Zeit dar.

Siebold gab 1949 ein Heft heraus: »Das Schwarzwild — seine Naturgeschichte und Bejagung«. In diesem schildert er die damaligen Verhältnisse und gibt auch Anregungen zum Fang von Wildschweinen. Nach seinem Bericht wurden Saufänge in der Mehrzahl von Frischlingen angenommen. Auf diese Weise wurden damals in einem Jahr im Lande Hessen 609 Sauen gefangen. Für die Auswahl eines passenden Platzes für einen Saufang können keine allgemeingültigen Richtlinien gegeben werden. Maßgebend sind die örtlichen Verhältnisse. Siebold hält das Aufstellen von Saufängen in unmittelbarer Nähe der Felder für zwecklos. Erfolgversprechend dagegen sind sie in normalen Tageseinständen, auf Wechseln und an Ablenkfütterungen einzusetzen, wobei die Aussichten auf hohe Fangergebnisse an einer ständigen Fütterung am größten sein dürften. Im Dezember 1976 führte ich an meiner Ablenkfütterung mit einem Fangkasten Versuche durch, um die Reaktion der gefangenen Stücke und das Verhalten der übrigen Rottenmitglieder kennenzulernen. Außerdem war ich beauftragt worden, einen Frischlingskeiler zur Blutauffrischung für ein Gatter einzufangen. Zu diesem Zwecke brachte ich einen normalen Schweinetransportkasten zur Fütterung und stellte ihn zur Gewöhnung am Anfang in einem dichten Kiefernbestand auf. Die Sauen akzeptierten diesen Holzkasten sofort und nahmen keinerlei Notiz davon. Am nächsten Morgen öffnete ich die Schiebetür und begann, die Tiere mit Mais in den Käfig zu locken. Einige Minuten später suchte bereits der erste Frischling den Fangkasten auf. In den folgenden Tagen wurde er von fast allen Stücken, auch den älteren Bachen, ohne jede Scheu betreten, und ich war in der Lage, den Schieber zu schließen, wobei keinerlei Panik bei den gefangenen Sauen ausbrach. Ein für Filmaufnahmen günstiger Tag wurde abgewartet, da das Verhalten der Sauen belegbar gemacht werden sollte, um dann mit dieser verhältnismäßig einfachen Methode einen starken Frischlingskeiler zu fangen. Die größten

Schwierigkeiten bereitete die Auswahl des Stückes. Im Dezember ist das Geschlecht, bedingt durch die Winterbehaarung, bei Frischlingen außerordentlich schwierig feststellbar; außerdem wollte ich einen nichtmarkierten Frischling der freien Wildbahn entnehmen, weil jedes gekennzeichnete Tier in der Freiheit von wissenschaftlicher Bedeutung ist. Es war also nicht einfach, einen bestimmten Frischling in diesen Käfig hineinzubekommen. In der Zwischenzeit waren die Tiere außerdem damit so vertraut, daß nur noch ältere und demzufolge ranghohe Sauen darin fraßen.

Es gelang schließlich doch, mit Geduld und Geschick einen unmarkierten, etwa 50 kg schweren Keiler hineinzulocken und zu fangen. Durch eine Betäubungsinjektion sollten ihm unnötige Aufregungen erspart werden. Doch bevor die Wirkung einsetzte, wurde er in dem Kasten äußerst lebendig und wollte sich daraus befreien. Er biß in die Holzplanken und gebärdete sich äußerst wild. Die Rotte wich einige Meter zurück und zeigte ein unsicheres Verhalten. Sie zog es dann doch vor, im Bestand zu verschwinden. Nach wenigen Minuten begann die Injektion zu wirken, und der gefangene Keiler wurde ruhiger, so daß er zum Gatter transportiert werden konnte.

Mit dieser Fangmethode war es nun möglich, auch ältere Stücke, die sich von mir nicht an die Teller kommen ließen, zu markieren. Wichtig erschien mir die Feststellung, daß die Sauen diese Fangaktion nicht übelnahmen und in keiner Weise mit meiner Person verknüpften. Im Auftrage des Institutes für Forstwissenschaften Eberswalde markierte ich in den Jahren 1976 bis 1980 fast alle Tiere meiner Versuchsrotten und prüfte die Haltbarkeit verschiedener Wildkennmarken beim Schwarzwild unter den Bedingungen der freien Wildbahn. Ebenso markierte ich Frischlinge in den verschiedensten Altersstufen, um zu beobachten, wie sich die Mutterbachen diesen Fremdkörpern in den Tellern ihrer Nachkommen gegenüber verhalten. Von Hausschweinen ist bekannt, daß weder Plastscheiben noch Bandmarken von langer Haltbarkeit sind. Nach einigen Wochen haben sie sich die Marken gegenseitig herausgebissen. Ihre Ohren sind dicker als beim Schwarzwild und unbehaart, so daß es auch zu Drucknekrosen kommt und die Marken nach einigen Wochen oder Monaten von selbst herausfallen können. Hausschweine sind darum nur durch Kerbung oder Tätowierung zu kennzeichnen.

Auch für die Wildmarkierung eignet sich die Methode der Kerbung. Je nach der Anzahl der Kerbe im rechten oder linken Ohr, oberhalb oder unterhalb, lassen sich nach einem Schlüssel unterschiedliche Zahlen ermitteln. Die Kerbung ist wohl auch für das Schwarzwild die haltbarste Kennzeichnungsmethode, jedoch ist die praktische Ausführung einer solchen Markierung eine nur selten lösbare Aufgabe, da sie ohne Betäubung des Stückes kaum durchführbar ist. Mir standen farbige Plastscheiben mit den dazugehörigen Gegenstücken aus Aluminium sowie Aluminiumbänder mit den entsprechenden Spezialzangen zur Verfügung. Bei den meisten Stücken meiner Rotte war die Markierung sehr leicht ausführbar. Ich lockte ein bestimmtes Stück zum Futtereimer, ließ es daraus fressen, setzte die Zange an den Teller an und brachte ihm so die Markierung bei. Der kurze Schmerz bewirkte, daß das betreffende Stück einige Meter zurückwich, aber dann sofort weiterfraß. Kein Stück nahm mir diese Kennzeichnung übel. Ich konnte alle Sauen sofort nach der Markierung wieder anfassen. Daß ich anfangs, als ich meine Markierungsmethode Jagdfreunden schilderte, belächelt wurde, läßt sich denken. Ich nahm es ihnen auch nicht übel, denn für Fachleute, die diese Wildart kennen, ist sie unglaublich. Erst mit Bildbelegen konnte ich die Weidgenossen überzeugen.

Nach den Erfahrungen, die ich in mehr als fünf Jahren bei der Markierung gemacht habe, kann ich feststellen, daß sich die Plastscheiben für die Schwarzwildmarkierung als nicht geeignet erwiesen haben. Ihre Haltbarkeit beschränkte sich auf maximal 1½ Jahre, während Brandmarken das wohl zur Zeit beste Mittel für die Kennzeichnung von Sauen sein dürften. Von 1976 an versah ich 513 Stücke Schwarzwild mit Kennmarken, wovon 150 Stücke als erlegt zurückgemeldet wurden. 13 verendete sowie 13 Unfallstücke konnten ermittelt werden. Nach meinen Untersuchungen muß jedoch mit einem weit höheren, nicht nachweisbaren Abgang gerechnet werden, als die Zahl der bisher zurückgemeldeten Tiere aussagt. Allein im Jahre 1979 war von 121 markierten Frischlingen nach sechs Monaten ein nicht nachweisbarer Abgang von 32 Stück zu verzeichnen, der sich aus natürlichem Abgang, Unfall und Verludern nach einem schlechten Schuß zusammensetzen dürfte. Dem steht im gleichen Zeitraum eine Rückmeldequote von nur 12 Tieren dieser Altersklasse gegenüber.

Die Markierung von erst wenige Tage alten Frischlingen ist sehr problematisch, da meist der Verlust von allen Nachkommen die Folge ist. Diese Erfahrungen wurden auch im Wildforschungsgebiet

Hakel gesammelt. W. und M. Stubbe schildern folgende Begebenheiten: »Der Verlust ganzer Würfe in den ersten drei Lebenstagen konnte für zwei Bachen ermittelt werden. Am 26. Februar 1970 wurden auf einem Stoppelfeld im Wurfkessel einer Altbache abends fünf von sieben Frischlingen mit Ohrmarken markiert. Die 2 bis 3 Tage alten Tiere verließen nach dem Markieren sofort in verschiedenen Richtungen den Kessel und verschwanden zwischen den Stoppelreihen, ohne sich in Nestnähe zu drücken. Eine während des Markierens verlorene Wildmarke wurde einen Monat später »zerknautscht« wiedergefunden. Die Altbache war also zum Wochenbett zurückgekommen, hatte die Wildmarke als Fremdkörper gefunden und in zwei Teile zerbissen. In der Nacht setzte starker Schneefall ein, und vermutlich ging der ganze Wurf verloren, denn am 10. Mai wurde eine starke Altbache erlegt, die ein deutlich entwickeltes Gesäuge (angesogene Zitzen) hatte und erneut beschlagen war. Vier etwa 37 Tage alte Föten ließen auf einen Beschlagtermin in den ersten Apriltagen schließen. Zwischen Verlust des ersten Wurfes und dem Nachrauschen vergingen also etwa 35 Tage. Der zweite Fall ereignete sich im Mai 1975. Fünf wenige Stunden alte Frischlinge einer Frischlingsbache wurden im Wurfkessel mit Ohrmarken versehen. Die Tiere wurden von der Bache nicht wieder angenommen und lagen am darauffolgenden Tag verendet im Kessel.« Die Brüder Stubbe kommen zu der Schlußfolgerung, daß die Bache in diesem Fall noch nicht auf ihren Nachwuchs geprägt war und ihre wenige Stunden alten Frischlinge aus diesem Grunde nach der Markierung nicht mehr angenommen hat. Jegliche Störungen während der Prägungsphase sollten daher unterbleiben.

Der im Kreise der Weidgenossen gelegentlich geäußerten Vermutung, daß eine Mutterbache nicht in der Lage wäre, 2 bis 3 Tage alte, durch irgendwelche Umstände, z. B. durch Markierung, verstreute Frischlinge wieder zusammenzulocken, kann ich mich dagegen nicht anschließen. Mehrfach konnte ich beobachten, wie sie sich z. B. nach einer Flucht in kürzester Zeit wieder zusammenfanden. Die Frischlinge sind in diesem Alter schon in der Lage, auf ihren eigenen Fährten zurückzufinden. Außerdem sind die Sauen mit einem so feinen Gehör ausgestattet, daß sie das Quieken ihrer Frischlinge auf weite Entfernungen ausmachen können.

In jedem Fall — das muß ich bestätigen — ist es sehr kritisch, jüngere Frischlinge zu markieren. Nach meinen Erfahrungen würde ich grundsätzlich davon absehen. Frischlinge sollten in den ersten zwei Lebensmonaten überhaupt nicht markiert werden (außer evt. Kerbung). Meine Versuche zeigten, daß jede Marke von den Mutterbachen als Fremdkörper angesehen wird. Während der sozialen Körperpflege werden die Marken ständig von ihnen bearbeitet, was so weit führt, daß sie ihren Frischlingen die Teller dabei zerfetzen, um die Marken zu entfernen. Erst später stört sie diese Kennzeichnung nicht mehr.

Von den 176 bei mir zurückgemeldeten markierten Sauen wurde der größte Teil in unmittelbarer Nähe des Markierungsortes zur Strecke gebracht bzw. gefunden, d. h. im Kreisgebiet von Burg. Bei den weiter entfernt erlegten Keilern zeichnete sich eine interessante Tendenz ab. Sie schlugen generell eine östliche Zugrichtung ein. Die weiteste Rückmeldung, die ich erhielt, war die von einem Überläuferkeiler, der im Jagdgebiet Kade an der Bezirksgrenze Magdeburg—Potsdam erlegt worden ist. In jedem Jahr wurden auf dem gleichen Weg einzelne markierte Überläuferkeiler aus dieser Population gestreckt.

Eine völlig neue Erkenntnis für Fachleute und auch für mich ist die erstaunliche Reviertreue aller weiblichen Stücke. Von den 282 markierten Bachen erfolgte keine einzige Rückmeldung von einem Ort, der weiter als 3 km vom Markierungsort entfernt war.

Folgende Analyse soll einen Einblick in die Alters- und Geschlechterstruktur der erlegten Stücke geben:

Streckenanalyse

Altersklasse:	Geschlecht	davon Unfall bzw. verendet
5 Stück dreijährig	weiblich	1 Stück
3 Stück zweijährig	männlich	0 Stück
9 Stück zweijährig	weiblich	4 Stück
40 Stück Überläufer	männlich	3 Stück
27 Stück Überläufer	weiblich	5 Stück
42 Stück Frischlinge	männlich	8 Stück
50 Stück Frischlinge	weiblich	5 Stück
176 Stück		26 Stück

Verständlicherweise sind alle von mir gekennzeichneten Sauen von besonderer Bedeutung, da z. B. das Alter jedes einzelnen Stückes genau bekannt ist. Bei gefangenen älteren Stücken ist man nur auf eine Schätzung angewiesen. Nach einer Wiederfundmeldung von einem erlegten markierten Stück wird es dann nach einem einheitlichen Schema vermessen. Anschließend wird das Haupt abgetrennt und für weitere wissenschaftliche Untersuchungen den entsprechenden Fachleuten zugestellt.

Die nächsten Jahre werden uns noch mehr Erkenntnisse über den Verbleib von Sauen bzw. über die Wanderungen der ausgestoßenen Keiler liefern, und es ist zu erwarten, daß wir gerade durch die Markierung noch mehr über bestimmte Verhaltensweisen des Schwarzwildes erfahren.

Bejagung · Hege
Wildschadenverhütung
Ablenkfütterung

Der Traum eines jeden Weidgenossen, der auf Schwarzwild jagt, ist die Erlegung eines Hauptschweines. Wo sollen diese aber herkommen, wenn viele von ihnen bereits im besten mittleren Alter erlegt werden? Die Hege mit der Büchse und strikte Einhaltung der Abschußpläne sind die wichtigsten Voraussetzungen zur Erzielung einer gesunden Altersstruktur bei unserem Schwarzwild. Bejagung, Hege und Wildschadenverhütung sind drei Begriffe, die man nicht voneinander trennen kann (Briedermann). Als züchterischer Grundsatz muß gelten, daß sich nur das Stärkste und Kräftigste innerhalb der Natur fortpflanzen darf. Auf Grund der Ausrottung der natürlichen Feinde des Schwarzwildes durch den Menschen mußte er die verantwortungsvolle Auslesefunktion selbst übernehmen und hat nun für die gesunde Arterhaltung durch einen sinnvollen Abschuß zu sorgen.

Für bemerkenswert halte ich die Ausführungen Snethlages, der bereits im Jahre 1934 zu ähnlichen Erkenntnissen kam. Er schrieb damals: »Es ist ein allbekannter züchterischer Grundsatz, daß eine Rasse immer mehr zurückgeht, wenn man die stärksten und kräftigsten Exemplare von der Fortpflanzung auscheidet und mit den schwächeren weiterzüchtet. Das beste Beispiel haben wir an unseren Rehbeständen, wo infolge achtzigjährigen steten Abschusses der besten Böcke die Minusvarianten die Oberhand bekommen haben und die Gehörnbildung daher immer mehr zurückgeht. Das sollte uns ein warnendes Beispiel sein, es bei den Sauen nicht ebenso zu machen. In jeder Rotte von Überläufern sind die einzelnen Stücke nicht gleich stark. Es gibt schon bei den gleichaltrigen Geschwistern stärkere und schwächere. Es leuchtet ein, daß sich die stärkeren besser zur Nachzucht eignen, kräftigere Nachkommen hervorbringen und so eine bessere Gewähr für die Erhaltung einer starken Rasse bilden als schwache Stücke. Daher ist es grundfalsch, auf das stärkere Stück der Rotte zu halten, denn auf ein paar Pfund Gewicht kommt es wirklich nicht an. Sind keine krassen Unterschiede in der Stärke festzustellen, so ist doch vielleicht ein Stück dabei, das lahm geht oder das auffällig im Haarwechsel gegen die anderen zurück ist. Das zeigt immer an, daß das betreffende Stück irgendwie nicht ganz in Ordnung ist. Alle diese Beobachtungen kann man aber nur machen, wenn man die Sauen bei einigermaßen gutem Licht trifft, nicht in finsterer Dämmerung. Das gleiche gilt für das Ansprechen der Geschlechter, denn auch hier ist es nötig, eine Auswahl zu treffen.« Der Meinung Snethlages möchte ich mich weiter anschließen: »Daß es um jeden Keiler jammerschade ist, der als Überläufer erlegt wird und dadurch nicht zum Hauptschwein heranwachsen kann«.

Daß eine gesunde Altersklassenstruktur die wichtigste Voraussetzung für die Qualität einer Wildpopulation bedeutet, ist im allgemeinen bekannt. Nach Briedermann (1970) ist das Körperwachstum der Keiler mit etwa 4 Jahren abgeschlossen, so daß im fünften Jahr das Erntealter beginnen könnte: »Man kann jedoch beim Schwarzwild leider das Erntealter nicht dem Zielalter gleichsetzen, da die dann entstehende Bestandsstruktur vom biologischen Gesichtspunkt her als naturwidrig anzusehen ist und jagdwirtschaftliche Nachteile mit sich bringt. In einem Schwarzwildbestand, der auf ein Zielalter von 8 Jahren aufgebaut ist, kommen zur Rauschzeit auf einen vierjährigen und älteren Keiler etwa drei weibliche Stücke zum Beschlag (einschließlich eines Drittels der weiblichen Frischlinge). Bei einem Bestand dagegen mit einem Zielalter von fünf Jahren verändert sich dieses Verhältnis auf 1:12! Um ein Verhältnis von 1:3 zu erhalten, ist es nun erforderlich, daß sich nicht nur alle dreijährigen, sondern sogar die Mehrzahl aller zweijährigen Keiler aktiv an der Rauschzeit beteiligt. Diese noch in der Körperentwicklung befindlichen Stücke verlieren jedoch bei aktivem Rauschen etwa 15% ihrer Wildbretmasse, werden in ihrer Entwicklung gehemmt und damit auch in der Ausbildung der vollen Trophäenstärke. Ein Bestand dagegen, der ein Zielalter von 7 bis 8 Jahren aufweist, enthält im Frühjahrsbestand etwa ¼reife Keiler an männlichem Bestandsanteil, der die Überläufer und den größten Teil der mittelalten Keiler zur passiven Rausche zwingt und damit indirekt ihre Entwicklung fördert«.

Diesen Worten ist kaum etwas hinzuzufügen. Doch leider sind wir nach meinen Erfahrungen von einer solchen Bestandsstruktur, wie sie unbedingt angestrebt werden sollte, noch ein ganzes Stück entfernt. Im Jahre 1976 bewarben sich um die 4 Altbachen, 4 Überläufer- und 12 Frischlingsbachen meiner Rotte 4 Keiler, die ein Alter von zwei, drei, vier und acht Jahren aufwiesen. Der dreijährige Keiler wurde abgeschlagen und beteiligte sich nicht aktiv an der Rausche. Da ich während der gesamten Rauschzeit die Rotte am Tage unter Kontrolle hatte, war es möglich, jeden Beschlag während dieser Zeit zu registrieren, was natürlich nicht ausschließt, daß Bachen in der Nacht nochmals beschlagen wurden. Nach meinen Beobachtungen waren mindestens 6 Frischlingsbachen brunftig, so daß auf diese 3 Keiler 14 Bachen entfielen, was ein Verhältnis von fast 1:5 ergab. Dadurch, daß die Hauptrauschzeit auch in diesem Jahr nur wenige Tage (genau 6 Tage) anhielt, kamen alle 3 Keiler zum Beschlag. Alle Frischlingsbachen wurden von Frischlingskeilern des eigenen Familienverbandes beschlagen. Der älteste Keiler beschlug die älteren Bachen vorzugsweise, das war deutlich erkennbar. Diese Beobachtungen sollen nochmals unterstreichen, daß wir schnellstens unseren Altersklassenaufbau zugunsten der mittelalten Stücke aufbessern müssen. Nachkommen aus den zuletzt genannten Verpaarungen sind für eine gesunde, starke Schwarzwildpopulation sehr wertvoll, während bei dem Nachwuchs aus reinen Frischlingsverpaarungen, wo die Eltern sogar noch miteinander verwandt sind, zwangsläufig mit Degenerationserscheinungen gerechnet werden muß.

Daß es sich bei solchen Verpaarungen nicht um Ausnahmen oder Einzelfälle handelt, geht daraus hervor, daß sie 8 Jahre lang von mir immer wieder beobachtet wurden. Um nun dieser äußerst bedenklichen Bestandsentwicklung Einhalt zu gebieten, ist es notwendig, sich beim Abschuß auf die Frischlinge zu konzentrieren. Nur wenn der größte Teil des Zuwachses der jüngsten Altersklasse entnommen wird, kann der mittelalte Stammbestand geschont werden.

Briedermann berechnete mehrere Varianten für die Erzielung und natürlich auch für die Erhaltung eines günstigen Stammbestandes und kam für die Abschußplanung zu folgender Argumentation: »Es zeigt sich also, daß ein hoher Frischlingsabschuß nicht nur im Interesse der Trophäenernte, sondern auch im Sinne optimaler Wildproduktion liegt.

Um einen Schwarzwildbestand allseitig vorteilhaft zu nutzen, ist folgende Planaufschlüsselung Vorbedingung:

Frischlinge (beide Geschlechter) etwa 75%
Überläufer (beide Geschlechter) etwa 15%
Bachen etwa 5%
jagdbare Keiler etwa 5%

Aus dem vorher Dargelegten wird dabei klar, daß der Frischlingsabschuß als Mindestplanzahl zu gelten hat, der bei entsprechendem Zuwachs überschritten werden darf und muß. In eingeschränktem Maße gilt das auch für die Überläufer.

Sinkt dagegen der Zuwachs in einzelnen Jahren unter den Planwert, ist ein stärkeres Eingreifen in die Frischlinge und auch die Überläufer in einem solchen Jahr nicht sehr nachteilig und im folgenden Jahr wieder auszugleichen.

Dagegen ist aber höchst wichtig, den Abschuß an jagdbaren Keilern und auch Bachen stets als Maximalplan im Bewirtschaftungsgebiet zu betrachten, der auch in ungünstigen Jahren nicht überschritten werden darf. Ein gutgegliederter Schwarzwildbestand von 100 Stück enthält nur etwa 33 Keiler im Alter ab zwei Jahre (grobe Sauen). Versuchen wir, in einem Jahr Schwierigkeiten im Abschußplan dadurch zu beheben, daß wir den Keilerabschuß von 7 auf 14 Stück verdoppeln (was in der Praxis sehr schnell geschieht!), so bedeutet das entweder die Entnahme aller jagdbaren Keiler oder, wenn wir auf das Alter keine Rücksicht nehmen, den Abschuß fast der Hälfte aller männlichen groben Sauen. Eine auf den Gesamtabschuß bezogene relativ geringe Streckenerhöhung bringt also beträchtliche Nachteile in der Bestandesstruktur mit sich.

Deshalb sollte die ehrenamtliche Leitung des Bewirtschaftungsgebietes den Keilerabschuß kontrollieren und bei Erreichen der Planzahl abstoppen. Sehr wichtig ist es, über die erlegten jagdbaren Keiler für das gesamte Bewirtschaftungsgebiet sorgfältig Buch zu führen. Man muß sehr darauf achten, daß in dieser Klasse kein Stück über den Plan hinaus fällt. Unterläuft das doch zufälligerweise einmal, hat man im nächsten Jahr Enthaltsamkeit zu üben.«

Für den Bachenabschuß sollten ähnliche Gesichtspunkte gelten. Da diese zwei- und mehrjährigen Stücke fast immer in Familienverbänden anzutreffen sind, werden innerhalb solcher Gruppen auch ganzjährig Frischlinge und Überläufer zu finden sein, die grundsätzlich Vorrang beim Abschuß haben müssen.

Erlegen wir Stücke der unteren Altersklassen aus den Rotten, möglichst noch auf unseren landwirtschaftlichen Nutzflächen, wenn sie zu Schaden gehen, dann haben wir neben einer richtigen Bewirtschaftung gleichzeitig auch für die Wildschadensverhütung viel getan. Die älteren, erfahrenen Bachen werden es in der Zukunft vermeiden, solche unsicheren Plätze aufzusuchen. Nicht nur zum Aufbau einer gesunden Altersstruktur, sondern auch aus diesem Grunde müssen Altbachen, die durch ihre meist negativen Erfahrungen stets scheuer und vorsichtiger sind als Überläufer und Frischlinge, geschont werden. Es ist im allgemeinen bekannt, daß gerade verwaiste Frischlinge oder reine Überläuferrotten die größten Schadensverursacher darstellen. Infolge mangelnder Erfahrungen wählen sie die bequemsten Möglichkeiten ihrer Ernährung, und das sind eben die Feldfrüchte. Aus vielen Feldbeobachtungen wissen wir aber auch, daß das Schwarzwild mit zunehmendem Alter immer weniger Wildschäden verursacht. Als Grundregel, die Briedermann bereits formulierte, muß deshalb gelten: »Schieße soviel wie möglich Frischlinge und Überläufer, um so weniger Bachen müssen abgeschossen werden. Mangelnder Abschuß in diesen Klassen kann durch keine andere Maßnahme wieder gutgemacht werden.« Der jahreszeitliche Schwerpunkt bei der Bejagung von Frischlingen sollte ab Juli bis August beginnen, da dann die Anteile von Getreide (70%) und Kartoffeln (15%) in der Nahrung unverhältnismäßig hoch ansteigen (Briedermann). Es muß daher in diesen Monaten der konzentrierte Einsatz aller Jäger eine Hauptforderung sein.

Natürlich beschäftigen sich auch die Jagdwissenschaftler seit Jahren intensiv mit der Frage der Feldschadensverhütung. Briedermann schreibt zu dieser Problematik: »Auf keinem anderen Gebiete hat die Jagdwissenschaft so viel Zeit und Mühe mit so geringem Erfolg verwandt wie auf dem der Wildschadensverhütung mit mechanischen und chemischen Mitteln, ganz gleich, ob es sich um die Schäden im Walde oder auf dem Felde handelt. Beim Schwarzwild treten Schäden im Walde im allgemeinen selten auf, nämlich gelegentlich in Eichen- oder Buchensaaten. Im Gegensatz zu den anderen Schalenwildarten werden sie wesentlich von den Feldschäden übertroffen.

Die Gründe für die Feldschäden sind bekannt und einleuch-

tend: Der erste Grund liegt darin, daß die meisten unserer Wirt-
schaftswälder dem Schwarzwild nicht mehr ganzjährig ausreichenden und mit angemessenem Zeit- und Kraftaufwand zu gewinnen-
den Fraß bieten, wogegen — zweitens — auf der angrenzenden Feld-
mark während bestimmter Jahreszeiten ein Überangebot an
schmack- und nahrhafter, mühelos aufnehmbarer Nahrung besteht.

Dem Schwarzwild fällt die Wahl nicht schwer, und es müßten
gewichtige Gründe sein, die es veranlassen, dem Felde fernzublei-
ben. Die Problematik der Schadensverhütung besteht darin, solche
gewichtigen Gründe zu schaffen und dabei die Kosten in Relationen
zu halten. So kann das einzige wirklich sichere Mittel, nämlich die
schwarzwildsichere Abzäunung der Flur, aus ökonomischen Gründen nur auf wenige Ausnahmefälle beschränkt sein, beispielsweise
auf kleine Feldstücke, die innerhalb großer Schwarzwildeinstände
liegen. An nächster Stelle folgt der Wirksamkeit nach dann schon
der persönliche Einsatz der Jäger mit Maßnahmen, die auf ein Vergrämen abzielen (nächtliches Begehen der Felder, blinde Schüsse
usw.). Bei Spezialkulturen kann sich das Verwenden des Elektrozau-
nes bezahlt machen. Um das Schwarzwild sicher abzuhalten, soll
dieser aus drei geladenen Drähten (möglichst Stacheldrähten) bestehen. Sichtscheuchen respektiert das Schwarzwild nicht.

Als Verwitterungsmittel sind Wildverbißschutzmittel und But-
tersäurepräparate gut brauchbar. Für alle Verwitterungsmittel gilt
aber, daß ihre abschreckende Wirkung nach etwa zwei bis drei Wochen stark nachläßt. Deshalb ist es wichtig, daß
1. nicht zu große Flächen, sondern nur Schwerpunktkulturen auf
diese Weise geschützt werden und
2. der Schutz nur in der Zeit der größten Gefahr des Feldschadens
vorgenommen wird, um eine Gewöhnung zu vermeiden. Günstig ist
es, wenn mehrere Mittel im Wechsel angewendet werden können.

Glücklicherweise sind es nur kurze Zeitspannen des Jahres, in
denen konzentrierte Schutzmaßnahmen unbedingt erfolgen müssen.
Das ist erstens die Zeit des Kartoffelsetzens und die des Knollenan-
satzes sowie die des Maislegens. Da sich Ausfälle zu dieser Zeit ver-
vielfacht fortpflanzen, sollte die Überwachung der Flächen nicht
versäumt werden. Zweitens ist es die Periode kurz vor der Ernte —
beim Getreide, besonders beim Hafer, von der Milchreife an. Die
jagdlichen Maßnahmen zur Verhinderung dieser Schäden wurden
bereits dargelegt. Allerdings kann das Verhindern von Feldschäden

nicht allein die Aufgabe der Jäger und der Staatlichen Forstwirt-
schaftsbetriebe als Bewirtschaftungsorgan sein. In gewissem Umfang muß auch durch die Maßnahmen der Landwirtschaftsbetriebe
der planmäßig vorhandene Wildbestand berücksichtigt werden.
Dazu gehört beispielsweise, daß gefährdete Spezial- oder hochwer-
tige Vermehrungskulturen nicht unbedingt in den aus Erfahrung bekannten Hauptschadflächen angebaut werden müssen, sondern in
verhältnismäßig davor geschützten Lagen (Ortsnähe usw.).«

Einige Versuche, die ich mit meiner Rotte machte, zeigten eine
große abschreckende Wirkung von Rundumleuchten. Sie wurden
mit Erfolg an verschiedenen stark gefährdeten Feldflächen während
der kurzen Zeitspanne der Aussaat bzw. der Milchreife beim Getreide eingesetzt. Die Leuchten bieten den Vorteil, jederzeit schnell
und unkompliziert an schadgefährdeten Kulturen eingesetzt werden
zu können. Leider stellten sich auch Nachteile in der Form ein, daß
sie gelegentlich abhanden kamen und daß bei längerem Gebrauch
die Tiere sich daran gewöhnten.

Eine weitere Möglichkeit, das Schwarzwild zu bestimmten Jahreszeiten von den landwirtschaftlichen Nutzflächen abzuhalten, ist
das Anlegen von Wildäckern im Einstandsgebiet. Diese sollten mit
Kulturen bestellt werden, die von den Sauen im allgemeinen bevorzugt aufgenommen werden, wie z. B. Mais, Hafer oder Kartoffeln.
Eine Einzäunung dieser Flächen ist unumgänglich. Durch Öffnen einiger Zaunfelder kann die Ablenkung zur gewünschten Zeit erfolgen.

Da nun bei allen bisher bekannten Wildschadenverhütungsmit-
teln und -methoden nach einer verhältnismäßig kurzen Zeitspanne
eine Gewöhnung beim Wild erfolgt, galt es, neue Wege zu finden,
um diesen Effekt auszuschließen. Die im Rahmen meiner Kommu-
nikationsforschungen durchgeführten Playback-Experimente mit
Warn-, Alarm- und Klagelauten boten sich verständlicherweise als
Grundlage dafür an.

Wie aus dem Kapitel »Kommunikation« ersichtlich, werden
zwischen den einzelnen Tieren einer Rotte und zwischen unterschiedlichen Rotten sowie zwischen einer Rotte und einzelnen Tieren selbst in weit auseinanderliegenden Gebieten einheitliche Warn-
und Klagelaute verwendet, die instinktiv verstanden werden. Es liegt
nahe, auf dieser Basis technische Einrichtungen zur Wildschadenverhütung sowie zur Verhütung von Schäden am Wild durch die moderne Landtechnik zu entwickeln.

Ich erinnere daran, daß ja nicht nur Schäden vom Wild an den landwirtschaftlichen Kulturen verursacht werden. Ebenso bedauerlich sind die Verluste, die moderne, große, breite und schnellfahrende Erntemaschinen an Rehkitzen, Junghasen, dem Federwild und anderem Getier verursachen. Auch Felder, die zum Zwecke der Schädlingsbekämpfung begiftet oder gebeizt worden sind, müßten für das Wild eine Zeitlang gesperrt werden! Aus all diesen Gründen ist in der Jagdgesellschaft Weida unter der technischen Leitung von Weidgenossen Ing. Helmut Becher damit begonnen worden, eine Reihe von zweckentsprechenden Wildschutzgeräten zu entwickeln. Sie gliedern sich funktionell in drei Baugruppen:

zur Abgabe von Schrecklauten,

zur Abgabe von Original-Warnlauten,

für Forschung und sonstige Spezialaufgaben.

Die erste Gruppe umfaßt speziell elektronische Generatoren, die Schrecklaute erzeugen.

Die über Lautsprecher abgegebenen Schrecklaute bewirken bei allen Tierarten ein Fluchtverhalten. Jedoch gewöhnen sie sich nach einer bestimmten Zeit daran — je nach Art in 2 bis 10 Tagen. Dieser Zeitraum kann zwar durch das Umschalten auf eine andere Frequenz bzw. Tonart etwas verlängert, aber nicht beliebig ausgedehnt werden. Jedoch reicht die Zeit bis zum Eintritt der Gewöhnung an die Schrecklaute — das wurde schon an vielen Stellen erprobt — aus, um die Muttertiere zu veranlassen, ihre Jungtiere aus der Gefahrenzone zu bringen.

Diese Geräte haben sich auch bewährt, um z. B. unmittelbar nach dem Drillen des Maises das Schwarzwild für einige Tage von den Feldern fernzuhalten. Dabei muß beachtet werden, daß nach den gegenwärtigen Erkenntnissen das Schwarzwild Gebiete, die durch derartige Geräte geschützt werden, auch über 14 Tage hinaus völlig meidet, wenn andere Freiräume ausreichend zur Verfügung stehen und durch Ablenkfütterung u. ä. unmittelbarer Zwang zur Nahrungsaufnahme nicht besteht.

Wesentlich wirkungsvoller und ohne jeglichen Gewöhnungseffekt arbeitet die zweite Gerätegruppe. Sie nutzt die originalen Warn- und Klagelaute zur Schadensverhütung aus. Über ein elektronisch gesteuertes Tonbandgerät — in der Regel ein Kassettengerät — werden die Laute abgegeben. In einer Vielzahl von Playback-Versuchen mit mehreren Schwarzwildrotten ist belegt worden, daß keinerlei

Gewöhnungseffekt auftritt. Damit eröffnet sich die Möglichkeit, bestimmte landwirtschaftliche Flächen über einen längeren Zeitraum sicher zu schützen.

Seit 1979 stehen einachsige Anhänger zur Verfügung, die zu den entsprechenden landwirtschaftlichen Flächen transportiert werden können. Diese Wagen tragen neben Steuereinrichtungen, Tonbandgerät und Stromquellen einen Leistungsverstärker von 100 bzw. 250 VA. Damit ist man in der Lage, je nach Wind- und örtlichen Verhältnissen eine Fläche von 50 bis 400 ha zu schützen.

Die Auslösung zur Abgabe der Warn-, Alarm- und Klagelaute kann auf unterschiedliche Weise erfolgen, z. B. durch einen Berührungsdraht, der an der Feld- und Waldgrenze gespannt wird, oder durch einen Zeitplanabgeber, der in gewünschten Abständen das Gerät ein- und ausschaltet. Sein Anwendungsbereich erschöpft sich aber nicht mit der Verhütung von Feldschaden durch das Schwarzwild, sondern läßt sich auf alle Wildarten ausdehnen. In jüngster Zeit ist vom Weidgenossen Becher ein Verfahren entwickelt worden, das nach dem System einer Kamera die Bildausschnitt-Abbildung auf Fotozellen ausnutzt und bei Bewegungen im Überwachungsraum die resultierenden Lichtdifferenzwerte verwendet, um die Signale auszulösen.

Dieses zwar technisch wesentlich aufwendigere Verfahren hat den Vorteil, daß ohne sichtbare Einrichtungen, wie z. B. Spanndraht, eine Fläche überwacht und zum geeignetsten Moment ein Warnlaut abgegeben werden kann. Es eignet sich besonders für freies Gelände. Der Einsatz von Wechselobjektiven (Tele-Optik) erweitert die Einsatzmöglichkeiten wesentlich.

Sobald die Biokommunikationsforschung die wirksamsten biologischen Signale, die die jeweilige Art zur Flucht veranlassen, aufgeklärt hat, lassen sich dadurch z. B. auch die Verbißschäden von Rot- und Rehwild mit hoher Wahrscheinlichkeit verringern. Die Wirksamkeit bei Wildgänsen wird gerade jetzt erprobt. Erfolgreich wurden die elektronischen Laute aber auch auf Wiesen eingesetzt, um Kitzverluste durch Mähmaschinen zu vermeiden. Da diese Laute keine echten biologischen Signale sind, wird sich das Wild zwar sehr schnell an sie gewöhnen, aber eine Nacht vor der Mahd angewandt, bewirkten sie, daß die Ricken ihre Kitze von der Wiese wegführten.

Für eine der wirksamsten Methoden der Wildschadensverhütung halte ich eine Ablenkfütterung. Acht Jahre lang konnte ich Erfahrungen darüber sammeln und die Wirksamkeit einer solchen Fütterung genau verfolgen. Wie auch wir Menschen, so hat jedes Lebewesen Phasen der Aktivität und der Ruhe. Jede Stunde, die wir das Schwarzwild während seiner Aktivitätsphasen von den landwirtschaftlichen Nutzflächen abhalten, ist ein Beitrag zur Wildschadensverhütung. Eine Ablenkfütterung bedeutet jedoch nicht, daß eine Verlagerung der Kosten vom Feld auf den Wald vorgenommen wird; das Schwarzwild soll vielmehr durch diese Fütterung möglichst lange in seinem Einstandsgebiet beschäftigt werden. Außerdem soll es die ungenutzten Futterreserven des Waldes für uns in hochwertiges Wildbret umsetzen. Einige Regeln sind bei der Anlegung einer Ablenkfütterung zu beachten:

1. Lege diese Fütterung möglichst weit von den Feldflächen entfernt an.
2. Nur größere Wälder eignen sich für eine Ablenkfütterung.
3. Der Platz ist so zu wählen, daß die Sauen vor Störungen geschützt sind; sie müssen sich dort absolut sicher fühlen.
4. Eine Bejagung darf im Umkreis von etwa 500 m nicht erfolgen.
5. Eine regelmäßige, möglichst tägliche Beschickung der Fütterung mit Fraß hat zu erfolgen.

Es empfiehlt sich weiter, in größeren Waldkomplexen mehrere Ablenkfütterungen anzulegen, da das Schwarzwild größtenteils in Familienverbänden lebt und generell keine fremden Artgenossen im engeren Einstandsgebiet bzw. an der Ablenkfütterung duldet. Aus Beobachtungen, die ich im November des Jahres 1976 an meiner Ablenkfütterung machte, ließen sich interessante Rückschlüsse darüber ziehen. Infolge notwendiger größerer forstlicher Arbeiten in unmittelbarer Nähe der Fütterung wechselte die von mir betreute Rotte Sauen in ein angrenzendes, etwa 5 bis 6 km entferntes Revier aus. Drei Tage war der ausgestreute Mais nicht angenommen worden. Am 4. Tag befand sich kein Korn mehr an der Fütterung. Die Sauen mußten es in der Nacht aufgenommen haben. Am folgenden Morgen das gleiche Resultat. Nach Abfahren des gesamten Einstandsgebietes und Rufen erfolgte keinerlei Reaktion »meiner Sauen«; sie ließen sich nicht blicken. Ich war nun fast sicher, daß die Rotte noch nicht wieder eingewechselt sein konnte. Am Abend verschaffte ich mir Gewißheit. Ungefähr 50 m von der Ablenkfütterung wartete ich im PKW auf die Sauen. Nicht wenig erstaunt, mußte ich feststellen, daß eine fremde Rotte in dieses z. Z. fast wildleere Revier eingewechselt war. Es handelte sich um 3 dreijährige Bachen, die 21 Frischlinge führten. Dadurch, daß sich unter den Frischlingen drei schwarzweiß gescheckte Stücke befanden, war es am nächsten Tage möglich zu ermitteln, daß diese Rotte aus einem 8 km entfernten Jagdgebiet stammen mußte. Dort war sie häufig von Weidgenossen gesehen worden. Aber auch in anderen Revieren wurde sie einige Male angetroffen. Vermutlich besaß diese Rotte noch kein eigenes Einstandsgebiet und irrte umher, um irgendwo ein unbesetztes Revier zu finden. Jedenfalls hatte sie vorerst einmal meine Ablenkfütterung gefunden, denn sie hielt sich nun ständig dort auf, und bereits nach zwei Tagen akzeptierte sie die unmittelbare Nähe des Autos. Sehr gespannt erwartete ich Abend für Abend meine Stammrotte, um möglichst das gegenseitige Verhalten der beiden Rotten beobachten zu können, denn die Forstarbeiten waren in der Zwischenzeit abgeschlossen worden. Am achten Abend war es soweit. Kompromißlos wurde die fremde Rotte sofort angegriffen und verjagt. Selbst die Frischlinge beteiligten sich daran, indem sie ihre gleichaltrigen Artgenossen verfolgten. Aus dem Zeitraum, den die Sauen meiner Stammrotte für die Vertreibung der fremden Stücke benötigten, bis sie wieder an der Fütterung waren, ließ sich schließen, daß sie die Eindringlinge vollständig aus ihrem näheren Einstandsgebiet abgeschlagen hatten. Die zugewanderte Rotte wurde auch später nicht mehr in diesem Einstandsgebiet gesehen, so daß sie ausgewechselt sein mußte. Aus diesen Schilderungen ist zu ersehen, daß in größeren Schwarzwildeinständen unbedingt mehrere Ablenkfütterungen angelegt werden sollten, die nach meinen Erfahrungen ungefähr 2 bis 3 km voneinander entfernt sein müßten. Wird eine der Fütterungen nicht von einer bestimmten Rotte ständig angenommen, so regt sie andere Sauen dazu an, von einer Fütterung zur anderen zu wechseln. Dadurch, daß Sauen während ihrer Aktivitätsphasen ständig auf Nahrungssuche sind, werden sie nach allem Freßbaren auf ihrem Weg dorthin brechen, so daß wir damit einen hohen Grad der Beschäftigung erreicht haben. Es wird sich durch weniger Wildschäden auszahlen.

Wie soll nun eine solche Ablenkfütterung aussehen?

Wo wird sie am zweckmäßigsten angelegt?

Bauliche Maßnahmen wie für Winterfütterungen für andere Schalenwildarten sind beim Schwarzwild nicht nötig. Wählen wir den Platz grundsätzlich so aus, daß er mit einem Fahrzeug günstig zu erreichen ist. Es ist außerdem zu berücksichtigen, daß Futtermittel Sommer wie Winter dorthin transportiert werden müssen. Der Zufahrtsweg sollte aber durch ein Verbotsschild — besser noch durch einen Schlagbaum — gesperrt sein. Halten wir Störungen von der näheren Umgebung der Ablenkfütterung ab und wählen den Ort so, daß noch eine Dickung angrenzt, dann werden die Sauen ihre Aktivität immer mehr in den Tag hinein verlegen, womit ein weiterer Schritt zur Verhütung von Feldschäden getan ist. Befinden sich in der Nähe noch Mastbäume und eine Suhle, so ist der Platz geradezu ideal ausgesucht. Fehlt eine Suhlmöglichkeit, sollte diese künstlich angelegt werden.

Als Futtermittel muß die Eichel an erster Stelle genannt werden. Sie wird nach meinen Erfahrungen zu jeder Jahreszeit bevorzugt aufgenommen, danach folgt sofort der Mais in der Beliebtheit. Selbstverständlich eignen sich auch Lagerreste anderer Getreidearten, wie Weizen, Hafer und Roggen, aber auch Kartoffeln und Futterrüben werden nicht verschmäht. Auf die Fütterung von Abfällen aus Großküchen sollte verzichtet werden, da die Gefahr einer Übertragung von Seuchen, z. B. der Maul- und Klauenseuche, sehr groß ist.

Um die Sauen so lange wie möglich im Bestand zu beschäftigen, müssen die Futtermittel breitwürfig ausgestreut werden. An meiner Ablenkfütterung verteilte ich sie auf etwa 150 bis 200 qm. Diese breitwürfige Fütterung gibt außerdem allen Stücken der Rotte — auch den rangniederen — die Möglichkeit der Nahrungsaufnahme.

Oftmals werden zugewiesene Futtermittel unzweckmäßig ausgebracht. Wie ich selbst mehrfach erlebte, werden sie aus Unkenntnis oder Bequemlichkeit in der gesamten Menge einfach ausgeschüttet — vielleicht sogar in dem Glauben, eine gute Tat für die Wildhege und Schadensverhütung getan zu haben. Es soll sogar vorgekommen sein, daß das Anlieferfahrzeug mit einer Jahresmenge Mais in das Revier geschickt wurde, um ihn einfach dort abzukippen. Daß solche »Futtermethoden« völlig unwirtschaftlich und ohne Wirkung, ja, man kann sogar sagen: unverantwortlich sind, ist einleuchtend. Nur durch eine dosierte Futtermenge, die in regelmäßigen Zeitabständen verabreicht wird, ist eine maximale Wirksamkeit der Feldschadensverhütung zu erreichen. Unter dem Wort »regelmäßig« verstehe ich mindestens einen Rhythmus von zwei Tagen. In den aus Erfahrung bekannten Hauptschadenszeiten muß unbedingt eine tägliche Fütterung erfolgen. Die Sauen sind sehr anpassungsfähig, werden sich an die neue, für sie günstigere Situation sehr schnell gewöhnen und sie durch weniger Auswechseln auf die Feldflächen honorieren.

Zusätzlich positiv kann sich während dieser kritischen Zeit auch eine Maisfütterung von Agrarflugzeugen aus über größere Schwarzwildeinstände auswirken. Leider liegen z. Z. noch keine meßbaren Werte über die Wirksamkeit dieser Methode der Ablenkung vor. Sie sollte aber meiner Ansicht nach für die Zukunft mehr Beachtung finden.

Mit der Kostenfrage — Verminderung der Feldschäden durch Ablenkfütterung in Relation zum Futtermitteleinsatz — beschäftigte ich mich mehrere Jahre lang und kam dabei in dem von mir beobachteten Gebiet zu folgenden Ergebnissen. »Mein« Waldkomplex bot dem Schwarzwild vom Biotop her normale Lebensbedingungen. Nadelgehölze, ausreichend Mastbäume, Suhlen und Dickungen waren vorhanden. Durchaus nicht günstig war die territoriale Lage. Dieses etwa 1800 ha große Waldgebiet, in dem sich das Einstandsgebiet der von mir beobachteten Rotte Sauen befand, war von drei Seiten mit großen Feldflächen eingefaßt. Nach den Unterlagen des Jagdleiters schwankte die Wildschadenssumme in diesem Bereich pro Jahr, bevor die Ablenkfütterung eingerichtet wurde, zwischen 2000 und 8000 M. Der durchschnittliche Bestand an Schwarzwild soll damals 15 bis 20 Stücke betragen haben. Eine zweite Rotte Sauen wechselte ständig in diesem Gebiet ein und aus, was zusätzlich berücksichtigt werden muß. Diese Rotte existierte 1976 noch und hatte eine Stärke von 8 Überläufer- und Altbachen, die etwa 30 Frischlinge führten.

Die genauen statistischen Untersuchungen begannen am 1. Januar 1974 mit einem Anfangsbestand von 2 zweijährigen Bachen, die dann in den folgenden Jahren den von mir beobachteten großen Familienverband gründeten. Der durchschnittliche Sauenbestand betrug im Jahre 1976 bei dieser Rotte 48 Stücke einschließlich der Frischlinge. Da, wie ich mit ziemlicher Sicherheit feststellen konnte, im näheren Einstandsgebiet dieser Sauen kein anderes Schwarzwild vorhanden war, außer der bereits erwähnten ein- und auswechselnden Rotte, hatte sich der Bestand auf über das Doppelte gegenüber den vorhergehenden Jahren in diesem Gebiet erhöht. Wildschäden traten aber erstmals in den Jahren 1974 und 1975 in diesem Bereich nicht mehr auf, was eindeutig auf die Wirkung der Ablenkfütterung hinweist. 1976 war eine geringe Schadenssumme von 425,—M an Kleingärtner zu entrichten, die an der Waldkante auf 3 kleinen Flächen Kartoffeln angebaut hatten. Ihnen wurde angeraten, eine Einzäunung vorzunehmen, da diese Felder mit einer Größe von etwa 0,5 ha inmitten anderer großer Kulturen (Roggen) wie ein Wildacker auf das Schwarzwild wirken mußten. Eine Bezahlung der Schäden wurde für die Zukunft abgelehnt.

Um nun genaue Kenntnis zu erhalten, ob die durch die drei gescheckten Stücke deutlich gekennzeichnete Rotte ihr Einstandsgebiet verläßt, wurden alle dafür in Frage kommenden Weidgenossen beauftragt, mich sofort zu informieren, wenn meine Rotte auf Feldflächen zu Schaden geht. Die angrenzenden Felder, die zumindest in den Wochen der Aussaat bzw. der Milchreife des Getreides ständig von Jägern besetzt waren, wurden aber nicht besucht. Es kann also davon ausgegangen werden, daß die Feldschäden, trotz eines erhöhten Schwarzwildbestandes, durch die Ablenkfütterung in großem Maße gemindert werden konnten bzw. in diesem Fall fast vermieden wurden. Wichtig ist allerdings nun, die Gegenstände, d. h. die Kosten des Futtermitteleinsatzes festzustellen, wobei noch zu berücksichtigen wäre, daß sich die Erlöse aus dem Wildbretverkauf verdoppelt hatten, da infolge der Verdoppelung des Bestandes ein erhöhter Abschuß möglich war.

Bei einem durchschnittlichen Jahresbestand dieser Rotte von 23 Stücken (einschließlich der Frischlinge) im Jahre 1975 wurden 1,5 t Mais und 1 t Eicheln eingesetzt. Das ergab eine Futtermenge von 109 kg pro Tier und Jahr oder 0,3 kg für jedes Stück pro Tag. Ein Jahr später, 1976, betrug der durchschnittliche Jahresbestand 48 Sauen (einschließlich der Frischlinge), und der Futtereinsatz erhöhte sich auf 4 t Mais. Trotz fast völligen Ausfalls der Eichelmast in diesem Jahre verringerte sich die durchschnittlich verfütterte Menge auf 83,3 kg pro Tier und Jahr, so daß 0,23 kg Mais auf jedes Stück pro Tag entfielen. Allerdings setzte ich die Futtermenge den Jahreszeiten entsprechend variabel ein.

Am Anfang des Jahres, als noch keine bzw. später dann kleine Frischlinge in der Rotte waren, lag die tägliche Gesamtfuttermenge deutlich niedriger als im Herbst und Winter, wo der Nachwuchs selbst schon mehr Nahrung aufnahm. Ab September bis Oktober sollte man, ohne einen Unterschied zwischen Frischlingen und älteren Stücken zu machen, mit einer Futtermenge von 0,3 bis 0,5 kg (je nach Mast) pro Stück und Tag rechnen. Es interessierte mich festzustellen, welche Zeit die Sauen bei diesem Futtereinsatz an der Ablenkfütterung beschäftigt werden konnten. Bei reiner Maisfütterung, die weiträumig ausgebracht wurde, ermittelte ich eine durchschnittliche Zeit von 2½ Stunden. Bei Fütterung von Bruchmais verlängerte sich der Aufenthalt der Sauen an der Futterstelle um 60 Minuten, so daß dieses billigere Futtermittel weitaus wirtschaftlicher war als hochwertiger Mais. Dadurch, daß das Schwarzwild auch kleinste Bruchstücke dieser begehrten Nahrung sucht, ist der Zeitaufwand verständlicherweise viel größer, als wenn es nur ganze Körner aufzunehmen braucht.

Im September 1976 entdeckte ich einen Beitrag in der Zeitschrift »Jäger« mit der Überschrift »Flaschenfütterung für Sauen«, den ich für äußerst bemerkenswert hielt, denn diese Idee ist »bares Geld« wert, wie wir später sehen werden.

Gendrich schrieb folgendes: »Im Revier eines mir befreundeten Jägers entdeckte ich kürzlich eine Anzahl Sektflaschen, die am Rand einer kleinen Äsungsfläche inmitten einer Kieferndickung lagen. Auf meine Frage, wer dort eine Freiluftparty abgehalten habe, entgegnete mir der Revierinhaber: »Die Sauen! Ich füttere sie aus der Flasche.« Verblüfft stellte ich fest, daß jede der Flaschen einen Rest Mais enthielt. Während der Revierinhaber die Flaschen wieder mit Mais auffüllte, wurde mir klar, welche Vorteile diese Methode der Fütterung bietet: Sobald man die vollen, unverschlossenen Flaschen auf den Boden legt, sickert aus dem Flaschenhals eine halbe Handvoll Maiskörner, die alsbald von den Sauen angenommen werden. Um weitere Maiskörner zu bekommen, trudeln die Sauen die Flaschen mit dem Wurf vor sich her; ein Vorgang, den das intelligente Schwarzwild sehr schnell begreift.

Diese Art der Fütterung, die ebenso zeit- wie kostensparend ist, weil die Sauen immer nur wenige Maiskörner aufnehmen können, kann man das ganze Jahr über betreiben, um stark zu Schaden gehendes Schwarzwild möglichst vom Felde fernzuhalten. Kostensparend ist auch das breitwürfige Aussäen der Maiskörner, doch bietet die Flaschenfütterung den zusätzlichen Vorteil, daß der Mais von anderen Tieren wie Ringeltauben, Eichelhähern, Mäusen, Eichhörnchen nur in unbedeutender Menge aufgenommen werden kann.

Je bauchiger die Flaschen sind, umso länger reicht der Vorrat an Mais. Sekt- und Rotweinflaschen sind deshalb für die Flaschenfütterung geeigneter als schlanke Weißweinflaschen. Im übrigen sind Sektflaschen starkwandig, also nicht bruchempfindlich und deshalb für die Flaschenfütterung der Sauen am geeignetsten.«

Im Oktober bis November des gleichen Jahres führte ich dann mit dieser Fütterungsmethode ebenfalls Versuche durch, die zu überraschend günstigen und kostensparenden Ergebnissen führten. Es wurden also Sekt- und Weinflaschen mit Mais gefüllt und an der Ablenkfütterung ausgelegt. Die Sauen waren diese Fütterung natürlich nicht gewöhnt und beachteten anfangs die Flaschen nicht sonderlich. Mais wurde jetzt nur noch in geringer Menge ausgestreut. Am zweiten Tag hatten dann einzelne Stücke herausgefunden, wie sie an den begehrten Mais in den Flaschen herankommen können. Nach vier Tagen schubsten und trudelten alle Sauen die Flaschen vor sich her und nahmen die herausrollenden Körner Stück für Stück auf. Mehrere Zeitnahmen während der Flaschenfütterung ergaben, daß auf diese Art das Schwarzwild fast die doppelte Zeit wie bei einer normalen Fütterung, nämlich 5 Stunden, an der Ablenkfütterung zu beschäftigen ist. Außerdem verringerte sich der Futtereinsatz enorm. Der Flascheninhalt von 0,5 kg Mais reichte 2 bis 3 Tage, und da dann in einzelnen Flaschen immer noch einige Körner waren, erweckten diese am vierten Tag auch noch Interesse. Rechnen wir als Faustregel pro Tier mit einer Flasche, so sind mit dieser Fütterungsmethode mindestens 50% der Futterkosten einzusparen, und darüber hinaus werden die Sauen noch weitaus länger im Bestand beschäftigt. Wer solche Flaschenfütterung einrichten will, muß allerdings am Anfang außer den gefüllten Flaschen noch Mais ausstreuen, da Sauen diese Art der Fütterung erst erlernen müssen. Spaßig war es, mit anzusehen, wie sie in den ersten Tagen böse in die Flaschen bissen, da sie an den Mais nicht wie gewohnt herankamen. Daß der Flascheninhalt Mais war, hatten sie mit ihrem feinen Geruchsvermögen schnell herausgefunden.

Eine ähnliche Methode ist der sogenannte »Schweinekreisel«, der von H. Bruß in »Wild und Hund« 11/78 beschrieben wird. Er bietet gegenüber der Flaschenfütterung den Vorteil, daß der Arbeitsaufwand weitaus geringer ist. Der Schweinekreisel besteht aus einem mit Mais gefüllten normalen Faß, das mit einer Kette an einem stabilen Pfosten befestigt wird. Die Kette muß mit einem

Laufring am Pfosten und mindestens zwei Wirbeln versehen sein, damit die Sauen die Möglichkeit haben, das Faß im Kreis herumzurollen. Um den Mais herausrieseln zu lassen, reichen, gleichmäßig verteilt, fünf Löcher mit einem Durchmesser von ca. 18 mm aus. Der Inhalt von ungefähr 50 kg Mais soll die Sauen nach den Angaben des Autors ungefähr 14 Tage lang beschäftigen.

1978 führte ich mit den Versuchsrotten im Jagdgebiet Grabow folgende Experimente durch. Die gesamte an das Einstandsgebiet grenzende Feldflur wurde mit einer abgelehnten Sorte Kartoffeln (Astilla) bepflanzt. Am gleichen Tag wurde im Einstandsgebiet durch das Einscheiben von Mais auf den Wegen sowie durch ein großes Angebot einer bevorzugten Sorte Kartoffeln (Adretta, Mietrückstände) abgelenkt. Die Knollen wurden vor dem Abkippen vom Hänger mit etwas Mais noch attraktiver für die Sauen gemacht. Mit dieser Methode konnte ein sehr hoher Beschäftigungsgrad erreicht werden, der an dieser Population gut kontrollierbar war. Als weitere Maßnahme erfolgte eine ständige Besetzung der Feld-Wald-Grenze mit Schützen. Zweimal versuchte die Rotte I auszuwechseln, dabei wurde jeweils ein Frischling aus der Rotte herausgeschossen. Während der folgenden vier Wochen habe ich sechsmal versucht, die Rotte auf die Feldflächen zu führen. Jeweils 80 bis 100 Schritte vor der Feld-Wald-Grenze stieß die Führungsbache einen Warnlaut aus, woraufhin die Sauen in ihr Einstandsgebiet zurückflüchteten. Die befürchteten Wildschäden während der kritischen Phase vom Pflanzen bis zum Auflaufen der Kartoffeln blieben aus.

Die von Briedermann (1968) vorgeschlagene Bestellung des Vorgewendes an der Feld-Wald-Grenze mit einer bevorzugten Sorte hat sich bei Anbauversuchen im Institut für Kartoffelforschung Groß Lüsewitz nicht bewährt. Die Sauen wurden dadurch aus dem Einstandsgebiet herausgelockt, und nachdem sie binnen kurzer Zeit die bevorzugte Sorte aufgenommen hatten, traten noch erhebliche Schäden an den Hauptkulturen ein. Die Überbrückungsdauer reichte also nicht aus. Um durch Schwarzwild verursachte Schäden zu vermeiden, ist es unerläßlich, die Tiere während der kritischen Phasen, z. B. während der Pflanzzeit der Kartoffeln, im Bestand zu halten, das Nahrungsangebot dort attraktiver zu gestalten und sie damit zu beschäftigen.

Folgende Erfahrungen mit dem Ablenken der Sauen von Kartoffelfeldern seien in Stichpunkten zusammengefaßt:

1. Für die Verhütung von Feldschäden ist eine Ablenkfütterung im Einstandsgebiet zu bestimmten Zeiten des Jahres unumgänglich.
2. Die Sauen müssen im Einstandsgebiet gehalten und dürfen nicht herausgelockt werden.
3. Auf Feldflächen, die erfahrungsgemäß gefährdet sind, sollten nur abgelehnte Kartoffelsorten angebaut werden.
4. Zur Ablenkung während der Pflanzzeit und ca. sechs Wochen danach eignen sich bevorzugte Kartoffelsorten sehr gut, so daß Mais eingespart werden kann.
5. Testversuche haben gezeigt, daß minderwertige Knollen (angefault, Mietrückstände) ebensogern aufgenommen werden wie einwandfreie. Entscheidend ist die Sorte.
6. Günstig hat sich die attraktivere Mischung der Kartoffeln mit etwas Futtermais ausgewirkt.
7. An stark gefährdeten Flächen sind alle Mittel der Ablenkung (auch Einscheiben von Futtermais oder Getreideabfällen) kombiniert mit Abschreckung (Bejagung usw.) einzusetzen.
8. Pflanzung abgelehnter Sorten, Ablenkung und Bejagung im Komplex stellen die wirksamste Methode der Schadenverhütung während der Pflanzzeit der Kartoffeln dar.

Wichtig ist bei der Unterhaltung der Ablenkfütterung auch die Hygiene. Ablenkfütterungen führen zu einer Konzentration von Schwarzwild auf engstem Raum, so daß eine gewisse Gefahr der Übertragung von Krankheiten entstehen könnte, obwohl während meiner Untersuchungen keinerlei Anzeichen in dieser Hinsicht feststellbar waren. Von drei untersuchten erlegten bzw. verendeten Stükken dieser Rotte wurde bei einem Frischling ein geringfügiger Spulwurmbefall festgestellt. Die in allen drei Fällen nachgewiesenen Lungenwürmer führe ich nicht auf die Konzentrierung der Sauen an der Ablenkfütterung zurück, da diese Würmer — ähnlich dem Bandwurm — für ihre Entwicklung einen Zwischenwirt benötigen, der bei den Lungenwürmern der Regenwurm ist. Regenwürmer sind nun einmal eine beliebte Nahrung des Schwarzwildes und werden überall dort aufgenommen, wo es diese erwischt, am wenigsten jedoch an der Ablenkfütterung. Trotzdem verlegte ich grundsätzlich nach einigen Monaten meine Fütterung um einige hundert Meter auf andere Plätze. Sind die örtlichen Gegebenheiten so, daß eine Verlegung nicht möglich ist, halte ich eine Desinfizierung mittels Kalk, mindestens einmal im Jahr, sicherheitshalber doch für angebracht.

Eine Verunreinigung durch Kot, der ja den größten Gefahrenherd bei der Übertragung von Krankheiten bzw. von Spulwürmern darstellt, ist niemals an der Fütterung feststellbar gewesen, da das Schwarzwild — wie bereits früher erwähnt — dafür bestimmte Kot- und Harnplätze aufsucht.

Abschließend zum Thema Ablenkfütterung möchte ich sagen, daß sie uns, richtig angewandt, die günstigsten ökonomisch vertretbaren Möglichkeiten bietet, die Feldschäden erheblich zu vermindern bei gleichzeitiger Erhöhung der Schwarzwilddichte an die obere tragbare Grenze.

Daß eine Bejagung an der Ablenkfütterung als unweidmännisch anzusehen ist, möchte ich nochmals betonen. Im Gegenteil, sie bietet dem Jäger die besten Möglichkeiten, seinen Schwarzwildbestand, durch Beobachtung aus gebührender Entfernung oder von der Kanzel aus, genauestens kennenzulernen, wodurch Fehlabschüsse weitgehend vermieden werden können, was wiederum für den Aufbau einer gesunden Altersstruktur von großer Bedeutung ist.

Altersansprache Wahlabschuß

Versetzen wir uns in die Zeit zurück, als das Schwarzwild auch noch in unseren Breitengraden natürliche Feinde, wie Wölfe, Luchse und Bären, hatte, und denken wir daran, daß sich kaum eines dieser Raubtiere an ein gesundes, mittelaltes Stück dieser wehrhaften Wildart heranwagte, daß sie fast ausschließlich Frischlinge, kranke oder überalterte Stücke jagten, so ist es verständlich, daß damals gesunde, mittelalte Schwarzwildbestände existiert haben müssen.

Dann kamen wir Menschen mit unseren modernen Feuerwaffen, rotteten die natürlichen Feinde aus und jagten verhältnismäßig gefahrlos, selbst auf das Schwarzwild — Jahrhunderte lang falsch. Fast ausschließlich wurden die für die gesunde Arterhaltung wertvollsten mittelalten Stücke erlegt. Die gesamte Alters- und Geschlechterstruktur mußte dadurch zwangsläufig in Unordnung geraten.

Nur der Anpassungsfähigkeit und der enormen Widerstandskraft des Schwarzwildes haben wir es vermutlich zu verdanken, daß es sich über so viele Generationen immer wieder regenerieren konnte. Zu junge Stammbestände, eine stetig ansteigende Frühreife, Inzucht, Inzestzucht, sowie eine gestörte Geschlechterstruktur sind die Auswirkungen solcher falschen Selektionsmethode.

Die DDR ist eines der wenigen Länder in der Welt, die von der »Bekämpfung« des Schwarzwildes zur Bewirtschaftung nach den modernsten wissenschaftlichen Erkenntnissen der Wildforschung übergegangen sind. Nur wenige Weidgenossen werden heute noch an der Richtigkeit und Notwendigkeit des Wahlabschusses nach den biologischen Gesetzen der Altersklassenzusammensetzung und Geschlechterstruktur einer Schwarzwildpopulation Zweifel hegen. Jedoch sind Fehlabschüsse beim Schwarzwild, z. B. von führenden Bachen und mittelalten Stücken, im Gegensatz zu Fehlabschüssen bei anderen Schalenwildarten, noch eine häufige Erscheinung — für meine Begriffe eine zu häufige. Ich wäre kein Realist, wenn ich nicht zugeben würde, daß auch einem guten Weidgenossen speziell bei der Bejagung der Wildschweine einmal ein Fehler unterlaufen kann. Denn wie viele Unklarheiten und verschiedene, z. T. falsche Ansprachemerkmale gibt es gerade in bezug auf diese Schalenwildart noch; sie wirken sich ja gerade auf den Wahlabschuß aus. Meine jahrelangen statistischen Erhebungen zeigen, daß einzelnen Weidgenossen immer wieder Fehler unterlaufen, d. h. sie wollen oder können Schwarzwild absolut nicht ansprechen, was doch aber bis zur Überläuferklasse keinerlei Schwierigkeiten bereiten dürfte.

Acht Jahre lang versuchte ich an »meiner« Population aus der Sicht des Jägers Merkmale für die Altersansprache zu finden und überprüfte zugleich alte Anspracheregeln. Alle Stücke dieser Population sind durch Ohrmarken gekennzeichnet worden, so daß die verwandtschaftlichen Beziehungen untereinander sowie das Alter jedes einzelnen Stückes auf den Tag genau bekannt waren.

Da zu den als Einzelgänger lebenden älteren Keilern kein Sozialkontakt bestehen kann und sie außerdem nur einen äußerst geringen Teil des Bestandes ausmachen, konnten über die Altersansprache dieser Stücke nur wenig Erfahrungen gesammelt werden. Meine Untersuchungen beschränken sich daher auf weibliche Stücke, Rotten bzw. männliche und weibliche Überläufer im Familienverband, also den Kreis von Tieren, der uns Weidgenossen die meisten Schwierigkeiten in der Ansprache bereitet.

Um eine gewisse Systematik in die Darlegungen zu bekommen, möchte ich zuerst die unproblematischste Altersklasse, die Frischlinge, behandeln.

Trifft man auf Sauen im Familienverband, so werden in den meisten Fällen auch Frischlinge mitgeführt. Dem Weidmann kann hier die Wahl nicht schwer fallen. Der Frischlingsabschuß ist generell vorrangig zu tätigen, unabhängig von Geschlecht und Alter, wobei als Mindestgewicht 8—10 kg gelten sollten.

Eine sehr kritische Phase der Bejagung der Rotten ist die Frischzeit der Bachen von Mitte Februar bis Ende Mai. Die meisten Fehlabschüsse (führende Bachen) resultieren aus der Unkenntnis der Verhaltensweisen führender Stücke, die ich aus diesem Grund ausführlich schildern möchte. Nachdem die hochbeschlagenen Bachen den Familienverband verlassen und irgendwo im Revier ihre Frischlinge zur Welt gebracht haben, verbleiben sie je nach der Witterung mehrere Tage (gewöhnlich 3 bis 5 Tage) im Wurfkessel, ohne Nahrung aufzunehmen. Danach kann es vorkommen, daß sie für einige Stunden den Kessel verlassen und sich ohne Frischlinge auf Nahrungssuche begeben. Das Ansprechen solch eines Stückes als führende Bache, wenn es sich noch dazu um eine Frischlings- bzw. Überläuferbache handelt, ist kaum möglich, da während dieser Phase die Zitzen wenig ausgeprägt sind. Nur wenn zweifelsfrei der Pinsel bei einem einzelnen Stück angesprochen wurde (was in der Winterschwarte kaum möglich ist), sollte geschossen werden. Ein einzelnes weibliches Stück führt während dieser Jahreszeit in der Regel Frischlinge!

Dann schließen sich die Familiengruppen (Bachen mit Frischlingen) zu mehr oder weniger großen Familienverbänden zusammen. In diesen Familienverbänden sind alle Altersklassen, führende und nicht führende Bachen sowie Frischlings- bzw. Überläuferkeiler des vorigen Jahres vertreten. Diese Familienverbände sind im Frühjahr die größten Schadensverursacher auf unseren Feldflächen, wobei die Bejagung solcher Rotten jeden Jäger in Gewissensnot bringen wird, wenn z. B. die Frischlinge noch nicht abschußwürdig sind. Berücksichtigt man, daß wir davon auszugehen haben, daß über 50% der Frischlingsbachen bereits führend sein können, so wird deutlich, wie problematisch die Entscheidung ist, dieses oder jenes Stück aus der Rotte zu erlegen.

Die Regel, immer auf das schwächste Stück zu schießen, tritt während dieser Zeit völlig außer Kraft. Die schwächsten Stücke der Rotten sind fast immer die führenden Frischlings- bzw. Überläuferbachen, die durch das Saugen ihrer Frischlinge sehr abgekommen sind. Beachtung sollte daher den starken Stücken dieser Altersklasse geschenkt werden, welche meistens nichtführend bzw. Keiler sind. Nach meinen langen Erfahrungen muß ich allerdings sagen, daß es sich immer nur um einen Glücksfall handelt, wenn man während dieser kritischen Phase (März–Anfang Juni) keinen Fehlabschuß getätigt hat. Ein sicheres Ansprechen vor der Abhaarung bereitet selbst bei hellem Tageslicht und aus wenigen Metern Entfernung große Schwierigkeiten.

Nicht selten war ich Zeuge, daß sich einzelne führende Bachen von der Rotte ohne ihre Frischlinge absonderten, um auf Nahrungssuche zu gehen. Ihren Nachwuchs ließen sie während dieser Zeit in der Obhut des Familienverbandes. Eine andere, weit verbreitete Regel, im Juni oder Juli das mehr oder weniger fortgeschrittene Stadium der Abhaarung als Kriterium zu nehmen, ist meiner Ansicht nach nicht anwendbar, obwohl festgestellt werden konnte, daß kranke oder verletzte Stücke bei der Abhaarung von der Winter- zur Sommerschwarte gegenüber gesunden Stücken deutlich zurückblieben. Leider bleiben aber auch Bachen, die starke Würfe führen, also diejenigen Stücke, die einer großen körperlichen Beanspruchung unterliegen, in gleicher Weise in der Abhaarung zurück. Der Anteil der zuletzt genannten Kategorie ist jedoch um ein Vielfaches größer als der zuerst genannten, so daß bei Anwendung dieser Regel der Abschuß führender Bachen fast sicher erscheint.

Ab Ende Mai bis Ende Juli müssen die Überläuferkeiler ihre Familienverbände verlassen. Sie werden selbst von den eigenen Müttern ausgestoßen und begeben sich einzeln oder in lockeren Überläuferkeilerrotten zu 2 bis 4 Stück auf Wanderschaft. Die Abhaarung ist zu dieser Zeit meistens so weit fortgeschritten, daß ein Ansprechen bei einigermaßen gutem Licht keinerlei Schwierigkeiten mehr bereitet. Auch sind dann die Zitzen der führenden Bachen so stark ausgeprägt, daß Fehlabschüsse nicht mehr vorkommen sollten. Da zu dieser Zeit außerdem die Frischlinge meistens ihr Abschußgewicht erreicht haben, bleibt jedem Weidgenossen die »Qual der Wahl« erspart.

Weißbunte Stücke sollten, unabhängig vom Geschlecht, in jeder Altersklasse (außer führenden Bachen) vorrangig selektiert werden, möglichst schon als Frischlinge, da bereits ein Frischlings- bzw. Überläuferkeiler dieser unerwünschten Farbvariante großen genetischen Schaden in einem Bestand anrichten kann. Sollte die sichere Ansprache bis zur Überläuferklasse jedem Weidgenossen eigentlich keinerlei Schwierigkeiten bereiten, so wird es sehr problematisch, mittelalte von erntereifen bzw. überalten Bachen zu unterscheiden, wobei sich sofort die Frage stellt, ab welchem Lebensjahr ein weibliches Stück als überaltert zu gelten hat. Leider ließen sich trotz absoluter Schonung aller zweijährigen und älteren Stücke durch die unmittelbar am Einstandsgebiet jagenden Weidgenossen nur wenig Erkenntnisse gewinnen, da trotz dieser Schonung nur einzelne Bachen das vierte Lebensjahr überschritten. Es ist kaum vorstellbar, wie vielen Gefahren ein Stück Schwarzwild im Laufe von vier oder noch mehr Jahren ausgesetzt ist. Die Hauptgefahren die ermittelt werden konnten, sind Unfälle und Fehlabschüsse. Mit der Problematik, ältere weibliche Stücke vor Abgabe des Schusses nach ihrem Lebensalter einzuschätzen, beschäftigt sich die Jagdwissenschaft seit langer Zeit. Auch meine Untersuchungen liefen darauf hinaus, Merkmale zur ungefähren Altersansprache zu finden — leider bisher mit wenig ermutigenden Ergebnissen!

Die Meinung, Pürzelstärke und Quastenlänge zur Altersbestimmung bei Bachen heranziehen zu können, ist mit Sicherheit falsch. Dafür haben sich viele Beweise an »meiner« Schwarzwildpopulation sammeln lassen. Die Unterschiede scheinen vielmehr genetisch bedingt zu sein. Einige Merkmale waren jedoch feststellbar. Unübersehbar zeigte sich die Tendenz, daß mit zunehmendem Alter der Bachen die Gebreche im Profil kürzer wirken als bei jüngeren Stükken. Dies fällt besonders in der Winterschwarte auf. Nach der Abhaarung wirken alle Gebreche lang. Die Anwendbarkeit dieser Ansprechmethode in der Praxis halte ich jedoch für sehr zweifelhaft, da wir es mit den unterschiedlichsten Typen selbst innerhalb eines Familienverbandes zu tun haben können. Es kann durchaus vorkommen, daß ein älteres weibliches Stück länger im Hauptprofil wirkt als ein jüngeres, wenn sie unterschiedlichen Typen angehören (siehe Abb.)

Abschließend läßt sich zu diesem Thema sagen, daß es zur Zeit — und vermutlich auch in der Zukunft — keine sichere Methode gibt, ältere Bachen vor Abgabe des Schusses auch nur annähernd zuverlässig als abschußwürdig anzusprechen. Die Schlußfolgerung daraus sollte sein, den Abschuß vorrangig auf die Frischlinge bzw. Überläufer zu konzentrieren, denn ohne Zweifel liegt eine hohe Entnahme von Stücken dieser Altersklassen nicht nur im Interesse gesunder Schwarzwildpopulationen sowie der Trophäenernte, sondern auch im Sinne optimaler Wildproduktion.

Nachkommen
Verluste · Zuwachs

Die Jäger sind dafür verantwortlich, daß das Wild eine gesellschaftlich vertretbare Populationsdichte nicht übersteigt. Die großen landwirtschaftlichen Schläge haben dazu geführt, daß verschiedene Wildarten — so auch das Schwarzwild — gute Lebensbedingungen vorfinden und die Bestände an Sauen sich in den letzten Jahren zunehmend vergrößerten.

Eine deutliche Sprache sprechen die Streckenergebnisse. Im Kreise Burg, Bezirk Magdeburg, wurden im Jahre 1970 rund 300 Stücke Schwarzwild erlegt, im Jahre 1976 waren es 1150 Stücke. Im Bezirk Magdeburg zeigte sich die gleiche Tendenz. Waren es dort 1970 3200 Stücke, so betrug die Strecke im Jahre 1976 bereits 11 000 Sauen. Im DDR-Maßstab kommt diese Steigerung vor allem seit 1966 zum Ausdruck. Die gleiche Tendenz, wenn auch in schwächerer Form, ist in der Bundesrepublik Deutschland erkennbar. Die auf Seite 203 folgende Tabelle enthält ausgewählte Jagdstrecken seit 1965. Dabei entspricht das Jagdjahr in der Deutschen Demokratischen Republik dem Kalenderjahr, während es in der Bundesrepublik vom 1. April bis zum 31. März des Folgejahres währt. Welche Faktoren sind es, die den jährlichen Zuwachs beeinflussen?
1.   der Altersklassenaufbau der Schwarzwildbestände,
2.   die Witterungsbedingungen während der Geburt und in den ersten Wochen danach.
Der übernormal hohe Zuwachs der letzten Jahre, der aus den vorher genannten Zahlen ersichtlich ist, kann mit einiger Wahrscheinlichkeit vor allem auf die milden Winter der vergangenen Jahre zurückgeführt werden.

Jagdjahr	Schwarzwildstrecke DDR	Jagdjahr	Schwarzwildstrecke BRD
1963	20 600	1963/64	24 141
1965	20 088	1965/66	22 836
1966	27 851	1966/67	23 764
1967	35 880	1967/68	27 316
1973	54 130	1973/74	41 867
1974	64 589	1974/75	40 684
1975	74 609	1975/76	52 126
1976	103 002	1976/77	39 239

In jagdwissenschaftlicher Hinsicht haben wir einen »idealen Zuwachs« und einen »nutzbaren Zuwachs« zu unterscheiden. Als idealer Zuwachs wird die tatsächliche Fötenzahl bei Beginn der embryonalen Entwicklung bezeichnet. Er wird nach Briedermann (1971) nur unwesentlich gemindert durch eine maximale Fötensterblichkeit bis zur Geburt von etwa 5%.

Jagdwirtschaftlich von weitaus größerer Bedeutung ist jedoch der nutzbare Zuwachs, der sich aus dem Verhältnis der geborenen Frischlinge zu den natürlichen Abgängen in den verschiedensten Altersstufen ergibt. Ziehen wir also alle natürlichen Verluste, die während der Geburt und später entstehen, von der Fötenzahl ab, erhalten wir den nutzbaren Zuwachs, der in Relation zum Stammbestand im Frühjahr errechnet wird.

Daß es in der Praxis außerordentliche Schwierigkeiten bereitet, durch reine Feldbeobachtungen zu auswertbaren Ergebnissen zu kommen, ist verständlich. Die Anzahl der Frischlinge, die die Bachen führen, gibt in den seltensten Fällen Auskunft über die tatsächliche Zahl ihrer eigenen Jungen. Mir war es nur bis zum Absetzen der Frischlinge vom Saugen möglich, die zur Bache gehörenden Jungen sicher zu ermitteln. Später war das nur noch bei den gekennzeichneten Frischlingen zu bestimmen. Viele Male führte eine der gescheckten Bachen, die noch 2 Frischlinge besaß und 4 Stück insgesamt gesetzt hatte, 6 bis 8 Frischlinge. Andere Male brachte die vierjährige Führungsbache, die, wie ich genau wußte, noch alle 7 Nachkommen haben mußte, nur 2 oder 3 Frischlinge mit. Im Spätsommer und Herbst des Jahres 1976 war es auf Grund der Menge des Nachwuchses also nicht in jedem Fall möglich zu sagen, von welcher Bache wieviel Verluste zu verzeichnen waren. Die Abgänge wurden darum insgesamt registriert. Durch die tägliche Kontrolle und sofortige Meldung des Jagdleiters über erlegte Stücke in diesem Bereich war es möglich, sehr genau alle Verluste richtig einzuordnen, d. h. als Abschüsse oder natürliche Abgänge. Nicht durch Abschuß bedingte Abgänge ließen sich in den meisten Fällen bei der von mir untersuchten Rotte sicher feststellen, sei es dadurch, daß z. B. Frischlinge, die im ersten Lebensmonat über Nacht plötzlich mit verletzten Läufen in der Rotte waren, am anderen Tag und auch später ausblieben, oder daß vom dritten Lebensmonat ab bei einigen Stücken Atembeschwerden auftraten, die auf einen starken Befall von Lungenwürmern hinwiesen.

Der durch Untersuchung ermittelte Abgang durch Lungenwürmer betrug im Jahre 1976 3 Frischlinge, wovon 2 Stücke im 4. und 1 Stück im 8. Lebensmonat anfielen. Auch in den Jahren davor wurden Frischlinge mit ähnlichen Beschwerden (Atemnot) festgestellt. Leider konnten zu dieser Zeit auf Grund des noch fehlenden Sozialkontaktes keine verendeten Stücke aufgefunden werden. Es kann aber davon ausgegangen werden, daß jährlich eine gewisse Anzahl der Frischlinge an Lungenwürmern eingeht. 1976 waren es bei dieser Rotte 6,1 %.

Nach Konrad, Gräfner, Graubmann und Hesse (1975) sollen 98 bis 100 % unseres Schwarzwildbestandes von Lungenwürmern befallen sein. Jüngere Stücke, wie Frischlinge, beherbergen stets eine größere Anzahl dieser Parasiten. Wie bereits kurz erwähnt, benötigt der Wildschweinlungenwurm für seine Entwicklung einen Zwischenwirt, den Regenwurm. Er nimmt die Eier auf, in seinem Körper entwickeln sich die Lungenwurmeier zu Larven, die mit den Regenwürmern zusammen von den Wildschweinen aufgenommen werden. Der sich immer wiederholende Kreislauf ergibt den hohen Prozentsatz des Befalls. Schwarzwild sucht bestimmte Stellen, die besonders viel Nahrung bieten, in diesem Fall also, wo es Regenwürmer gefunden hatte, immer wieder auf, so daß es ständig Gefahr läuft, Larven des Lungenwurmes mit aufzunehmen. Beschwerden oder Verluste bei Überläufern und älteren Stücken waren bei meiner Rotte nicht feststellbar, doch sollte nach vorsichtigen Schätzungen mit 3 bis 6 % Abgängen bei Frischlingen gerechnet werden. Über eventuelle Behandlungsmethoden, z. B. an der Ablenkfütterung, konnten noch keine Erfahrungen gesammelt werden. Weitere Untersuchungen über diese Problematik wären sehr begrüßenswert, da Forschungsergebnisse noch ausstehen.

Die ersten Tage im Wurfkessel

Seite 197
Kurz nach der Geburt

oben
Saugphase

unten
Körperpflege im Wurfkessel

oben
Angriffsstellung einer führenden Bache
am Wurfkessel

unten
Erster Ausflug

oben
4jährige hochbeschlagene Bache

Mitte
Beim Kesselbau
Nach der Geburt

unten
Bache mit 8 Tage altem Frischling

oben
Gescheckte Überläuferbache mit zwei
Frischlingen
Nur so viel Zitzen sind angesaugt
wie Frischlinge geführt werden

unten
Überläuferbache mit nur einem Frischling

Anfangs besteht keine geregelte Saugordnung

rechte Seite
Im Alter von 4 Wochen wird nur noch zitzentreu bei der Mutter gesaugt

Erwartungsvoll

Es ist schrecklich, mit anzusehen, wie sich von Lungenwürmern stark befallene Frischlinge quälen müssen und elendig eingehen. Deutliches Anzeichen von Lungenwurmbefall ist Atemnot. Frischlinge, die mit einem hochgewölbten Rücken und tiefhängendem Haupt angetroffen werden und wie steif erscheinen, sind fast immer stark befallen. Sie beteiligen sich meistens nicht mehr an der Nahrungsaufnahme und stehen oftmals abseits der Rotte. Auch können sie von anderen Stücken, selbst von der Mutter, abgeschlagen werden. Ein Frischling meiner Rotte, der das geschilderte Verhalten zeigte, wurde von der eigenen Mutter mit Bissen aus dem Familienverband ausgestoßen. Zwei Tage später sichtete ich ihn zufälligerweise ungefähr 1000 m von der Rotte entfernt, als ich mich auf der Fahrt zur Ablenkfütterung befand. Seine Qualen wurden durch einen Schuß beendet. Die Untersuchung der Lunge bestätigte einen hochgradigen Lungenwurmbefall. Stücke, die von der Rotte abgeschlagen werden oder sich abseits halten und nicht am Fraß beteiligen, sind meistens nicht gesund und sollten bei der Bejagung besonders beachtet werden.

Erschreckend steigen die Wildverluste durch den ständig zunehmenden Straßenverkehr. Nach Ueckermann (1966) sind durch den Straßenverkehr fast alle Wildarten gefährdet. Er schreibt: »Die Verluste sind besonders von der Häufigkeit der jeweiligen Wildarten, der Anzahl der Verkehrswege, die durch wildreiche Gebiete führen, und von der Dichte und Geschwindigkeit des Verkehrs abhängig. Das Damwild gilt als die am meisten gefährdete Schalenwildart mit durchschnittlichen Verlustzahlen von 2 Stück je Kilometer Waldstraßenabschnitt, dem das Rehwild mit 0,75 bis 1,5 Stück im Jahresdurchschnitt folgt. Weit darunter liegen die Zahlen bei den anderen Schalenwildarten. So wurde für das Rotwild ein jährlicher Schnitt von 0,3 Stück je Waldstraßenkilometer ermittelt. Ähnlich wird das Schwarzwild hinsichtlich der Verluste eingestuft. Das Muffelwild gilt als am wenigsten gefährdet.« Die höchsten Verluste sollen nach diesen Angaben beim Schwarzwild während der Rauschzeit auftreten. Statistische Ermittlungen in der BRD ergaben eine Schätzung der Schwarzwildverluste gegenüber der jährlichen Gesamtstrecke von 2,9%. Leider sind z. Z. im DDR-Maßstab noch keine genauen statistischen Zahlen darüber bekannt. Meine Ermittlungen von 1970 bis 1975 im Kreise Burg ergaben, daß 2,4% im Verhältnis zur Jahresstrecke beim Schwarzwild als Unfallwild erfaßt

wurden. Da aber die Dunkelziffer, bedingt durch scheinbar harmlose, meist nicht bekannt gewordene Auffahrunfälle, nach denen das
Stück aber dennoch verluderte, sehr groß ist, kann davon ausgegangen werden, daß wir mit ähnlichen Abgängen wie in anderen Ländern mit hoher Verkehrsdichte rechnen müssen.

Die Verluste infolge von Schußverletzungen werden im allgemeinen weit unterschätzt. Sie liegen nach meinen Untersuchungen
und Aufzeichnungen wesentlich höher als die Verluste durch den
Straßenverkehr. Als überwiegende Ursache ermittelte ich durch Befragen der Schützen bzw. Besichtigung des Anschusses, daß noch
aus zu großen Entfernungen auf Schwarzwild geschossen wird. Fast
ebenso hoch sind die Verluste durch Abgabe von sogenannten
»Glücksschüssen« auf hochflüchtige Sauen. Einige Weidgenossen
scheinen noch immer das Schwarzwild als »Freiwild« zu betrachten,
denn bei einer anderen Schalenwildart würden sie es wohl kaum wagen, solche unsicheren Jagdmethoden anzuwenden. Die Folge ist
oftmals der Verlust von hochwertigem Wildbret, viele der krankge-
schossenen Sauen gehen unserer eigenen Ernährung verloren.

Kommen wir zu einer Analyse der Arbeit mit der von mir acht
Jahre lang betreuten Schwarzwildpopulation, die anfangs aus einer
Rotte, später aus elf Rotten bestand, so wird deutlich, daß es in der
Praxis außerordentlich schwierig ist, einen Schwarzwildbestand
nach biologisch und wirtschaftlich günstigen Altersklassen aufzu-
bauen bzw. zu erhalten. Zur Erklärung des nun folgenden Repro-
duktionsberichtes muß gesagt werden, daß die fötale Sterblichkeit
darin nicht berücksichtigt worden ist. Sie soll nach Briedermann im
Durchschnitt 5% betragen. Für meine Beobachtungen standen mir
insgesamt 203 Bachen der Altersklassen vom Frischling bis zu sechsjährigen Tieren zur Verfügung. Alle an der Reproduktion beteiligten
Stücke der jüngsten Altersklasse (Frischlingsbachen), auch wenn sie
erst nach dem 31. 3. des jeweiligen Jahres frischten, wurden den
Frischlingen zugeordnet. Als Zeitpunkt für die Bestandsermittlung
wählte ich die Frischtermine des jeweiligen Jahres.

147 Bachen frischten insgesamt 831 Frischlinge, was eine
durchschnittliche Wurfstärke von 5,65 Frischlingen pro Bache aus-
macht.

An der Reproduktion beteiligten sich, nach Altersklassen aufge-
schlüsselt:

Altersklasse

sechsjährig	100%
fünfjährig	100%
dreijährig	100%
zweijährig	100%
Überläufer	100%
Frischlinge	45,6%
Frischling leer	54,4%

Die Wurfstärken betrugen nach Altersklassen im Mittel:

Altersklasse	Frischlinge
sechsjährig	8,0
fünfjährig	7,4
vierjährig	7,5
dreijährig	7,25
zweijährig	7,1
Überläufer	6,4
Frischling	3,2

Die mittlere Wurfstärke der Altersklasse sechsjährig ist statistisch nicht abgesichert, da bisher nur zwei Würfe ausgewertet werden konnten.

Alle Bachen vom Überläufer bis zu sechsjährigen Tieren beteiligten sich erfolgreich an der Reproduktion.

Von den beteiligten Frischlingsbachen verendeten 5 Tiere infolge Beckenenge während des Geburtsvorganges; das sind 10,6%.

Das Geschlechterverhältnis bei den Frischlingen der mir besonders vertrauten Bachen, die ich vom Wurfkessel an beobachten konnte, betrug 0,84 männliche zu 1,0 weiblichen Tieren. Die Geschlechterverteilung bei den anderen Frischlingen konnte aufgrund ihrer Menge und der hohen Verwechslungsmöglichkeit erst zum Zeitpunkt ihrer Markierung im 3. bis 4. Lebensmonat ermittelt werden. Das Verhältnis bei den bis zu diesem Zeitpunkt überlebenden Frischlingen lag bei 214 männlichen zu 244 weiblichen Frischlingen, also 0,87 männliche zu 1,0 weiblichen. Obwohl Briedermann ein Überwiegen der männlichen Föten fand (1 : 0,89), neige ich zu der Ansicht, daß weniger männliche als weibliche Frischlinge geboren werden. Immerhin stellen die von M. Stubbe ausgewerteten 185 Föten, die ein Verhältnis von 0,85 männl.:1,0 weibl. aufwiesen, und die von mir ausgewerteten 831 Frischlinge schon eine statistisch verwertbare Größe dar. Der noch geringere Anteil der männlichen Tiere nach drei Lebensmonaten läßt sogar die Vermutung zu, daß die Sterblichkeitsquote bei den männlichen Frischlingen höher liegt als bei den weiblichen.

Die natürlichen Abgänge bei den Frischlingen wurden jährlich zu den verschiedenen Zeitpunkten registriert, und zwar bei der Geburt, im 1., im 6., im 8., im 10. Lebensmonat und nach 12 Monaten.

Von den insgesamt 831 Frischlingen registrierte ich folgende natürliche Abgänge:

bei der Geburt:	15 Frischlinge	2,2 %
bis zum 1. Lebensmonat	181 Frischlinge	21,8 %
bis zum 6. Lebensmonat	127 Frischlinge	15,3 %
bis zum 8. Lebensmonat	6 Frischlinge	0,9 %
bis zum 10. Lebensmonat	0 Frischlinge	0 %
bis zum 12. Lebensmonat	0 Frischlinge	0 %
Abgänge insgesamt	329 Frischlinge	39,6 %

Die enorm hohe Abgangsquote bedarf noch einer näheren Erläuterung; sie wird nämlich durch die Auswirkungen des extremen Winters 1978/79 wesentlich mitbestimmt.

Außergewöhnlich widrige Witterungsbedingungen, die zwischen der 4. und 6. Lebenswoche der Frischlinge in diesem Winter herrschten, sowie die niedrigen Geburtsgewichte der Frischlinge und die daraus resultierende Anfälligkeit hatten zur Folge, daß sich die Abgänge bis zur 6. Lebenswoche im Vergleich zu den fünf Vorjahren von 7,1% auf 16,9% erhöhten. Aus den ermittelten statistischen Werten lassen sich folgende Schlußfolgerungen ableiten:
1.   Die Zuwachsrate beim Schwarzwild unterliegt sehr großen Schwankungen.
2.   Sie wird stark beeinflußt durch die Witterungsverhältnisse, die in den ersten vier bis sechs Wochen nach der Geburt der Frischlinge herrschen.
3.   Ein verhältnismäßig großer Teil der Abgänge ist auf den versehentlichen Abschuß von führenden Bachen zurückzuführen. 59 Frischlinge verhungerten in den ersten zwei Lebensmonaten (7%), so daß die »echten« natürlichen Abgänge infolge Witterung, Verletzung, Entoparasiten usw. 32,6% ausmachten.

Aus den vorstehenden Fakten können eine Reihe von Schlußfolgerungen für die zweckmäßigste jagdliche Nutzung abgeleitet
werden. Erfreulich ist, daß meine in freier Wildbahn gewonnenen
Ergebnisse mit den Schlußfolgerungen moderner Jagdwissenschaftler, die ihre Kenntnisse aus Gatterversuchen und der Auswertung
traditioneller Beobachtungen ableiten müssen, recht gut überein-
stimmen. Freundlicherweise gewährte mir Dr. Briedermann Einblick in seine Arbeiten, und so kann ich hier betonen, daß seine
Werte, Prozente, Angabe usw. eine wertvolle Bereicherung meiner
Forschungen darstellten.

Nachdem meine zunächst als Hobby begonnene Beschäftigung
mit einer freilebenden Wildschweinrotte in einen staatlichen For-
schungsauftrag eingebunden worden ist, bin ich mit Dr. Briedermann über das reine Interesse am Schwarzwild hinaus auch dienst-
lich über das Institut für Forstwissenschaften in Eberswalde, Abt.
Jagdwirtschaft, verbunden. Dieses Miteinander führt zwangsläufig
dazu, daß Erfahrungen, Berechnungen usw. ausgetauscht wurden
und werden, so daß die folgende Argumentation wiederum einen
Teil Gedankengut von Dr. Briedermann enthält.

Das Schwarzwild zählt deshalb zum jagdlich produktivsten
Schalenwild unserer Heimat, weil der außergewöhnlich hohe jährliche Zuwachs beträchtliche Abschußzahlen bei relativ geringem
Stammbestand erlaubt. Die zweckmäßigste Nutzung dieser Wildart
ist angesichts ihrer Raschwüchsigkeit und der von Jahr zu Jahr stark
schwankenden Zuwachsrate, aber auch wegen ihrer Vorliebe nicht
nur für die Nahrung und die Früchte des Waldes, sondern auch für
die der Felder von vielen Seiten zu beleuchten. In der Vergangenheit
erschwerte zudem das mangelnde Wissen um die tatsächliche Reproduktion und Struktur der Familienverbände die Aufrechterhal-
tung eines günstigen Geschlechterverhältnisses bei den Sauen.

Bei der Abschußplanung ist der Faktor »Witterung während
der kritischen Phase der Reproduktion« noch nicht vorhersehbar.
Vorsichtigerweise nimmt man deshalb zunächst einen niedrigen
Wert des Zuwachses von etwa 140% an. Der tatsächlich eintretenden
Situation entsprechend, muß später eine Korrektur im notwendigen
Maße erfolgen. In den Extremfällen wird man dann zwischen 140
und 200% variieren müssen.

Dringend notwendig ist es, durch gezielten Abschuß den Aufbau einer gesunden Alters- und Geschlechtsstruktur zu ermöglichen,

vor allem auch dann, wenn die variablen Zuwachsprozente eine weit vorausschauende Planung so gut wie unmöglich machen.

Am leichtesten gelingt ein biologisch und jagdlich vorteilhafter Aufbau der Bestandsstruktur beim Schwarzwild, wenn der jeweilige Zuwachs bereits bei den Frischlingen weitestgehend abgeschöpft wird. Wird der variable Zuwachs dann genutzt, wenn beim Frischlingsabschuß auch ohne Erkennung der Geschlechtsmerkmale das Streckenverhältnis im Durchschnitt etwa 1:1 betragen muß, kann der ältere Bestandsteil weitgehend stabil bleiben, so daß diese Hege später mit starken Trophäen belohnt werden wird.

Bei der Entnahme des Zuwachses im Frischlingsalter spielt das Geschlechterverhältnis glücklicherweise keine Rolle, da es wahrscheinlich ist, daß die Relation bei etwa 1:1 liegen muß. Der Jäger erspart sich so, bevor er den Finger krumm macht, alle Gewissensbisse, die aus schwerwiegenden Entscheidungen hervorgehen können, die er in meist zu kurzer Zeit zu fällen hat. Natürlich wären darüber hinaus Bemühungen um einen Abschuß zugunsten der Überläuferkeiler lobenswert, aber sie werden sich in der Praxis nicht immer verwirklichen lassen, und wir wollen froh sein, wenn die jetzt übliche Praxis mit dem zu starken Eingreifen in die Bestände der Überläufer und älteren Stücke zugunsten eines vermehrten Abschusses im Frischlingsalter aufgegeben wird.

Analysen von Jahresstrecken unter dem Gesichtspunkt des Geschlechterverhältnisses vom Überläuferalter an zeigen einen deutlich höheren Anteil der männlichen Stücke. Daß dieser Anteil fast ausschließlich durch Überläuferkeiler dargestellt wird, darauf wurde mehrfach hingewiesen. Schwerwiegende Folgen ergeben sich aus solch einer falschen Bewirtschaftung:
1. ein ungesunder, zu junger Stammbestand, der einen viel zu geringen Anteil an mittelalten männlichen Stücken und dementsprechend erntereifen Keilern aufweist;
2. durch das Fehlen dieser mittelalten männlichen Stücke beteiligen sich bereits Frischlingskeiler an der Reproduktion;
3. es erfolgt eine Schwächung der in der Entwicklung stehenden Frischlingskeiler, die sich später bei der Trophäenbildung negativ auswirken muß;
4. Degenerierungserscheinungen, die sich infolge Inzucht durch Paarung von verwandten Frischlingen innerhalb der Familienverbände zwangsläufig ergeben, sind zu erwarten.

Auf die Problematik des Bachenabschusses soll noch einmal hingewiesen werden. Ab Ende Februar ist mit dem Frischen zu rechnen. Da selbst mehr als 50% der Frischlingsbachen an der Reproduktion teilnehmen, sollte bis in den Frühsommer hinein auf jeglichen Bachenabschuß verzichtet werden.

Zum Problem des Nachrauschens einzelner Bachen konnten mehrfach Erfahrungen gesammelt werden. Es war so, daß Bachen, die frühzeitig ihren ganzen Wurf aus irgendwelchen Gründen (natürlicher Abgang oder Abschuß) verloren hatten, etwa drei Wochen nach Verlust des letzten Frischlings wieder rauschig wurden und sich erneut beschlagen ließen. Es scheint nicht generell so zu sein, daß solche Bachen diesen Rauschtermin auch in den folgenden Jahren beibehalten, sondern es kann durchaus vorkommen, daß sie sich wieder in die Brunftsynchronität ihrer Familie einordnen. In der von mir beobachteten Population gab es 1978 und 1979 dafür Beweise. Anfang März frischte eine zweijährige Bache zu normaler Zeit, verlor jedoch ihren gesamten Wurf in den ersten 14 Tagen nach der Geburt wieder. Mitte April ließ sie sich erneut beschlagen und frischte im August zum zweiten Mal. Obwohl sie noch ihren schwachen Wurf führte, schloß sie sich dem Rauschtermin ihrer Familie zwei Monate später an. Im Jahr 1979 konnte ich die gleichen Beobachtungen an einer Frischlingsbache machen.

Rekapitulieren wir all diese Ergebnisse, die aus langjährigen Nachforschungen resultieren, so ist erkennbar, welche große Verantwortung jeder einzelne Jäger trägt. Nur durch eine richtige Hege mit der Büchse lassen sich biologisch und jagdwirtschaftlich wertvolle Wildbestände aufbauen bzw. erhalten.

Ein letztes Wort

In den Jahren 1973 bis 1981 wurden Langzeit-Beobachtungen an einer freilebenden Schwarzwildpopulation angestellt. Durch tägliche Beschickung einer Ablenkfütterung mit Fraß konnte nach zwei Jahren Sozialkontakt mit dieser Rotte aufgenommen werden. Nach mehrfacher Teilung der Stammrotte war es möglich, die Lebensweise einer ganzen Schwarzwildpopulation über acht Generationen hinweg eingehend kennenzulernen.

Ich war bemüht, alle geschilderten Verhaltensweisen durch Bildmaterial zu belegen. Allen Interessierten möchte ich einen Eindruck vermitteln, welche technischen Mittel für diese Arbeit eingesetzt wurden. Gefilmt wurde auf Filmmaterial 16 mm Orwo Color UT 15 und Agfa-Gevaert 710 mit sowjetischen Kameras »Krasnogorsk« II und III. An Objektiven fanden folgende Typen und Brennweiten Verwendung: ein Zoom-Objektiv Meteor 1,9/17 bis 69 mm, ein Teleobjektiv Meyer Görlitz Orestegor 2,8/135 mm, ein Teleobjektiv Meyer Görlitz Orestegor 4/300 mm und ein Teleobjektiv Meyer Görlitz Orestegor 5,6/500 mm. Über 10 000 m Schmalfilm wurden im Laufe der acht Jahre belichtet.

Auf Grund der verhältnismäßig langen Wartezeiten in den Entwicklungsanstalten bearbeitete, d. h. entwickelte ich sämtliches Material selbst. Bei Tieraufnahmen, die bestimmte Verhaltensweisen chronologisch festhalten sollen, kommt es darauf an, die Ergebnisse möglichst am gleichen Tage zu sichten, um die Aufnahmen notfalls wiederholen zu können, falls sie nicht gelungen sind. Die schlechten Lichtverhältnisse in den z. T. dichten Waldbeständen verlangten eine äußerst genaue und präzise Kameraarbeit.

Aus der Fülle des belichteten Filmmaterials entstanden in den Jahren 1974 bis 1981 durch unterschiedlichen Schnitt und Kommentar verschiedene Filmfassungen. Neben einer Fernsehfassung (5 Einzelbeiträge von je 30 Minuten Dauer in einer populärwissenschaftlichen Fassung) konnten noch mehrere Lehrfilme über Schwarzwild hergestellt werden.

Für alle Aufnahmen dieses Buches wurde die Mittelformat 6 × 6-Kamera »Pentacon Six« eingesetzt, die mit einer Innenlichtmessung ausgerüstet war. Hier fanden das Normalobjektiv Biometar 2,8/80 des VEB Carl Zeiss Jena sowie alle anderen bereits genannten Objektive mit Ausnahme des Zoom-Objektives Verwendung. Folgende Filmmaterialien wurden für die »Six« benutzt: Umkehrfilm Orwo Color UT 18, Schwarz-Weiß-Negativfilme Orwo NP 20 und NP 27.

Um das Verhältnis der Sauen zu meiner Person zu demonstrieren, war es nötig, mit einer Funkfernsteuerung zu arbeiten. Sender, Empfänger und die mechanische Auslösetechnik wurden so konstruiert, daß sie für die Film- und die Fotokamera wahlweise eingesetzt werden konnten.

Eine Aufrechnung ergab, daß mit dem PKW in acht Jahren mehr als 70 000 km gefahren werden mußten, um den Kontakt mit dieser Rotte Sauen aufrechtzuerhalten.

Durch die täglichen Tagebucheintragungen, die neben Verhaltensweisen auch Datum, Uhrzeit und Wetterangaben beinhalteten, war es sogar möglich, die Anzahl der Stunden des Kontaktes mit der Rotte ziemlich genau zu ermitteln. 6200 Stunden kamen zusammen, die im Laufe der Jahre mit den Sauen verbracht wurden bzw. in denen ihr Verhalten beobachtet werden konnte. Das bedeutete, daß sich der gesamte Lebensablauf meiner Familie und natürlich auch der meine, den Aktivitäten meiner Wildschweine anpassen mußte.

Alle Phasen der sozialen Ordnung, der Rauschzeit, Tragzeit, Geburt, Aufzucht der Frischlinge, Rottenteilung usw., wurden an dieser freilebenden Schwarzwildrotte über mehrere Generationen beobachtet und ausgewertet, was nicht ausschließt, daß unter anderen Lebensbedingungen auch Abweichungen im Verhalten auftreten können. Denn wie jedes Lebewesen, so ist auch das Schwarzwild von seiner Umwelt abhängig und muß sich, wenn es überleben will, darauf einstellen. Diese Wildart hat es auf Grund ihrer Anpassungsfähigkeit in großartiger Weise verstanden, innerhalb unserer modernen Welt zu überleben, ja sie muß sogar in die Gruppe der Kulturfolge eingeordnet werden.

Die großen Schäden, die gerade die Wildschweine auf unseren Feldflächen anrichten können, zwingen uns dazu, möglichst viel über die Lebensweise dieser Wildart zu erfahren. Die vermutlich beste Methode dafür ist die des Sozialkontaktes, d. h., sich in eine Gruppe freilebender Wildschweine aufnehmen zu lassen, ja möglichst dort als ranghöchstes Mitglied angesehen zu werden. Dies ist aber nur bei Tierarten möglich, die selbst in sozialem Kontakt bzw. in Gruppen oder Familienverbänden leben.

Schwarzwild führt ein enges Familienleben und rottet sich nicht zusammen, wie oftmals angenommen wurde. Es lebt in Familienverbänden, und alle Mitglieder einer Gruppe sind miteinander verwandt. In der Wildbahn hat ein fremdes Stück keine Chance, in eine bestehende Rotte aufgenommen zu werden. Die Gründung eines Familienverbandes kann von einer einzelnen Bache oder einem ganzen Wurf weiblicher Stücke ausgehen. Alles männliche Schwarzwild scheidet für die Rottenbildung aus. Im Alter von ungefähr 18 Monaten werden die Keiler aus den Familienverbänden ausgestoßen, um dann zur darauffolgenden Rauschzeit für immer zu Einzelgängern zu werden.

Sobald die Rottenstärke eine bestimmte Größe erreicht hat und z. B. Nahrungsmangel im Einstandsgebiet besteht, kommt es zu einer Rottenteilung. Für die Teilung einer Rotte sind also die Größe eines Familienverbandes, die Rangordnung und das Nahrungsangebot im Einstandsgebiet ausschlaggebend.

Innerhalb einer Rotte Schwarzwild besteht eine genaue Futterrangordnung. Maßgebend für einen hohen Rang ist das Alter. In den einzelnen Altersgruppen ist für einen Spitzenrang die Körpermasse ausschlaggebend. Verletzte oder kranke Stücke verlieren ihre Rangstellung und nehmen in der entsprechenden Altersgruppe fast immer einen niedrigen Platz ein. Sie konnten sich bei der von mir untersuchten Rotte aber, nachdem sie wieder gesund waren, im Rang verbessern bzw. ihre alte Stellung zurückerkämpfen. Beim männlichen Schwarzwild ist die Futterrangordnung nicht mit der Sexualrangordnung identisch. Es war eindeutig erkennbar, daß jüngere Keiler sich in Kämpfe mit älteren männlichen Stücken während der Rauschzeit einließen.

Der Beginn der Rauschzeit steht nicht, wie ursprünglich angenommen wurde, in einem engen Verhältnis zur Mast, sondern scheint einer anderweitig ziemlich genau geregelten Periodik zu unterliegen. Bedingt durch eine ungesunde, viel zu junge Bestandsstruktur bei der von mir untersuchten Rotte, beteiligten sich auch Frischlingskeiler aktiv an der Rausche. Sämtliche Frischlingsbachen wurden von gleichaltrigen männlichen Artgenossen des eigenen Familienverbandes beschlagen. Es ist anzunehmen, daß wir in anderen Schwarzwildbeständen mit einem ähnlichen Altersklassenaufbau rechnen müssen und daher von einer gleichen ungesunden Bestandesentwicklung auszugehen haben. Nur durch einen verstärkten Frischlingsabschuß und absolute Schonung der mittelalten Stücke läßt sich eine Verbesserung des Altersklassenaufbaues erreichen.

In einem Untersuchungszeitraum von acht Jahren beteiligten sich über 50% der Frischlingsbachen an der Reproduktion, wobei die Anzahl der gesetzten Frischlinge allerdings deutlich niedriger lag als bei den Überläufer- und Altbachen. Daraus ist klar ersichtlich, daß durch eine Verbesserung der Altersstruktur bei unseren Schwarzwildbeständen zugunsten der mittelalten Stücke bei einem weitaus niedrigeren Stammbestand ein höherer Zuwachs zu erzielen ist.

Der jährlich nutzbare Zuwachs des Schwarzwildes ist sehr unterschiedlich und im wesentlichen von den Witterungsbedingungen während der Geburt und unmittelbar danach abhängig. Die höchsten natürlichen Abgänge sind in den ersten vier Lebenswochen bei den Frischlingen zu erwarten. Nachdem die Bachen gefrischt haben, finden sich die Muttertiere mit ihrem Nachwuchs wieder im Familienverband zusammen. Alle Frischlinge der Gruppe werden gemeinschaftlich geführt, bewacht und im Notfall auch verteidigt. Eine Saugordnung besteht in den ersten Wochen noch nicht, sie bildet sich erst nach ungefähr 4 Wochen heraus. Von dieser Zeit an saugt jeder Frischling zitzentreu nur noch bei der eigenen Mutter. Er verteidigt die Zitze dann, wenn ein anderer Frischling darauf Anspruch erhebt. Die Mutterbache greift dabei aber nicht ein.

Die erste feste Nahrung wird von den Frischlingen im Alter von 14 Tagen aufgenommen. In die Futterrangordnung sind Frischlinge noch nicht mit einbezogen; sie genießen innerhalb der Gruppe eine Sonderstellung. Im Alter von 10 Monaten haben sich alle Frischlinge in die Rangfolge eingeordnet. Interessant ist, daß sie spielerisches Kampfverhalten schon wenige Stunden nach der Geburt zeigen.

Die soziale Körperpflege nimmt beim Schwarzwild einen breiten Raum ein. Sie wird gegenseitig in jedem Altersstadium ausgeübt. Genau wie die Bachen ihre Frischlinge pflegen, lassen sich diese umgekehrt vom Nachwuchs putzen. Auch die Frischlinge zeigen gegenseitig bereits nach wenigen Lebensmonaten dieses Verhalten. Bevorzugte Körperstellen sind solche, die sie selbst aus anatomischen Gründen nicht erreichen bzw. am Malbaum pflegen können.

Bei frühzeitigem Abschuß aller Frischlinge bzw. Verlust des ganzen Wurfes durch andere Umstände rauscht die Mutterbache nach und bringt dann später in der fortgeschrittenen Jahreszeit einen zweiten Wurf. Nach neuesten Beobachtungen ordnen sich solche Bachen in den Geburtsrhythmus der Familie später wieder ein.

Die Streifenzeichnung bei den Frischlingen beginnt im Alter von 2 bis 3 Monaten immer mehr zu verwischen und ist dann im 5. bis 6. Lebensmonat vollständig verschwunden. Gescheckte Stücke sind von Geburt an so auffällig gekennzeichnet und in Schwarzwildpopulationen keine Seltenheit. Sie kommen in ganz Europa vor und traten bereits im Mittelalter auf, spielen aber für eine Verbreitung eine untergeordnete Rolle, da ihre Zeichnung rezessiv vererbt wird. Sie fallen durch ihre Färbung mehr auf und werden meistens zuerst erlegt.

Schwarzwild hat in seinem Einstandsgebiet sogenannte Kot- und Harnplätze, die genau wie die Malbäume der Reviermarkierung dienen. Sie sind im gesamten Revier verteilt. Diese Stellen üben auf Sauen einen Reiz aus, der bewirkt, daß sofort Kot und Harn abgesetzt werden, wenn ein solcher Platz betreten wird.

Wildschweine verfügen über ausgeprägte Sinnesleistungen. Sie sind in der Lage, sich bestimmte Dinge abzusehen und diese sehr schnell zu erlernen. Ihr Gedächtnis ist überraschend gut. Daß sie bestimmte Dinge oder Personen nach zwei Jahren noch wiedererkennen, war nachweisbar. Erst nach dieser Zeit läßt das Erinnerungsvermögen nach.

Ziehen wir eine abschließende Bilanz, so muß gesagt werden, daß das Schwarzwild zu den anpassungsfähigsten und produktivsten Wildarten gezählt werden muß und deshalb großes Interesse bei Biologen und Jägern besitzt. Erst wenn man sich viele Jahre mit einer einzigen Tierart befaßt, bemerkt man, wie wenig wir noch immer wissen. Weitere Jahre Sozialkontaktes mit dieser freilebenden Schwarzwildpopulation sind vorgesehen, um möglichst noch mehr über die Lebensweise der letzten wehrhaften Wildart unserer europäischen Fauna zu erfahren.

Weidmannsheil!   Burg, im Winter 1981

Literaturverzeichnis

Bericht in Zeitschrift »Jäger«, Zeitschrift für das Jagdrevier 10/79: Rekord-Keiler 516 Pfund.

Beuerle, W.: Freilanduntersuchungen zum Kampf- und Sexualverhalten des europäischen Wildschweines. Z. f. Tierpsychol., 39, 211–258, Hamburg–Berlin, 1975.

Boback, A. W.: Das Schwarzwild, Radebeul 1957.

Böhmig, H. J. u. Meynhardt, H.:
Untersuchungen zum Sortenwahlvermögen des Schwarzwildes (Sus scrofa L.) bei Kartoffeln.
Unsere Jagd *31*, 84–85 Berlin 1981.

Briedermann, L.:
1. Biologie und Bewirtschaftung des Schwarzwildes, Berlin. (im Druck)
2. Die Möglichkeiten zur Verminderung von Schwarzwildschäden auf Kartoffelanbauflächen durch Ausnutzung des Sortenwahlvermögens. Nachrichtenblatt für den Deutschen Pflanzenschutzdienst *22*, 14–18, Berlin, 1968.
3. Ermittlungen zur Aktivitätsperiodik des Mitteleuropäischen Wildschweines. Zool. Garten, 40, 309–327, Leipzig, 1971.
4. Wovon ernährt sich unser Wildschwein?
Wildschweinforschung und Jagdwirtschaft, kleine Beiträge, 7–14, Berlin, 1967.
5. Zum Körper- und Organwachstum des Wildschweines

in der Deutschen Demokratischen Republik. Arch. Forstw., 19, 401—420, Eberswalde, 1970.

6. Zur Reproduktion des Schwarzwildes in der Deutschen Demokratischen Republik. Tag. Ber. Dt. Akad. Landw. Wiss., 113, 169—186, Berlin, 1971.

Bruss, H.: Schwarzwild im Revier, Wild und Hund 11/78.

Das Tier — internationale Illustrierte für Tier, Mensch und Natur: *17*, Hefte 10 und 11, Bern, 1973.

Gendrich, G.: Flaschenfütterung für Sauen. Jäger-Zeitschrift für das Jagdrevier, 94, Heft 9, S. 60, Hamburg, 1976.

Gundlach, H.: Brutfürsorge, Brutpflege, Verhaltensontogenese und Tagesperiodik beim Europäischen Wildschwein. Z. f. Tierpsychol., 25, 955—995, Hamburg–Berlin, 1968.

Kiessling, W.: Das Schwarzwild. Neudamm, 1925.

Klingholz, F. und Meynhardt, H.:
Lautinventare der Säugetiere — diskret oder kontinuierlich? Z. f. Tierpsychol., *50*, 250—264, Hamburg–Berlin, 1979.

Klingholz, F., Siegert, C., Meynhardt, H.:
Die akustische Kommunikation des Europäischen Wildschweines (Sus scrofa L.)
Der Zoologische Garten N. F. *49*, 277—303, Jena, 1979.

Konrad — Gräfner — Graubmann — Hesse:
Wildkrankheiten. Jena, 1975.

Meynhardt, H.:
1. Untersuchungen zur akustischen, olfaktorischen und visuellen Kommunikation des Europäischen Wildschweines (Sus scrofa L.). Beiträge für die Forstwirtschaft, *14*, 72—82 Berlin 1980.
2. Untersuchungen zur Altersansprache und zum Wahlabschuß des Schwarzwildes.
3. Untersuchungen zur Rauschzeit, zur Geschlechtsreife und zum Reproduktionsgeschehen des Schwarzwildes. Unsere Jagd *29*, 18—19, Berlin, 1979.
4. Verhaltensbiologische Forschungen am Schwarzwild und ihre mögliche Bedeutung für die Forschung am Hausschwein.

Tag. Ber. DT. Akad. Landw. Wiss., Rostock–Dummers-torf 1981. (im Druck)

Mohr, E.: Wilde Schweine. Wittenberg-Lutherstadt, 1960.

Porzig,E.: Das Verhalten landwirtschaftlicher Nutztiere. Berlin, 1969.

Siebold, W.: Das Schwarzwild. Berlin und Hannover, 1949.

Snethlage, K.: Das Schwarzwild. Hamburg–Berlin, 1934 und 1974.

Stubbe, W. und Stubbe, M.: Vergleichende Beiträge zur Reproduktions- und Geburtsbiologie von Wild- und Hausschwein (Sus scrofa L. 1758), Beiträge zur Jagd- und Wildforschung, (im Druck) 1977.

Tembrock, G.: Tierpsychologie. Wittenberg–Lutherstadt, 1972.

Inhalt

Geleitwort 5

Einführung 7

Allgemeine Lebensweise 9

An der Ablenkfütterung 13

In die Rotte »aufgenommen« 22

Revier und Rotte 32

Nahrung 53

Sinnesleistungen 64

Kommunikation 72

Rangordnung 90

Soziales Verhalten 96

Die Rauschzeit 100

Der Wurfkessel 124

Die Aufzucht der Frischlinge 144

Markierung 163

Bejagung · Hege · Wildschadensverhütung

Ablenkfütterung 170

Altersansprache · Wahlabschuß 189

Nachkommen · Verluste

Zuwachs 194

Ein letztes Wort 212

Literaturverzeichnis 217